HWWA
HAMBURG

Veröffentlichungen des
HWWA-Institut für Wirtschaftsforschung – Hamburg

Band 37

Gerhard J. Mantwill (Hrsg.)

Informationswirtschaft und Standort Deutschland

Der Beitrag der Informationswirtschaft zur Wettbewerbsfähigkeit der Unternehmen

mit Beiträgen von

Carsten Becker
Willi Bredemeier und Werner Schwuchow
Thomas Einsporn
Hans-Hagen Härtel
Wilhelm Pfähler und Heidrun Hoppe
Arnold Picot und Sven Scheuble
Peter Willi Prieß
Wolfgang G. Stock
Werner Zucker

Nomos Verlagsgesellschaft
Baden-Baden

Die Deutsche Bibliothek – CIP-Einheitsaufnahme

Informationswirtschaft und Standort Deutschland : Der Beitrag der Informationswirtschaft zur Wettbewerbsfähigkeit der Unternehmen / [HWWA Hamburg]. Gerhard J. Mantwill (Hrsg.). Mit Beitr. von Carsten Becker ... – 1. Aufl. – Baden-Baden: Nomos Verl.-Ges., 1997

(Veröffentlichungen des HWWA–Institut für Wirtschaftsforschung – Hamburg ; Bd. 37)
ISBN 3-7890-5004-0

1. Auflage 1997

Inhaltsverzeichnis

Vorwort

Die Informationswirtschaft leistet einen wichtigen Beitrag zur Sicherung der Wettbewerbsfähigkeit der Unternehmen und zur Stärkung des Wirtschaftsstandortes Deutschland. Sie stellt einen großen Teil des Wissens zur Verfügung, das für Forschung und Lehre, für Entwickeln und Produzieren, für Marketing und Vertrieb, für rationales Handeln und Entscheiden benötigt wird. Die zunehmende Bedeutung der Branche läßt sich u.a. an den zweistelligen Wachstumsraten ihrer Umsätze in den letzten Jahren ablesen.

Sie hat auch einen wesentlichen Anteil an der wirtschaftlich-technologischen Entwicklung der führenden Industrieländer und deren zunehmendem Wandel zur Informationsgesellschaft. An den Übergang zur Informationsgesellschaft, und erst recht an deren Realisierung, knüpfen sich in der Bundesrepublik Deutschland Hoffnungen auf die Bewältigung drängender gesellschaftlicher Probleme.[1]

Das größte wirtschaftliche und gesellschaftspolitische Problem Deutschlands ist die gegenwärtige hohe Arbeitslosigkeit. Um es zu entschärfen, ist eine nachhaltige Erhöhung der Beschäftigung notwendig, namentlich in der privaten Wirtschaft. Mehr Beschäftigung verbessert das Steueraufkommen, entlastet den öffentlichen Haushalt von Transferzahlungen und stärkt den Wirtschaftsstandort.

Unternehmen werden nur dann die Mitarbeiterzahl erhöhen, wenn sie eine entsprechende Nachfrage nach ihren Produkten erwarten können. Daher sind Strategien und Maßnahmen zu projektieren, die den Unternehmen helfen, solche Produkte zu entwickeln und zu produzieren, mit denen sie auf den nationalen und internationalen Märkten erfolgreich sind und hohe Gewinne realisieren können.[2] Gewinne und Gewinnerwartungen stimulieren Investitionen, durch die neue Arbeitsplätze geschaffen werden.

Ein rohstoffarmes Land wie Deutschland kann den hohen Lebensstandard seiner Bevölkerung nur durch Spezialisierung auf humankapital-intensive innovative Produkte erhalten. Werden diese Produkte exportiert, lassen sich Vorsprungsgewinne und Spitzenlöhne

---

1 *Bundesministerium für Wirtschaft*: Info 2000 - Deutschlands Weg in die Informationsgesellschaft. In: BMWi 1996/ Bericht der Bundesregierung "Info 2000".

2 *Kantzenbach, Erhard; Pfitzer, Marisa*: Nationale Konzeption der Technologiepolitik in einer globalisierten Weltwirtschaft. Der Fall Deutschlands und der Europäischen Union. In: HWWA-Report Nr. 154, Hamburg 1995.

erzielen.[3] Die hierfür erforderliche Wettbewerbsfähigkeit der Unternehmen gegenüber ihren internationalen Konkurrenten basiert in zunehmendem Maße auf Informationsvorsprung, also auf der Voraussetzung einer ausreichenden Versorgung mit Informationen und deren intelligenter Nutzung.

Die Produktion und Vermarktung von wettbewerbsfähigen Gütern setzen technisches Wissen und Management-Know-how voraus. Technisches Wissen entsteht durch Forschung und Entwicklung (FuE). Sofern Unternehmen nicht selbst Forschung und Entwicklung betreiben, müssen sie die benötigten Informationen aus dem weltweit verstreuten Wissen ermitteln.[4] Auch bei eigener Forschung und Entwicklung sind extern vorhandene Informationen zu prüfen und gegebenenfalls zu beschaffen. Je vollständiger der Überblick über den Stand der Technik ist, desto eher ist gewährleistet, daß das Innovationspotential ausgeschöpft wird.

Allerdings zeigt die Erfahrung, daß das Wissen in den Unternehmen nicht immer auf der Höhe der Zeit ist. Während die großen Unternehmen zumeist über eine Infrastruktur zur Ermittlung und innerbetrieblichen Verteilung von relevantem Wissen verfügen,[5] wird die (strategische) Bedeutung von Informationen von klein- und mittelständischen Unternehmen (KMU) noch zu oft verkannt oder aus anderen Gründen nicht genutzt.[6] Gerade KMU aber sind auf externe Informationen besonders angewiesen, da sie häufig weder über die finanziellen noch personellen Kapazitäten verfügen, um Entwicklungsaufgaben selbst lösen zu können.[7] Es ist daher eine betriebswirtschaftliche Notwendigkeit, Informationen als strategische Ressource zu erkennen, stärker zu berücksichtigen und so das Wissensdefizit in den Unternehmen zu verringern.[8]

---

3 *Scherer, Frederic M.*: Technologische Innovation, Wirtschaftswachstum und die Wettbewerbsfähigkeit der europäischen Industrie. In: Jörn Kruse/ Otto G. Mayer (Hrsg.): Aktuelle Probleme der Wettbewerbs- und Wirtschaftspolitik, Veröffentlichungen des HWWA-Institut für Wirtschaftsforschung-Hamburg, Bd. 23, Baden-Baden 1996.

4 *Pfähler, Wilhelm; Bönte, Werner*: F&E-Spillover und staatliche F&E-Politik. Zur theoretischen und empirischen Fundierung der F&E-Politik Deutschland. In: Jörn Kruse/ Otto G. Mayer, a.a.O.

5 *Mantwill, Gerhard J.*: Die Notwendigkeit zum Erstellen und Vermarkten von Informationsdienstleistungen aus Sicht einer öffentlichen Institution. In: Spezialbibliotheken auf dem Weg zur virtuellen Bibliothek, 25. 1995. - S. 85-103, Köln 1995.

6 *Staudt, Erich; Bock, Jürgen; Mühlemeyer, Peter*: Informationsverhalten von innovationsaktiven kleinen und mittleren Unternehmen. In: Zeitschrift für Betriebswirtschaft (ZfB), 62 (1992), H. 9, S. 989-1008.

7 *Staudt, Erich; Bock, Jürgen; Mühlemeyer, Peter*, a.a.O.

8 Von der Nicht-Nutzung elektronischer Informationsspeicher soll nicht ohne weiteres auf *Nicht-Informiertsein* geschlossen werden; denn viele Unternehmern nutzen *ihre* formellen und informellen Informationsquellen. Sie beziehen Fachzeitschriften, konsultieren Kunden und Lieferanten und informieren sich auf Messen. Aber das bewußte Recherchieren in elektronischen Informationsspei-

Aber auch die nationale und regionale Wirtschaftspolitik darf in ihrem Bemühen nicht nachlassen, die Informationsnutzung aktiv zu fördern.[9] Eine offene Volkswirtschaft wie die Bundesrepublik Deutschland, die mehr als ein Drittel ihres Sozialprodukts exportiert, ist in besonderem Maße auf den Erhalt und Ausbau ihrer internationalen Märkte angewiesen. Viele der bislang diskutierten wirtschaftspolitischen Initiativen zur Stärkung des Standortes Deutschland vernachlässigen den Faktor Information in unzulässiger Weise. Wie Informationen künftig besser genutzt werden können, darf daher nicht länger nur in *Exotenzirkeln*[10] diskutiert werden. Vielmehr muß die Diskussion über die Information als Grundlage der Informationsgesellschaft, als Motor gesellschaftlicher Entwicklungen und technischer und sozialer Innovationen, aus den Gesprächskreisen der Insider heraus und stärker in die Praxiswelt der potentiellen Nutzer, der Entscheider in Wissenschaft, Wirtschaft und Politik getragen werden.

Dieser Aufgabe stellt sich das HWWA mit seiner empirischen Wirtschaftsforschung und seinem Informationszentrum seit jeher. Insbesondere mit seinem Angebot an Wirtschaftsinformationen für Wissenschaft und Praxis hat das bereits 1908 gegründete HWWA (Hamburgisches Welt-Wirtschafts-Archiv, 1970 in HWWA - Institut für Wirtschaftsforschung-Hamburg umbenannt) zur Entwicklung einer offenen Informationskultur wesentlich beigetragen. Das umfangreiche Informationsangebot, basierend auf den Informationsspeichern und den Beständen der BIBLIOTHEK und der PRESSEDOKUMENTATION UND ARCHIVE - beide zählen zu den größten Einrichtungen ihrer Art in Europa - wird externen Informationsnachfragern durch den Informationsservice der Abteilung BERATUNG UND INFORMATION sowie durch die Möglichkeit der Eigenrecherche im HWWA oder per Telekommunikation zur Verfügung gestellt.

Das HWWA wird sein Bemühen um Kundenorientierung künftig noch verstärken. In Kooperation mit Institutionen und Firmen und nicht zuletzt mit den anderen Hamburger Informationsvermittlern soll dem Informationsbedarf der Wirtschaft durch ein umfassendes, transparenteres Informationsangebot noch besser entsprochen werden.

---

chern - in Eigenregie oder durch Einschalten von Informationsvermittlungsstellen - findet nur in geringem Umfang statt. Von optimalem *Informiertsein* kann daher nicht ausgegangen werden.

9 Zum Selbstverständnis der Bundesregierung über Rolle und Aufgabe des Staates in der wissenschaftlichen und technischen Information siehe Bundesministerium für Bildung, Wissenschaft, Forschung und Technologie (Hrsg.), Information als Rohstoff für Innovation, Programm der Bundesregierung 1996-2000, Bonn 1996.

10 Wissen ist Geld, Manager Magazin 4/1996, S. 200.

Die verstärkten Anstrengungen wurden im Herbst 1996 mit einem Workshop zum "Beitrag der Informationswirtschaft zur Steigerung der Wettbewerbsfähigkeit der Unternehmen und zur Stärkung des Wirtschaftsstandortes Hamburg" eingeleitet, dessen Vorträge hiermit (in teilweise überarbeiteter Form) als Tagungsband vorgelegt werden. Eine Fokussierung dieses Workshops auf den Wirtschaftsraum Hamburg wurde vorgenommen,

- weil es dem Veranstalter darum ging, Wissenschaft und Praxis zu möglichst konzeptionsbezogenen und praxisnahen Gesprächen zusammenzuführen;
- weil eine Ergänzung der zur Zeit dominierenden nationalen und internationalen Ebene in der Informationspolitik durch eine regionale Plattform gegenwärtig dringend geboten erscheint - dies auch angesichts der sich derzeit rasch entwickelnden regionalen und lokalen Online-Märkte - und
- weil Hamburg dank seiner bestehenden Entwicklungspotentiale in diesem Bereich besonders gut beraten wäre, in seiner Wirtschaftsförderpolitik verstärkt auf die Neuen Medien zu setzen.

Es wäre wünschenswert, wenn sich die begonnene Diskussion über die Zusammenhänge zwischen "Neue Medien" und "Regionalpolitik" für andere Regionen der Bundesrepublik fortsetzen ließe. Deren wirtschaftliche Probleme ähneln denen Hamburgs, entsprechend sind auch die Lösungsansätze übertragbar. Insofern beansprucht der Titel für diese Veröffentlichung zu Recht "Deutschland" als wirtschaftspolitisches Betrachtungsfeld.

Die Autoren befassen sich auch mit dem Einfluß der neuen Informations- und Kommunikationstechniken und fragen nach den Chancen und Risiken für die Unternehmen und die Gesellschaft insgesamt, die sich aus dem Übergang zur Informationsgesellschaft ergeben. Die neuen, die Informationsgesellschaft charakterisierenden Technologien und Kommunikationsformen stellen große Herausforderungen an Politik, Wirtschaft und Gesellschaft der industrialisierten Länder. Die Auswirkungen auf den Arbeitsmarkt werden kontrovers diskutiert. Während die Optimisten für die neu entstehenden Berufe eine rasch steigende Nachfrage nach Arbeitskräften prophezeihen, warnen andere Stimmen vor zu großen Erwartungen und verweisen auf die negativen Wirkungen, die von dem Zusammenwirken von Digitalisierung, Netzwerken und Globalisierung auf die Beschäftigung ausgehen.

Im Ergebnis hat der Workshop deutlich gemacht, daß die Intensität, mit der Informationen wirtschaftlich genutzt werden, die Wettbewerbsfähigkeit der Unternehmen mitbestimmt. Da insbesondere für KMU die externe Informationsbeschaffung eine zentrale Rolle spielt, ist der Zugang zu Informationen, also die Organisationsform des Informationsangebots, entscheidend. Für die Informationswirtschaft ergibt sich daraus die Aufgabe, das Informationsangebot mit der Nachfrage optimal in Übereinstimmung zu bringen.[11] Gelingt es ihr, diesem Anspruch annähernd gerecht zu werden, rechtfertigt sie ihren oben beschriebenen Stellenwert in der sich entwickelnden Informationsgesellschaft, indem sie dazu beiträgt, die Arbeitslosigkeit zu verringern und den Standort Deutschland zu stärken.

Wie soll es weitergehen? Was können die Firmen und Einrichtungen der Informationswirtschaft tun, um die Erkenntnisse des Workshops in Strategien und konkrete Maßnahmen umzusetzen? Die wichtigste Aufgabe besteht nach wie wie vor darin, die Bedeutung der Information als strategische Ressource ins Bewußtsein zu bringen und damit zu erreichen, daß Informationen entsprechend dem Bedarf nachgefragt werden. Zahlreiche Hindernisse sind dafür verantwortlich, daß trotz zweistelliger Umsatzsteigerungen der Informationsindustrie in den vergangenen Jahren die (monetäre) Nachfrage nach Informationen noch immer weit hinter dem zu vermutenden Bedarf zurückgeblieben ist. Insbesondere die elektronischen Medien (Online- und CD-ROM-Datenbanken) haben einen vergleichsweise geringen Anteil an den genutzten Informationsquellen.[12] Um eine Steigerung der Nachfrage zu erreichen, will das HWWA Maßnahmen ergreifen, mit denen die Informationsbarrieren sowohl auf der Nutzer- als auch auf der Anbieterseite abgebaut werden. So wird die Initiative des HWWA besonderes Gewicht auf eine kundennahe Vorgehensweise legen. Akzeptanz kann bei den Unternehmen nur erzielt werden, wenn die Vorteile der Informationsnutzung für den betrieblichen Erfolg konkret deutlich werden. Daher gilt es, die Kenntnisse über Informationsquellen - zunehmend auch über elektronische Medien - und deren Nutzungsmöglichkeiten praxisnah zu vermitteln.

Dieser Prozeß soll durch ein Netzwerk unterstützt werden, das die Kommunikation und den Austausch fachlicher Informationen zwischen den Partnern erleichtert und damit stimuliert. Unterstützend wird eine interaktive multimediale Datenbank über das regionale, nationale und internationale Informationsangebot aufgebaut. Wichtige Partner des Netz-

---

11 *Mantwill, Gerhard J.*: Zur Qualität von Informationsdiensten. In: Cogito, Zeitschrift für den Informationsmarkt, 3-95 (Juni 1995).

12 *Keidel, Ute; Winkelmann, Jürgen*: Standort Deutschland. Information als Wettbewerbsvorteil? In: Cogito, Zeitschrift für den Informationsmarkt, 5-94 (Oktober 1994).

werkes sind Verbände. An erster Stelle ist die Deutsche Gesellschaft für Dokumentation e.V. (DGD) zu nennen. Mit ihren mehr als zweitausend Mitgliedern in der ganzen Bundesrepublik ist sie besonders prädestiniert, *awareness* zu schaffen. Dank ihrer Kontakte zu nationalen und internationalen Institutionen und Entscheidungsträgern kann sie die Bedeutung der Information für die gesellschaftspolitische Entwicklung in Politik und Wirtschaft effizient vertreten. Auch die Wirtschaftsverbände werden eingeladen, ihr Leistungsangebot zu präsentieren und sich an der Mitgestaltung der Informationsgesellschaft durch den verbesserten Einsatz des Faktors Information zu beteiligen.

Der Workshop wurde außerordentlich positiv aufgenommen, und es ist zu hoffen, daß diesem Sammelband gleiches widerfährt. Dank gilt allen Referenten und Moderatoren. Gedankt wird auch den Financiers: der Gesellschaft der Freunde und Förderer des HWWA sowie der Europäischen Kommission für die im Rahmen ihres National Awareness Programme (NAP) bereitgestellten Fördermittel. Die Firma RATIO GmbH, Hamburg, ermöglichte der Tagung einen festlichen Rahmen. Ich bedanke mich auch bei Kolleginnen und Kollegen für ihre Anregungen und für die Ermutigung, durch weitere Aktivitäten der mit dem Workshop eingeleiteten Initiative Nachhaltigkeit zu verleihen. Eine besondere Anerkennung gilt Frau Marieluise Möller (Manuskript) und Herrn Martin Dietz (Mithilfe bei der Organisation und dem Korrekturlesen).

Gerhard J. Mantwill

Teil I

Information für Innovation und Wettbewerbsfähigkeit

Die Bedeutung der Information für Innovation und Wettbewerbsfähigkeit von Unternehmen

von

Arnold Picot und Sven Scheuble

1 Einführung

Gegenwärtig hat der Begriff "Informationsgesellschaft" Inflation. Er löst Erwartungen ebenso wie Befürchtungen aus. Man sagt, die Gesellschaft solle sich auf das Informationszeitalter vorbereiten. Unternehmen, Branchen, Standortverteilung, wirtschaftliche Aktivitäten würden sich regional und weltweit unter dem Einfluß der informationstechnischen Möglichkeiten neu formieren, teils zu Gunsten, teils zu Lasten bisher wirtschaftlich starker Regionen. Information werde zum ersten, wichtigsten Produktionsfaktor und sei der wichtigste Bestimmungsfaktor von Innovation und Wettbewerbsfähigkeit von Unternehmen.[1]

Inwieweit sind diese Aussagen zutreffend? Welche Rolle spielt Information tatsächlich für Innovation und Wettbewerbsfähigkeit, und inwieweit beeinflussen moderne Informations- und Kommunikationstechnologien die Bedeutung der Information?

Um eine Antwort auf die eben anskizzierten Fragestellungen geben zu können, ist es zunächst wichtig, sich über die charakteristischen Eigenschaften der Information und deren Konsequenzen klar zu werden. Diese Eigenschaften sind zusammen mit einigen Belegen der Relevanz von Information aus einzel- und gesamtwirtschaftlicher Perspektive Gegenstand des ersten Abschnitts. Der zweite Abschnitt dreht sich um die Bedeutung, die Information für Innovation und Wettbewerb im allgemeinen spielt. Es wird sich zeigen, daß (innovatives) Unternehmertum und dynamischer Wettbewerb im Erkennen von wirtschaftlich relevanter Information und ihrer praktischen Ausnutzung besteht. Unternehmerisches Handeln ist nichts anderes als ein kreativer Brückenschlag zwischen bislang völlig unverbundenen bzw. unvollkommen verbundenen Informationssphären.

Aufbauend auf diesen allgemeinen Erkenntnissen über die Bedeutung der Information wird im dritten Kapitel erläutert, inwieweit die herausragende Stellung der Information

1 Vgl. *Picot* (1996), S. 63.

durch moderne Informations- und Kommunikationstechnologien ausgebaut wird. Information und Kommunikation (IuK) sind für die Bewältigung der Arbeitsteilung zentral. Intelligente, innovative Koordinationsformen, also neue Markt-, Organisations- und Arbeitsformen als Mechanismen des Informationsaustauschs in der Arbeitsteilung, rationalisieren die Produktion und steigern die Produktivität. Neue Informationsdienste bzw. -produkte sowie die Vernetzung vorhandenen Wissens schaffen Mehrwert. Information, Kommunikation und Organisation sind deshalb wichtige Faktoren in einem effizienzorientierten Wettbewerb.

Gegenstand des vierten Kapitels sind schließlich einige kritische Faktoren, durch welche die Verbreitung und der richtige Einsatz von Information beeinflußt werden. Aus diesen Erfolgsfaktoren lassen sich Empfehlungen für eine informationsorientierte Innovationsförderung staatlicher Institutionen ableiten.

1.1 Information als wirtschaftliche Ressource

Betrachtet man Wirtschaft im allgemeinen und Innovation und Wettbewerb im speziellen als das Resultat der vielen Einzelhandlungen wirtschaftlicher Akteure, so wird die Bedeutung der Information offensichtlich: Wirtschaftliches Handeln bedeutet immer, Entscheidungen zu treffen. Entscheidungen können aber nur auf der Basis von Information getroffen werden. Information ist demnach mindestens so bedeutsam wie die übrigen menschlichen, finanziellen oder materiellen Ressourcen.

Informationen besitzen verschiedene *Eigenschaften*, die es zu berücksichtigen gilt.[2] Beispiele dafür sind:

- Informationen sind ein immaterielles Gut, das in der Regel auch bei mehrfacher Nutzung nicht verbraucht wird,
- Informationskäufer müssen sich statt dessen mit Kopien begnügen,
- dadurch lassen sich durch den Informationsanbieter economies of scale realisieren, denn die Grenzkosten der Informationsproduktion sind (annähernd) null.
- Bei der Wertermittlung kann das sog. Informationsparadoxon auftreten: Eine Bewertung von Information setzt nämlich voraus, daß die zu beschaffende bzw. zu er-

2 Vgl. *Picot/Reichwald/Wigand* (1996), S. 104.

werbende Information bereits bekannt sein muß. Wenn jedoch die Information einer Bewertung zugänglich ist, hat der Informationsbeschaffer die Information bereits aufgenommen und muß sie nicht mehr erwerben,

- Informationen erweitern sich während der Nutzung, z. B. durch neue Kontexte,
- Informationen sind verdichtbar,
- Informationen können andere wirtschaftliche Ressourcen bzw. Institutionen, wie z.B. Händler oder physische Transporte ersetzen,
- Informationen sind im Extremfall mit Lichtgeschwindigkeit transportierbar,
- Informationen haben eine Neigung zur Diffusion,
- Informationen können Beziehungen anbahnen.

1.2 Produktion von Information

Diese Eigenschaften erfordern für die Analyse der Produktion bzw. des Einsatzes von Information spezielle Modelle und Verfahren. Von einer "Produktion" im üblichen Sinne kann durchaus auch in bezug auf Informationen gesprochen werden. Zunächst ist der *Informationsbedarf* und seine Deckung für alle wesentlichen Verwendungszwecke bzw. für alle Information nachfragenden Personen zu planen und zu kontrollieren.

Die Frage nach dem Informationsbedarf zielt auf die Art, Menge und Qualität der Informationen, die eine Person zur Erfüllung ihrer Aufgaben in einer bestimmten Zeit benötigt. Er ist in vielen Fällen nur vage bestimmbar und hängt vor allem von der zugrundeliegenden Aufgabenstellung, den angestrebten Zielen und den psychologischen Eigenschaften eines Entscheidungsträgers ab.[3]

Eine informationsorientierte Analyse der zu erfüllenden Aufgabe bestimmt den sogenannten *objektiven Informationsbedarf*. Er gibt an, welche Art und Menge an Informationen ein Entscheidungsträger zur Erfüllung einer Aufgabe verwenden sollte.

Der *subjektive Informationsbedarf* hingegen geht von der subjektiven Sichtweise des Entscheidungsträgers aus und gibt an, welche Informationen diesem zur Bewältigung ei-

3 Vgl. hierzu und zum folgenden *Picot/Reichwald* (1991), S. 275 f.

ner Aufgabe als relevant erscheinen. In der Regel weicht der subjektiv geäußerte Informationsbedarf vom objektiven Informationsbedarf ab.

Abb. 1: Informationsbedarf und Informationsversorgung

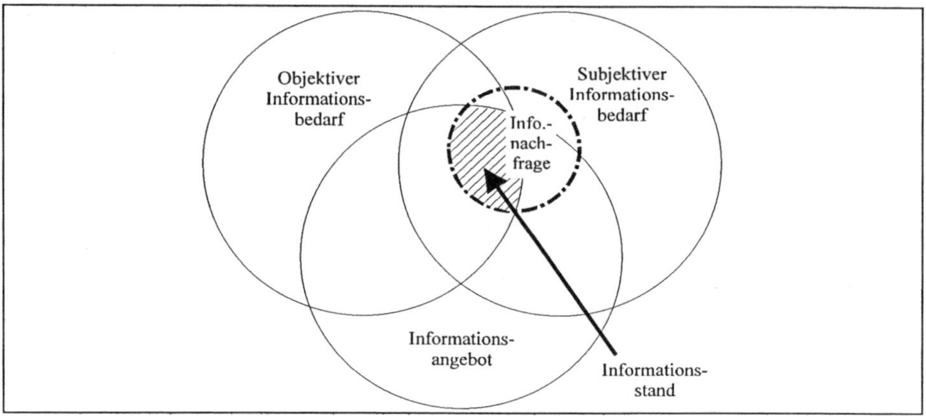

Quelle: *Picot/Reichwald* (1991), S. 276.

Die Menge an Informationen, die letztlich tatsächlich nachgefragt wird, ist wiederum lediglich eine Teilmenge des ursprünglich geäußerten Informationsbedarfs. Nur der Bereich, in dem *Informationsnachfrage* und *Informationsangebot* zusammenfallen, führt schließlich zu einer tatsächlichen Informationsversorgung.

Der Teil der *Informationsversorgung*, der objektiv zur Aufgabenerfüllung notwendig ist, stellt den *Informationsstand* dar.

Um objektiven und subjektiven Informationsbedarf einander anzunähern, stellt das Informationsmanagement verschiedene Methoden bereit, wie z.B. *die Methode der Kritischen Erfolgsfaktoren (KEF)*. Bei dieser Methode werden jene Faktoren und Parameter identifiziert und geprüft, die für die Aufgabenerfüllung von entscheidender Bedeutung sind. Diese Faktoren werden in einem Sitzungsverfahren, an dem die Aufgabenträger sowie Methodenspezialisten teilnehmen, erfaßt und analysiert. Die Vorteile einer solchen Methode bestehen unter anderem darin, daß einem Aufgabenträger diejenigen Faktoren bewußt werden, denen die größte Aufmerksamkeit zu widmen ist.

1.3 Lebenszyklusmodell für die Produktion von Information

Auf der Basis des Informationsbedarfs ist das *Informationsangebot* zu planen, zu organisieren und zu kontrollieren. Dabei steht im Mittelpunkt des Interesses, wie ein Aufgabenträger die etwa durch die Methode der Kritischen Erfolgsfaktoren ermittelten Informationen tatsächlich erhält. Für die Analyse der Bedarfsdeckung eignet sich das sogenannte *Lebenszyklusmodell* für die Produktion von Information von Levitan, das in Abbildung 2 dargestellt ist.[4] Alternativ zum Lebenszyklus könnte man auch von der Wertschöpfungskette der Information sprechen. In diesem Fall rückt die Organisation des meist mehrstufigen, arbeitsteiligen Produktionsprozesses der Information in den Vordergrund. Kapitel 3.4 greift diese Perspektive am Beispiel der Multimedia-Wertschöpfungskette wieder auf.

Abb. 2: Lebenszyklusmodell für die Produktion von Information

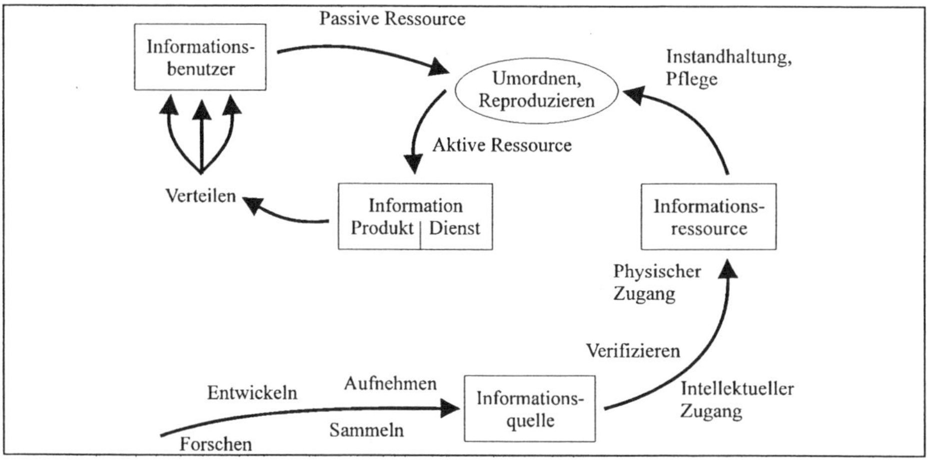

Quelle: *Levitan* (1982), S. 47.

Der *Lebenszyklus der Produktion von Information* beginnt damit, daß innerhalb einer Datenmenge potentielle Informationen erkannt werden. Nachdem die relevanten Daten gesammelt und aufgenommen wurden, bilden sie die sogenannte *Informationsquelle*. Um eine Informationsquelle in eine *Informationsressource* zu überführen, sind verschiedene Schritte notwendig. Die Informationsquelle ist zu verifizieren, Mechanismen für den physischen, aber auch intellektuellen Zugang sind zu schaffen und Speichermöglichkeiten

4 Vgl. *Levitan* (1982), S. 44 ff.

bereitzustellen. Die Informationsressource dient zur Deckung des *Informationsbedarfs* beim Informationsnutzer. Sie kann dabei einen aktiven oder einen passiven Zustand einnehmen. Wenn die Ressource nur auf Initiative des Informationsbenutzers verwendet wird, wird sie als *passiv* bezeichnet. Es handelt sich somit um eine *benutzeraktive Informationsressource*. Im aktiven Zustand wird die Ressource in Form von Informationsprodukten und -diensten an die Informationsbenutzer weitergeleitet (z.B. regelmäßige Berichte, feste Verteiler, Internet-Mailing-Listen). In diesem Fall liegt eine *generatoraktive Informationsressource* vor.[5]

Des weiteren bedingen verschiedene gesetzliche, institutionelle, ökonomische und individuelle Faktoren, inwieweit aus einer Informationsquelle tatsächlich eine Informationsressource wird. Sie werden im letzten Abschnitt vertieft.

1.4 Relevanz von Information aus gesamtwirtschaftlicher Sicht

Information ist aus gesamtwirtschaftlicher mindestens ebenso bedeutend wie aus einzelwirtschaftlicher Perspektive. Dies wurde eindrucksvoll durch eine *empirische Untersuchung* von *John J. Wallis* und *Douglass C. North* belegt.[6] Die beiden Wissenschaftler untersuchten die gesamtwirtschaftliche Höhe der Transaktionskosten - die als ein Indikator für die Informations- und Kommunikationsaktivitäten interpretiert werden können - in der amerikanischen Wirtschaft von 1870 bis 1970. Sie kamen zu dem Ergebnis, das in Abbildung 3 veranschaulicht wird:

Während sich im Jahre 1870 lediglich ein Viertel aller ökonomischen Aktivitäten auf die Bereitstellung von Transaktionsleistungen bezog, betrug dieser Anteil im Jahre 1970 über die Hälfte (54,71%) des gesamten Bruttosozialproduktes. Dies bedeutet, daß der größte Teil des Volkseinkommens für Informations- und Kommunikationsanstrengungen, d.h. zur Bewältigung der Koordination, eingesetzt wird. Daraus folgt, daß Wachstum nur möglich ist, sofern die Produktivitätsgewinne durch zunehmende Arbeitsteilung und Spezialisierung nicht durch erhöhte Koordinationsanstrengungen bzw. Transaktionskosten überkompensiert werden. Insoweit es durch den Einsatz moderner IuK-Technologien gelingt, Transaktionskosten zu senken bzw. die Koordination arbeitsteiliger Leistungserstellung zu erleichtern, kann die Studie von *Wallis* und *North* darüber hinaus

5 Vgl. hierzu auch *Picot/Reichwald* (1991), S. 284.

6 Vgl. *Wallis/North* (1986) sowie die Zusammenfassung in *Picot/Reichwald/Wigand* (1996), S. 22 ff.

auch als Beleg für die steigende strategische Bedeutung moderner IuK-Systeme angesehen werden.

Abb. 3: Anteil der Transaktionskosten am Bruttosozialprodukt der Vereinigten Staaten von Amerika

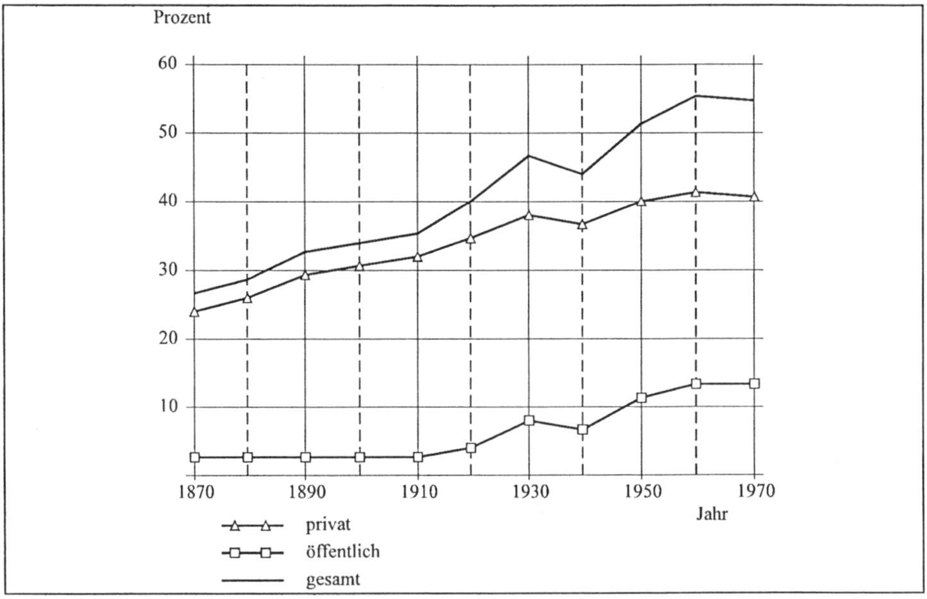

Quelle: *Wallis/North* (1986), S. 121.

Was für das einzelne Unternehmen gilt, trifft demnach auch für eine ganze Volkswirtschaft zu. Immer ist wirtschaftliches Handeln mit dem Erkennen und Verwerten relevanter Information verbunden. Wie diese Verwertung von Information funktioniert, erklärt *Friedrich August von Hayek* in seinem 1945 erschienenen Aufsatz "The Use of Knowledge in Society"[7]. Als wirtschaftlich relevantes Wissen betrachtet von Hayek nicht nur wissenschaftliche Erkenntnisse, sondern vor allem die Kenntnisse der besonderen Umstände von Ort und Zeit. Darin kommen unterschiedliche Informationsstände von Wirtschaftssubjekten über Märkte oder Technikanwendungen zum Ausdruck. Funktionsfähigkeit und Effizienz einer Wirtschaft hängen davon ab, inwieweit dieses verstreut vorhandene Wissen sinnvoll genutzt werden kann. In diesem Zusammenhang betont *von Hayek* die Überlegenheit des Preissystems gegenüber einer zentralen Form der Koordination wirtschaftlicher Aktivitäten, wie es in einer Zentralverwaltungswirtschaft der Fall

7 Vgl. *Hayek* (1945), S. 519 ff.

ist. Die Wirtschaftssubjekte erhalten durch Preisänderungen alle Informationen, die sie zur Anpassung ihrer Handlungen an veränderte Bedingungen benötigen. Eine zentrale Planungsstelle ist weder nötig noch sinnvoll.

2 Innovation als Ergebnis von Information und Wettbewerb

Es ist das besondere Verdienst *von Hayeks* und anderen, die hervorragende Rolle der Information im Wirtschaftsprozeß erkannt und erklärt zu haben. Wirtschaftliches Handeln ist demnach immer informationsverarbeitendes Handeln. Worin dieses Handeln genau besteht und wie Information in der Wirtschaft verwertet werden, wurde von weiteren Vertretern der sog. *österreichischen Schule* erläutert: Unternehmertum, Innovation und dynamischer Wettbewerb bestehen demnach im Erkennen von wirtschaftlich relevanten Informations- bzw. Wissensvorsprüngen und in der praktischen Ausnutzbarkeit solcher Divergenzen.[8]

Die Triebfeder hierzu ist der u.a. von *Kirzner* idealtypisch charakterisierte *Unternehmer*[9]. In dem prozeßhaften Geschehen des Marktes treten Unternehmer auf, die die mit ungenutzten Gelegenheiten verbundenen Gewinnmöglichkeiten entdecken. Sie würden etwa bei Verkäufern, die nicht erkannt haben, daß bestimmte Käufer höhere Preise zu zahlen bereit sind, die Güter zu den niedrigeren Preisen kaufen und mit Gewinn an diese Käufer weiter veräußern. Unternehmer übermitteln damit den anderen Marktteilnehmern Marktinformationen, die jene von sich aus nicht erwerben konnten.

Im Marktprozeß findet zwangsläufig *Wettbewerb* statt. Wettbewerb bedeutet Entdekkung und Realisierung von Gelegenheiten. Nur diejenigen Unternehmen setzen sich durch, die wirtschaftlich relevante Informationsvorsprünge entdecken und es verstehen, diese auszunutzen.

Welcher Art diese Informationsvorsprünge sind, wird von den Autoren der *österreichischen Schule* - zu der auch *von Hayek* zu zählen ist - unterschiedlich interpretiert. Alle Ansätze basieren auf dem Fehlen vollkommenen Wissens und erklären das Funktionieren des Marktprozesses durch die treibende Kraft des Unternehmertums. Unternehmerische Ideen und unternehmerischer Erfolg resultieren aus einem Informationsvorsprung gegenüber anderen Wirtschaftssubjekten. Im einzelnen lassen sich jedoch drei besondere For-

---

8 Vgl. hierzu auch *Picot/Reichwald/Wigand* (1996), S. 25 ff.
9 Vgl. *Kirzner* (1978).

men der Informationsverwertung - oder anders formuliert, *Funktionen des Unternehmertums* - im Marktprozeß unterscheiden.[10] Es sind dies die:

1. Koordinations-,
2. Arbitrage- und
3. Innovationsfunktion.

Die *Koordinationsfunktion* des Unternehmertums ist implizit in der *Gewinntheorie von Knight* angesprochen.[11] Unternehmer sind nach dieser Theorie risikofreudige Menschen, die für das Risiko, das sie tragen, einen Gewinn erzielen. Der Unternehmer fungiert als Risikoträger und Versicherungssurrogat. Seine koordinierende Funktion liegt in der unsicherheitsreduzierenden Wirkung hinsichtlich der Ergebnisse alternativer Handlungsverläufe, die sich durch die dauernd verändernden Strukturen wirtschaftlicher Aktivitäten ergeben.

Dem gegenüber betont *Kirzner* die *Arbitragefunktion* des Unternehmertums. Der Kirznersche Unternehmer stützt sich auf seine *Findigkeit.*[12] Er spürt Gewinnquellen aufgrund von Preisdifferenzen zwischen gegebenen Beschaffungs- und Absatzmärkten auf. Der Unternehmer agiert als *Arbitrageur*, indem er Informationsvorsprünge gegenüber diesen unterschiedlichen Informationssphären wirtschaftlich zu nutzen versucht. Ursachen für die Existenz von Arbitragemöglichkeiten können zeitliche und örtliche Unterschiede sowie Unterschiede in der Produktionsstruktur sein. Immer dann, wenn sich durch die Überbrückung solcher raum-zeitlicher Unterschiede Gewinne ergeben, tritt der findige Unternehmer als Arbitrageur auf. Er erwartet, daß er eine bestimmte Gütermenge am Beschaffungsmarkt zu niedrigeren Preisen einkaufen kann, als die Nachfrager auf dem Absatzmarkt zu zahlen bereit sind. Er wird dies tun, solange die realisierbare Preisdifferenz genügt, die eigenen dafür notwendigen Transaktionskosten zu decken.

Neben der Koordinations- und Arbitragefunktion des Unternehmers ist vor allem dessen Innovationsfunktion hervorzuheben. Die *Innovationsfunktion* wurde dem Unternehmertum von *Schumpeter*[13] zugeschrieben. *Schumpeter* unterscheidet fünf Innovationsarten, die jeweils zu einer strukturellen Erneuerung von Marktstrukturen führen:

---

10 Vgl. *Picot/Schneider/Laub* (1989), *Windsperger* (1991).
11 Vgl. *Knight* (1921).
12 Vgl. *Kirzner* (1978).
13 Vgl. hierzu und zum folgenden *Schumpeter* (1934).

1. Die Einführung eines neuen Produktes oder einer neuen Qualität eines bekannten Produktes,
2. die Einführung eines neuen Produktionsverfahrens (Prozeßinnovationen),
3. die Erschließung eines neuen Marktes,
4. die Erschließung einer neuen Rohstoffquelle und
5. die Neuorganisation einer Industrie.

Ein Innovator greift in den gleichmäßigen Ablauf von Produktion und marktlichem Tausch ein, indem er neue Produkte oder Methoden erfindet. Er versucht, durch seinen Informationsvorsprung, der in diesen neuen Kombinationen zum Ausdruck kommt, Gewinne zu realisieren. Diese Gewinne entstehen dadurch, daß *Schumpeters* dynamischer Unternehmer eine Lücke zwischen dem Preis für Ressourceneinsätze und dem für die von ihm erzeugten Produkte erkennt und nutzen kann. Die *Innovation* könnte deshalb auch *als Arbitrage auf einer höheren Ebene* angesehen werden.

Der Unternehmer kann sich auf diese Weise zumindest solange gegenüber Konkurrenten durchsetzen, bis die Information über diese Gewinnchance diffundiert und andere Unternehmen der Innovation durch Imitation die Einmaligkeit nehmen. Die bis dahin stationäre Wirtschaft wird durch den dynamischen Unternehmer aus ihrer bisherigen Bahn in einen konjunkturellen Aufschwung gerissen.

Im Zuge der geschilderten *Abfolge von Invention, Innovation und Imitation* kommt es zur *"schöpferischen Zerstörung"*, weil entweder die neuen Produkte die Produktionsanlagen zur Herstellung der alten Produkte oder die neuen Produktionsverfahren zur Herstellung schon bekannter Produkte die alten Prozesse entwerten. Ist die Erfindung allgemein übernommen, so verlangsamt sich der Aufschwung bis zum Stillstand, sofern nicht ein neuer Anstoß erfolgt.[14]

Auf diese Weise entsteht das Bild einer permanenten Abfolge der Entstehung und dem allmählichen Abflauen von Konjunkturwellen, die durch Folgeinnovationen zu langen Wellen kumulieren können. *Schumpeter* identifiziert etwas abweichend von *Kondratieff*, der insgesamt vier lange Welle unterscheidet, die erste lange Welle als die Periode der Industriellen Revolution, die zweite als Periode der Dampfkraft und Stahlerzeugung und

---

14 Vgl. *Schumpeter* (1961), S. 42 ff.

die dritte als die Phase der Elektrizität, der Chemie und des Automobils.[15] Neuerdings wird häufig die informations- und kommunikationstechnische "Revolution", in deren Zentrum die Technologien der Digitalisierung stehen, als "5. Kondratieff-Zyklus"[16] im Sinne einer neuen langfristigen wirtschaftlichen Entwicklungswelle bezeichnet. Schon heute geht man davon aus, daß die informations- und kommunikationstechnischen Industrien einschließlich der Multimedia-Dienstleistungen etwa das Volumen der Automobilindustrie aufweisen; bald werden sie dieses deutlich übersteigen.[17]

Zusammenfassend kann festgehalten werden: Unternehmertum und dynamischer Wettbewerb bestehen im Erkennen von wirtschaftlich relevanten Informations- bzw. Wissensvorsprüngen und in dem praktischen Ausnutzen solcher Divergenzen. Koordination, Arbitrage und Innovation sind analytisch separierte Teilaspekte dieses Tatbestandes. Koordination ist das Ergebnis von Arbitrage, die wiederum als kleine Innovation interpretiert werden kann, und die Innovation ist eine Arbitrage auf höherer Ebene. Die Gemeinsamkeit dieser Aspekte und damit der Kern unternehmerischen Handelns ist der *kreative Brückenschlag* zwischen bislang völlig unverbundenen bzw. unvollkommen verbundenen Informationssphären mit Hilfe unternehmerischer Ideen (vgl. Abbildung 4).

Abb. 4: Kreativer Brückenschlag zwischen Informationssphären

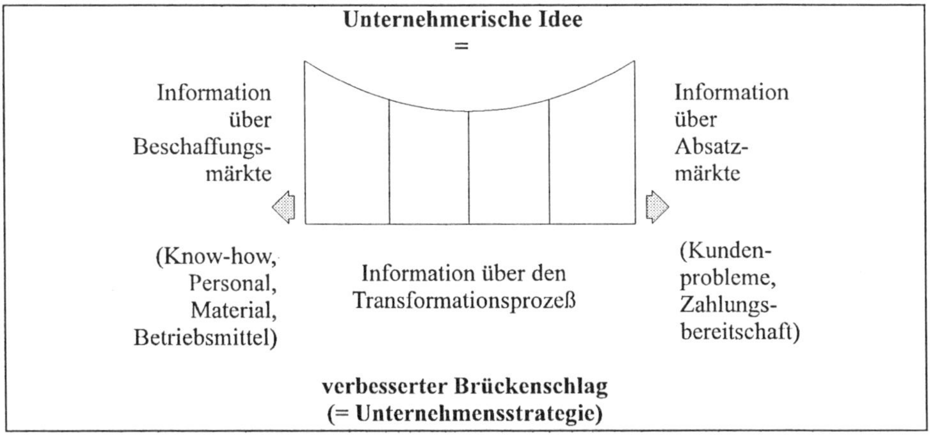

Quelle: *Picot/Reichwald/Wigand* (1996), S. 33.

15 Vgl. *Ott/Winkel* (1985), S. 279.
16 Vgl. *Nefiodow* (1990), S. 47 ff.
17 Vgl. *Picot* (1996), S. 65.

3 Die Rolle moderner IuK-Technologien für Innovation und Wettbewerb

Die vorhergehenden Ausführungen haben gezeigt, welche dominierende Rolle Informationen für Innovation und Wettbewerbsfähigkeit spielen. Die Untersuchungen von *North* und *Wallis* machten ferner deutlich, welche hervorragende Rolle die Information für die Koordination zunehmend arbeitsteiligen Wirtschaftens besitzt.

Neben diesem Trend zu mehr Arbeitsteilung, der höhere Informations- und Kommunikationsaktivitäten in der Gesellschaft auslöst, gibt es einen zweiten wichtigen Bereich, der die Informationsgesellschaft beeinflußt: die Informations- und Kommunikationstechnik. Die Entwicklungstendenzen auf diesem Feld sind heute weitgehend bekannt:[18] Die *Leistungssteigerungen* bei gleichzeitigem *Preisverfall* im Bereich dieser Technologien während der vergangenen Jahrzehnte sind dramatisch. Verbunden mit dem immer günstiger werdenden Preis-Leistungs-Verhältnis sind eine *Miniaturisierung* und *Integration* der diversen Teiltechnologien, die die *Mobilität* und die *Einsatzbreite* dieser Technologien fördern. Mit der weltweiten *Vernetzung* informations- und kommunikationstechnischer Anlagen wird der Zugriff auf Informationen sowie die Zusammenarbeit in der Arbeitsteilung wesentlich erleichtert.

Zwischen der allgemeinen Rolle, die die Information für Innovation und Wettbewerbsfähigkeit einnimmt, und der besonderen Bedeutung moderner IuK-Technologien bestehen intensive Wechselwirkungen. Zum einen ist wohl zutreffend, daß die informations- und kommunikationstechnische "Revolution", in deren Zentrum die Technologien der Digitalisierung stehen, selbst ein Bündel von Basisinnovationen darstellt, dessen volks- und weltwirtschaftliche Bedeutung den großen Innovationen des letzten Jahrhunderts gleichkommt. Zum anderen verändern sie die Wettbewerbssituation und eröffnen - auch das ist eine Eigenschaft von Basisinnovationen - ein großes Potential für Folgeinnovationen. Aufgrund der fundamentalen Veränderung der Preis-Leistungs-Verhältnisse im Bereich von Information und Kommunikation können z.B. Transaktionskosten gesenkt werden, was organisatorische Innovationen ermöglicht.

Im folgenden soll anhand der bereits vorgestellten Innovationsarten nach *Schumpeter* in jeweils exemplarischer Form aufgezeigt werden, wie durch moderne Informations- und Kommunikationstechnologien Innovationen entstehen können.

---

18 Vgl. z.B. *Picot/Reichwald/Wigand* (1996), S. 136 ff.

3.1 Einführung eines neuen Produktes oder einer neuen Qualität eines bekannten Produktes

Zunächst ließe sich daran denken, daß Innovationen in Form neuer (Informations-) Produkte auftreten. Produkte und Dienstleistungen dieser Art werden häufig unter dem Oberbegriff der *Teleservices* diskutiert, wie sie in der folgenden Abbildung dargestellt sind:

Abb. 5: Teleservices

Anwendungssegment	Teleservices
Funktionsbezogene Teleservices	• Teleberatung • Telesekretariat • Teleübersetzen • Teledolmetschen • ...
Informatiknahe Teleservices	• Teleprogrammierung • Teleinstallation und -systempflege • Tele-Engineering • Teledatensicherung und -archivierung • ...
Teleservices der Informationsverarbeitung und Informationsvermittlung	• Electronic Banking • Electronic Brokerage • Elektronische Kataloge • Elektronische Bestell- und Liefersysteme • ...
Telelearning	• alle Formen der mediengestützen Aus- und Weiterbildung und Qualifikation: • Teleunterricht • Teleschulung • ...
Telemedizin	• allgemein-medizinische und fachmedizinische Teleberatung, -behandlung und -betreuung: • Telediagnostik • Tele- Sprechstunde • medizinische Bildverarbeitung und Bildübertragung • ...
Teleüberwachung von Anlagen, Infrastruktureinrichtungen und Prozessen	• Teleüberwachung von z.B.: • Gebäuden, Aufzügen, Alarmanlagen, Klimaanlagen, Versorgungseinrichtungen, Transportwegen, Produktionsprozessen,...
Teleservices für den privaten Endanwender	• Pay-TV • Video on demand • Teleshopping • ...

Quelle: *Reichwald/Möslein* (1995), S. 352.

Ferner besteht die Möglichkeit, daß bekannte Produkte in einer neuen Qualität angeboten werden. Dabei ist in erster Linie an eine Senkung der Produktions- und Transaktionskosten des Kunden zu denken. So kann ein elektronischer Markt, wie z.B. das Internet, eine erhöhte Markttransparenz für Kunden bieten. Die Informations- und Kommunikationstechnik bieten ihnen die Möglichkeit - z.B. in Form geeigneter Browser oder Suchmaschinen - die Suche nach Informationen und die Aufbereitung und Auswertung der gewonnenen Daten zu verbessern.

Unter dem Stichwort des *Unbundling* werden momentan solche Kundenlösungen diskutiert, die es dem Kunden ermöglichen, sich jeweils das Leistungsbündel zu schnüren, das er benötigt. Man denke in diesem Zusammenhang nur an das Homebanking, Telefonbanking oder Discount Broker im Internet.

Dem gegenübergestellt könnte eine andere Möglichkeit der Verbesserung bestehender Produkte und Dienstleistungen im sog. *Bundling*, d.h. der bewußten Agglomeration ursprünglich getrennter Leistungen oder Produkte, zu sehen sein. Beispielsweise könnten transaktionsbegleitende informationsorientierte Dienstleistungen, wie z.B. Finanz-, Beratungs-, Schulungs-, Versicherungs- und Transportdienstleistungen mit der eigentlichen Leistung gebündelt und als ein Produkt gehandelt werden.

Eine andere, eher technische Form der Bündelung ist in der zunehmenden Integration der informations- und kommunikationstechnischen Infrastruktur zu sehen. Dazu werden zur Zeit in Pilotprojekten intensiv Lösungen erprobt, mit denen sich z.B. *Teleshopping*[19] über digitales *interaktives Fernsehen* realisieren läßt oder ein Hochgeschwindigkeitszugang zu einer globalen Informationsinfrastruktur angeboten werden kann. Die *Set-Top-Box* wird dabei als eine komfortable Benutzerschnittstelle zwischen Haushalten und elektronischen Märkten angesehen (vgl. Abbildung 6). Sie verbindet und steuert die in Haushalten bereits vorhandene Kommunikations- und Unterhaltungselektronik, wie z.B. Fernsehgeräte, Heimcomputer und Telefon. Dabei wird der Zugang zu unterschiedlichen Diensten (z.B. Unterhaltung, Ausbildung) verschiedener Anbieter über eine einheitliche Schnittstelle bereitgestellt. Die Set-Top-Box ist, ähnlich wie Decoder für Pay-TV, durch Chipkarten erweiterbar, die Zugangsberechtigung und Abrechnungsschlüssel zugleich sein können. Alternativ zur Set-Top-Box in Verbindung mit einem Fernsehgerät wird auch die Erweiterung des PC in Richtung eines multifunktionalen Multi-Media-Gerätes erprobt.

19 Zum Teleshopping ausführlich *Rohrbach* (1997).

Abb. 6: Set-Top-Box

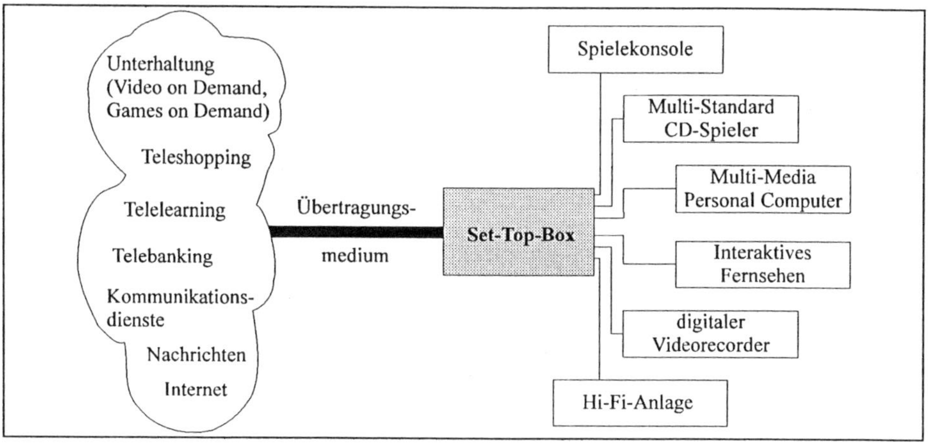

Quelle: *Picot/Reichwald/Wigand* (1996), S. 345.

3.2 Einführung eines neuen Produktionsverfahrens (Prozeßinnovationen)

Aufgrund der fundamentalen Veränderung der Preis-Leistungs-Verhältnisse im Bereich der Informations- und Kommunikationstechnologien werden viele organisatorische, die Transaktionskosten senkende Innovationen ermöglicht.

Die Informations- und Kommunikationstechnik ermöglicht neuartige Koordinationsformen, erzwingt sie aber nicht. Man spricht deshalb auch von dem "enabling character" der Informations- und Kommunikationstechnik. Sie stellt Optionen bereit und vergrössert die Handlungs- und Gestaltungsspielräume der Beteiligten. Abbildung 7 zeigt, wie moderne IuK-Technologien Gestaltungsoptionen in Richtung mehr marktlicher bzw. kooperativer Koordination eröffnen.[20] In einem immer intensiveren effizienzorientierten Wettbewerb auf dynamischen Märkten werden natürlich die effizienzsteigernden, dezentralisierenden und flexibilitätserhöhenden Potentiale der Informations- und Kommunikationstechnologien genutzt, um neuartige produktions- und koordinationskostensparende und zugleich flexible Organisations- und Arbeitsformen hervorzubringen.

20 Vgl. dazu ausführlich *Picot/Ripperger/Wolff* (1996), S. 65 ff.

Abb. 7: Einfluß der Informations- und Kommunikationstechnologien auf Transaktionskostenverläufe

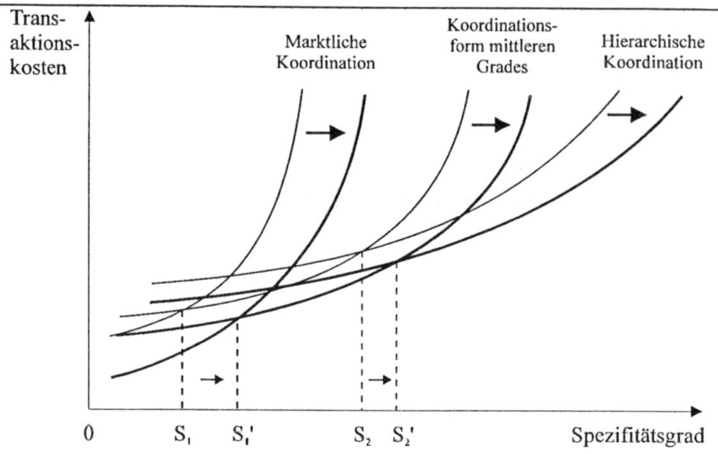

Quelle: *Picot/Ripperger/Wolff* (1996), S. 69.

Die Vorboten dieser Entwicklung sind heute bereits in der Virtualisierung von Unternehmen[21] sowie in neuartigen flexiblen Netzwerk-, Projekt- und Kooperationslösungen zu erkennen. Hierzu gehören auch die neuen Formen der Telekooperation wie Telearbeit, Telemanagement und Teleservices (vgl. Abbildung 8).

Mit Hilfe der informations- und kommunikationstechnischen Potentiale wird es leichter, diejenigen Koordinations- und Arbeitsbedürfnisse, die einer persönlichen Präsenz und face-to-face-Kommunikation bedürfen, von denen zu trennen, wo dies nicht der Fall ist. So lassen sich gezielt Arbeitspartner räumlich zusammenführen, die auf den unmittelbaren persönlichen Kontakt für die Qualität ihrer Zusammenarbeit angewiesen sind (z.B. weil learning by doing oder kreatives Zusammenwirken für schlecht strukturierte Probleme gefordert sind).

Routinehafte oder teilweise standardisierbare Teilarbeiten und Dienstleistungen können dagegen von denjenigen Standorten koordiniert werden, die sich als jeweils günstig erweisen (z.B. aus Gebieten mit niedrigeren Arbeitskosten, aus Standorten, an denen sich

21 Vgl. *Picot/Reichwald/Wigand* (1996), S. 275 ff.

mobile Arbeitspartner gerade aufhalten, oder von Standorten, die von wichtigen und knappen Arbeitspartnern präferiert werden). Information und Organisation avancieren zu strategischen Wettbewerbsfaktoren, die die Standortverteilung und -mobilität von Wirtschaft und Verwaltung auf lokaler, regionaler und globaler Ebene zur Disposition stellen. Die Bedeutung nationaler Grenzen nimmt ab, und die Grenzen nationaler Politik werden enger.[22]

Abb. 8: Dimensionen der Telekooperation

TELEKOOPERATION
= mediengestützte arbeitsteilige Leistungserstellung
zwischen standortverteilten Aufgabenträgern, Organisationseinheiten und Organisationen

TELEARBEIT = mediengestützte dislozierte Aufgabenbewältigung	TELEMANAGEMENT = mediengestützte dislozierte Aufgabenkoordination	TELESERVICES = mediengestützte dislozierte Dienstleistung
MOBILE TELEARBEIT	MOBILES TELEMANAGEMENT	MOBILE TELESERVICES

MOBILE TELEKOOPERATION
= Erweiterung des Telekooperationsbegriffs
über stationäre Standortverteilung auf standortunabhängige Mobilität

Quelle: *Reichwald/Möslein* (1996), S. 692.

3.3 Erschließung eines neuen Marktes oder einer neuen Rohstoffquelle

Moderne IuK-Technologien, wie z.B. das Internet, Online-Dienste oder Home-Shopping-Kanäle, haben häufig eine überregionale, manchmal sogar globale Reichweite. Sie erschließen Beschaffungs- und Absatzmärkte rund um den Erdball. Das Internet mit seiner nicht vorhersehbaren Entwicklung und seinen vielfältigen Nutzungsformen im Bereich von Wissenschaft und Kultur, von Wirtschaft und Kommerz, von Information und

22 Vgl. *Picot* (1996), S. 66.

Unterhaltung ist ein besonders eindrucksvolles Beispiel dafür, wie sich *Global Sourcing* und *Global Selling* realisieren lassen.

Zum einen kann über das Internet weltweit eine potentiell unbeschränkte Zahl von Endabnehmern bzw. Anbietern direkt erreicht werden. Zu sehr geringen Kosten und fast ohne Zeitverlust können Produkte weltweit präsentiert, angeboten und gehandelt werden. Zum anderen erweist sich das Internet durch die Verbindung von Information und Mensch als Paradebeispiel für eine neue Rohstoffquelle. Dieses Computernetzwerk verbindet heute mehr als zehn Millionen Rechner in rund 150 unterschiedlichen Ländern mit vielen Millionen Menschen verschiedenster Sprachen und Kulturen. Über die riesige Menge an Information hinaus, die in diesem Netzwerk gespeichert ist, erlaubt das Internet den Zugriff auf das Wissen der an dieses Netz angeschlossenen Menschen. Auf diese Weise ist es z.B. möglich, Software in Indien programmieren zu lassen und über das Internet nach Deutschland zu transferieren. Denkbar wäre beispielsweise auch, daß Kunden eines "virtuellen Schneiders" einen Auftrag über einen Anzug elektronisch erteilen, dieser Auftrag zusammen mit den Kundenmaßen an einen Schneider in Hong Kong übermittelt und der Anzug innerhalb weniger Tage ausgeliefert wird. [23]

3.4 Neuorganisation einer Industrie

In diesem Zusammenhang ist zum einen an die Organisation neuer Industrien zu denken. So bedeutet die Realisierung der in Abschnitt 3.1 vorgestellten Teleservices die Koordination eines mehrstufigen arbeitsteiligen Prozesses, an dem in der Regel verschiedene Bereiche teilhaben. Abbildung 9 demonstriert dies am Beispiel der Multimedia-Wertschöpfungskette. Zwischen der eigentlichen Information und dem Anwender als Endabnehmer werden verschiedene technische Dienstleistungen benötigt, ohne die der entsprechende Dienst nicht realisiert werden könnte.

Zum anderen ermöglichen organisatorische Innovationen die Neuorganisation alter Industrien: Radikale Umwälzungen auf traditionellen Gütermärkten sind z.B. von *elektronischen Märkten* zu erwarten. Darunter werden Informations- und Kommunikationssysteme zur Unterstützung aller oder einzelner Phasen und Funktionen der marktmäßig organisierten Leistungskoordination verstanden.

---

23 Vgl. dazu auch das Beispiel im folgenden Abschnitt.

Abb. 9: Die Organisation der Multimedia-Wertschöpfungskette

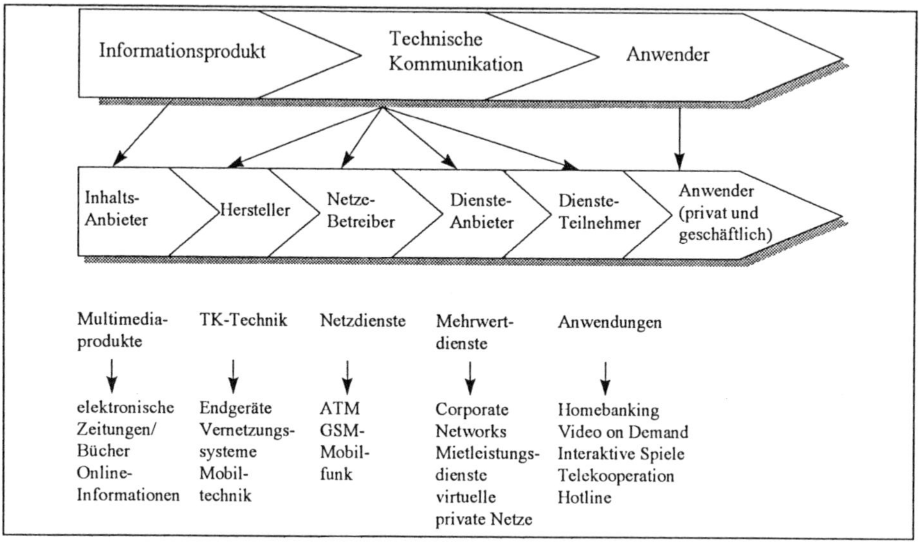

Quelle: *Jung* (1995), S. 28.

Elektronische Märkte besitzen erheblichen Einfluß auf die Wettbewerbssituation auf Gütermärkten. Man denke beispielsweise an sogenannte *"Electronic Shopping Malls"*. Dies sind mit Hilfe von Informations- und Kommunikationstechnik realisierte Einkaufszentren. Über die Telekommunikationssysteme ist eine Nutzung der Angebote laufend und überall möglich. Die "Shopping Mall" ist nichts anderes als ein elektronischer Markt, durch den der Einzelhandel substituiert werden kann.[24] Dementsprechend sind die Zielgruppen von solchen virtuellen Einkaufszentren Privathaushalte und kleinere Firmenkunden. Virtuelle Kaufhäuser sind prinzipiell offen für alle interessierten privaten und geschäftlichen Kunden mit Zugang zu Kommunikationsnetzen (z.B. über Online-Dienste, interaktives Fernsehen oder das World Wide Web).

Der Zugang einer großen Zahl potentieller Kunden zu virtuellen Kaufhäusern erlaubt den anbietenden Unternehmen die Entwicklung innovativer Vertriebsstrategien. Beispielsweise entstehen zur Zeit neue Wege für den Vertrieb von Software über das Internet: Kunden von Bürosoftwarepaketen sind nicht mehr gezwungen, ein komplettes Softwarepaket (z.B. Microsoft Office, Lotus Smartsuite) zu erwerben, sondern stellen sich aus einzelnen Komponenten einen auf die individuellen Anforderungen abge-

24 Vgl. *Schmid* (1995), S. 117 ff.

stimmten Büroarbeitsplatz zusammen. Fehlende Komponenten oder neue Versionen können bei Bedarf über das Internet kopiert werden. Neuere Programmiersprachen, wie z.B. *Java*, dehnen dieses *Tankstellenprinzip* auf Funktionalitäten aus, die nicht mehr lokal gespeichert, sondern je nach Bedarf über das Netzwerk bezogen werden können.

Zum anderen sind erhebliche *Veränderungen für unternehmensübergreifende Wertschöpfungsprozesse* sowie die unter dem Einfluß der elektronischen Märkte zu erwartende *Schmälerung von Gewinnspannen* alter Industrien wahrscheinlich. Sie sollen am Beispiel der vereinfachten Darstellung einer Wertschöpfungskette für die Bekleidungsindustrie skizziert werden. An diesem Beispiel lassen sich die Veränderungen erkennen, die durch eine Einführung von interaktivem elektronischem Einkauf für den traditionellen Einzelhandel zu erwarten sind. Das Beispiel zeigt auch, welche Änderungen des Verkaufspreises sich aus einer derart mediatisierten Absatzform für den Endkunden ergeben können.

Abb. 10: Wertschöpfungskette der Bekleidungsindustrie

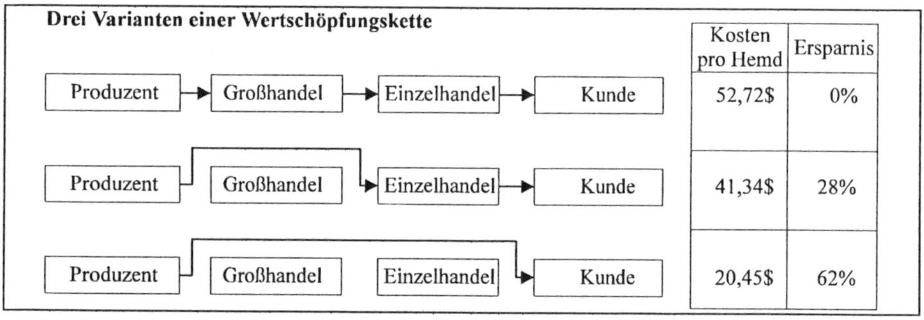

Quelle: *Picot/Reichwald/Wigand* 1996, S. 333.

Die Abbildung zeigt aggregierte Darstellungen einer industriellen Wertschöpfungskette, die vom Hersteller über den Groß- und Einzelhandel bis zum Endverbraucher reicht. Die erste Wertschöpfungskette stellt die traditionelle Absatzform dar. Bei Zusammenfassung aller Mehrwerte zahlt der Kunde US-$ 52,72 pro Hemd. Die zweite Darstellung zeigt den gleichen Wertschöpfungsprozeß unter Umgehung des Großhändlers. Es ergibt sich ein Preis von US-$ 41,34 für den Konsumenten. Das bedeutet eine Ersparnis von 28% gegenüber dem herkömmlichen Fall. Eröffnet sich unter Einsatz moderner Informations- und Kommunikationsmedien die zusätzliche Möglichkeit, alle Zwischenhandelsstufen zu umgehen und in direkten Kontakt mit dem Endverbraucher zu treten, dann bedeutet dies noch gravierendere Kostenvorteile. Der Beschaffungspreis des Hemdes sinkt für den Endverbraucher auf US-$ 20,45 und damit um 62% gegenüber der traditionellen Vertriebsform.[25]

Diese lediglich exemplarische Darstellung der Auswirkungen auf alte Industrien zeigt die Größenordnung und die Qualität des bevorstehenden Wandels.

4 Bedingungen der Informationsdiffusion und Konsequenzen für die Politik

Die vorgestellten Wirkungen der Information sowie der Informationstechnik hängen in entscheidendem Maße davon ab, inwieweit Information im Sinne von Wissen über Möglichkeiten tatsächlich nachgefragt wird bzw. diffundiert. Dafür sind eine Reihe gesetzlicher, institutioneller, ökonomischer, aber auch individueller Bedingungen verantwortlich. Aus diesen Bedingungen lassen sich Gestaltungsempfehlungen für die Politik ableiten, die im folgenden diskutiert werden.

Die institutionellen bzw. organisatorischen *Bedingungen menschlicher Informationsverarbeitung* wurden von O'Reilly untersucht.[26] Er stellt einen Zusammenhang zwischen organisatorischen Kontextvariablen, dem Informations- und Kommunikationsverhalten, dem Informationsstand und dem daraus resultierenden Entscheidungsverhalten von Akteuren her. Nach dieser Auffassung sind Entscheidungen letztlich eine Funktion der vorhandenen bzw. genutzten Informationen. Die dafür relevanten Kontextvariablen sind die Organisationsstruktur, die vorhandenen Anreiz- und Kontrollsysteme, das Normen- und Wertegefüge sowie die Eigenschaften der zu erfüllenden Aufgaben. Darüber hinaus wird das Informations- und Kommunikationsverhalten durch die sich aus dem herrschenden Kontext ergebenden formalen und informalen Machtbeziehungen beeinflußt. O'Reilly formuliert vor dem Hintergrund zahlreicher empirischer Untersuchungen verschiedene Aussagen, die sich auf den Zusammenhang zwischen Kontextvariablen und Informationsverhalten beziehen. Informationen werden danach z.B. um so eher berücksichtigt,

- je leichter sie zugänglich sind (organisatorisch, räumlich, intellektuell),
- je kompakter und leichter verständlich sie dargestellt sind (z.B. Graphik mit knapper verbaler Zusammenfassung),

---

25 Vgl. *Picot/Reichwald/Wigand* (1996), S. 333.
26 Vgl. *O'Reilly* (1983), S. 103 ff.

- je größer das Vertrauen in die Informationsquelle ist,
- je zentraler ihre Bedeutung für die Aufgabenerfüllung des Entscheidungsträgers ist (wobei ein Unterschied zwischen subjektiver und objektiver Aufgabendefinition bestehen kann),
- je deutlicher sie mit dem für den Entscheidungsträger relevanten Planungs-, Kontroll- und Bewertungssystem verknüpft sind, weil sich daraus für ihn die Belohnungs- und Bestrafungsmöglichkeiten ableiten,
- je stärker ihr Beitrag zu Aktionen ist, die durch das Kontrollsystem positiv sanktioniert werden (Konformität),
- je stärker sie die jeweiligen persönlichen Ziele des Entscheidungsträgers begünstigen,
- je weniger sie Konflikte mit den arbeitsteilig erforderlichen Kooperationspartnern erzeugen.

Diese Liste ließe sich noch weiter fortsetzen. All diese Einflußfaktoren lassen sich letztlich auf ein Kosten-Nutzen-Kalkül des Informationsnutzens zurückführen: Informationen werden um so eher genutzt, je geringer die - im weitesten Sinne - Kosten ihrer Beschaffung sind, und je höher der erwartete Nutzen aus ihrer Beachtung - bzw. je höher eine eventuelle Sanktion für ihre Nicht-Beachtung - ist.

Einen einfachen, aber wichtigen Ansatzpunkt zur Beschreibung der handlungsstiftenden Wirkung von Informationen auf der individuellen Ebene analysierten *Ernst* und *Christine von Weizsäcker* anhand ihres *Erstmaligkeits-Bestätigungs-Modells*.[27]

Für sie ist die pragmatische Wirkungsweise von Informationen eng mit der Anknüpfung an vorangegangene Erfahrungen verbunden. Voraussetzung für eine handlungsstiftende Wirkung einer Information ist, daß sie weder zuviel an Erstmaligkeit von Erfahrungstatbeständen noch ein zu hohes Maß an Bestätigung bereits gemachter Erfahrungen vermittelt. Reine Erstmaligkeit und reine Bestätigung bilden die Endpunkte auf einem Kontinuum, innerhalb dessen sich die pragmatische Wirkung von Informationen äußert.

Eine vollständige Erstmaligkeit einer Information besitzt keine pragmatische Handlungswirkung. Einem Empfänger gelingt es nicht, eine solche Information an bereits gemachte Erfahrungen, d.h. an einen vorhandenen kontextuellen Bezugsrahmen anzu-

27 Vgl. *Weizsäcker* (1974), S. 82 ff.

knüpfen. Beispiele dafür sind etwa Innovationen, die sich aufgrund ihres zu hohen Neuigkeitsgrades nicht ausbreiten können. So ist es z.B. sinnlos, zu versuchen, einen kleinen Handwerksbetrieb in einem Entwicklungsland vom Nutzen einer zwischenbetrieblichen elektronischen Datenverarbeitung wie z.B. EDI zu überzeugen, wenn die Menschen dort nicht mit dem Umgang mit Computern vertraut sind.

Abb. 11: Das Erstmaligkeits-/Bestätigungsmodell

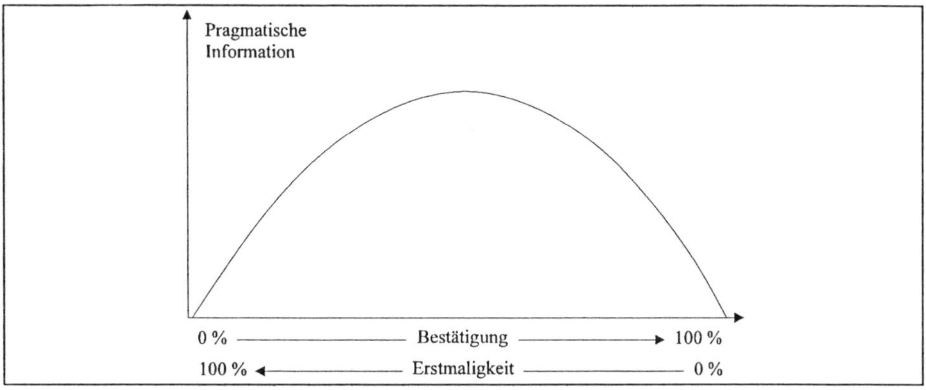

Quelle: *Schneider* (1988), S. 220.

Eine Information kann ihre pragmatische Wirkungsweise nur dann entfalten, wenn sie auch bestätigende und damit an bereits gemachte Erfahrungen anknüpfbare Elemente enthält. Allerdings bedeutet ein Übermaß an bestätigenden Elementen wiederum einen Rückgang des pragmatischen Informationsgehaltes. Denn je mehr Bestätigung mit einer Information verbunden ist, desto weniger Neues kann sie enthalten.

Die Erkenntnisse der vorangegangenen Modelle decken sich auch mit Ergebnissen der Innovationsforschung [28], wonach sich Innovationen um so leichter durchsetzen lassen

- je größer der "relative Vorteil" und Nutzen einer Neuerung im Vergleich zu dem ist, was sie substituieren soll;
- je "kompatibler" die Innovation in die bestehenden Werte, Erfahrungen und in die vorhandenen Bedürfnisse der potentiellen Adopter paßt;

28 Vgl. *Rogers* (1995), S. 161 ff.

- je geringer die "Komplexität" der Innovation ist, die als Hindernis der Adoption entgegensteht;

- je beobachtbarer eine Innovation selbst und deren Resultate auf Dritte ist;

- je leichter eine Innovation ausprobiert und getestet werden kann.

Dem Staat kann diesbezüglich eine Schlüsselrolle zukommen. Er kann die Diffusion von Information und damit den Innovationsgrad fördern, indem er an diesen Hebeln ansetzt, indem er beispielsweise günstige Rahmenbedingungen schafft, Ressourcen bereitstellt oder durch Pilotprojekte Gelegenheiten zum Experimentieren mit Innovationen gibt.

Zusammenfassend läßt sich sagen: Der Wandel zur Informationsgesellschaft stellt jeden Standort vor neue Chancen und Risiken, die größten Chancen werden sich aber für denjenigen ergeben, der sich dem Trend nicht widersetzt, sondern aktiv an der Gestaltung einer durch Information und Kommunikation geprägten Zukunft teilnimmt. Für die Politik sollte der Wandel zur Informationsgesellschaft demnach mehrere Konsequenzen haben:

- Förderung der Aufgeschlossenheit gegenüber den skizzierten Entwicklungen, insbesondere auch der Kompetenz zur Mediennutzung auf allen Ebenen und in allen Bereichen der Gesellschaft - in Politik, Bildung, Wissenschaft, Wirtschaft und Kultur.

- Ermöglichen einer kreativen, dem Offenheitscharakter der Entwicklung entsprechenden Bereitsstellung, Erprobung und Nutzung der neuen Informations- und Kommunikationsmöglichkeiten, vorwiegend in freien marktlichen Prozessen und im Wettbewerb der Ideen.

- Überprüfen bestehender institutioneller Regelungen und Gesetze im Hinblick auf ihren möglichen Behinderungscharakter für die Entwicklung der Informationsgesellschaft.

- Erkennen des globalen Charakters der Entwicklung und der damit verbundenen neuen Herausforderungen im Wettbewerb.

- Anerkennen, daß der globale Wettbewerb sich zu einem erheblichen Teil auf dem Gebiet von neuen Organisations- und Arbeitsformen abspielt, und daß es wohl nicht möglich sein dürfte, uns aus diesem Wettbewerb herauszuhalten.

- Erschließen und Stärken derjenigen Felder, auf denen Wettbewerbspositionen zu behaupten und zu verbessern sind.

- Förderung aller Chancen, Innovationen und Produktionen von Hardware, Software, Medien und Dienstleistungen zu entwickeln, zu nutzen und zu etablieren.

Das Wachstum und der Wohlstand der nächsten Jahrzehnte werden davon abhängen, inwieweit sich Wirtschaft und Politik diesen Anforderungen stellen werden.

Hayek, F. A. v. (1945): The Use of Knowledge in Society, in: American Economic Review, Vol. 35 (1945), S. 519-530

Jung, V. (1995): Der Telekommunikationsgeräte-Markt, in: Lorenz, G. [Hrsg.], Wachstumsmarkt Telekommunikation - Fakten und Prognosen - Vorträge des am 2. März 1995 in München abgehaltenen Kongresses, Berlin u.a. (Springer), S. 16-39

Kilian, W. u.a. (1994): Electronic Data Interchange (EDI) aus ökonomischer und juristischer Sicht, Baden-Baden (Nomos) 1994

Kirzner, I. M. (1978): Wettbewerb und Unternehmertum, Tübingen (Mohr) 1978

Knight, F. H. (1921): Risk, Uncertainty and Profit, Boston (Houghton-Mifflin) 1921

Nefiodow, L. A. (1990): Der fünfte Kondratieff: Strategien zum Strukturwandel in Wirtschaft und Gesellschaft, Frankfurt am Main (Frankfurter Allgemeine Zeitung) 1990

O'Reilly, Ch. A. (1983): The Use of Information in Organizational Decision Making: A Model and some Propositions, in: Research in Organizational Behavior, Vol. 5 (1983), S. 103-139

Ott, A. E.; Winkel, H. (1985): Geschichte der theoretischen Volkswirtschaftslehre, Göttingen (Vandenhoek & Ruprecht) 1985

Picot, A. (1996): Neue Kultur der Verständigung, in: Information Management, Heft 4, 1996, S. 63-66

Picot, A.; Reichwald, R. (1991): Informationswirtschaft, in: Heinen, E. [Hrsg.]: Industriebetriebslehre: Entscheidungen im Industriebetrieb, 9., vollst. neu bearb. u. erw. Aufl., Wiesbaden (Gabler) 1991, S. 241-393

Picot, A.; Reichwald, R.; Wigand, R. T. (1996): Die grenzenlose Unternehmung: Information, Organisation und Management, 2., aktualisierte Aufl., Wiesbaden (Gabler) 1996

Picot, A.; Ripperger, T.; Wolff, B. (1996): The Fading Boundaries of the Firm - The Role of Information and Communication Technology, in: Journal of Institutional and Theoretical Economics (JITE), Vol. 152 (1996), S. 65-79

Picot, A.; Laub, U.; Schneider, D. (1989): Innovative Unternehmensgründungen: Eine ökonomisch-empirische Analyse, Berlin, Heidelberg (Springer) 1989

Reichwald, R.; Möslein, K. (1995): Wertschöpfung und Produktivität von Dienstleistungen? - Innovationsstrategien für die Standortsicherung , in: Bullinger, H.-J. [Hrsg.], Dienstleistung der Zukunft: Märkte, Unternehmen und Infrastrukturen im Wandel", Wiesbaden (Gabler) 1995, S. 324-376

Reichwald, R.; Möslein, K. (1996): Telearbeit und Telekooperation, in: Bullinger, H.-J./Warnecke, H.-J. [Hrsg.], Neue Organisationsformen im Unternehmen - Ein Handbuch für das moderne Management, Berlin u.a. (Springer) 1996, S. 691-708

Rogers, E. M. (1995): Diffusion of Innovations, 4.Aufl., New York u.a. (Free Press) 1995

Rohrbach, P. (1997): Interaktives Teleshopping: Elektronisches Einkaufen auf dem Informationhighway, Wiesbaden (Gabler) 1997

Schmid, B. (1995): Elektronische Einzelhandels- und Retailmärkte, in: Schmid, B. u.a. [Hrsg.], Electronic Mall: Banking und Shopping in globalen Netzen, Stuttgart (Teubner) 1995, S. 17-32

Schneider, D. (1988): Zur Entstehung innovativer Unternehmen - Eine ökonomisch-theoretische Perspektive, München (VVF) 1988

Schumpeter, J. A. (1934): Theorie der wirtschaftlichen Entwicklung: Eine Untersuchung über Unternehmergewinn, Kapital, Kredit, Zins und den Konjunkturzyklus, 8. Aufl., unveränderter Nachdruck der 1934 erschienen 4. Aufl., Berlin (Duncker & Humblot) 1993

Schumpeter, J. A. (1961): Konjunkturzyklen: Eine theoretische, historische und statistische Analyse des kapitalistischen Prozesses (Übersetzung aus dem Amerikanischen), Göttingen (Vandenhoeck & Ruprecht) 1961

Wallis, J. J. ; North, D. C. (1986): Measuring the Transaction Sector in the American Economy, 1870-1970 , in: Engerman, S.L./Gallman, R.E. [Hrsg.], Long-Term Factors in American Economic Growth, Chicago, London (University of Chicgo Press) 1986

Weizsäcker, E. U. (1974): Erstmaligkeit und Bestätigung als Komponenten der Pragmatischen Information, in: Weizsäcker, E.U. v. [Hrsg.], Offene Systeme I - Beiträge zur Zeitstruktur, Entropie und Evolution, Stuttgart (Klett-Cotta) 1974, S. 82-113

Windsperger, J. (1991): Der Unternehmer als Koordinator, in: Zeitschrift für Betriebswirtschaft, 61. Jg. (1991), S. 1413-1429

Informationspolitik als Innovationspolitik

- Bestandsaufnahme und Empfehlungen für die Hamburger Forschungs- und Technologiepolitik -

von
Wilhelm Pfähler und Heidrun Hoppe

1 Einleitung

Innovationen sind von zentraler Bedeutung für die Wettbewerbsfähigkeit von Unternehmen. Dies gilt insbesondere in Regionen, die ihre Unternehmen mit hohen Arbeitskosten, hohen Steuern und hoher Regulierungsdichte belasten. In diesen Regionen können Unternehmen mit ihren Arbeitsplätzen und Einkommenschancen langfristig nur überleben, wenn es ihnen gelingt, sich mit wertschöpfungsintensiven Produkten und Dienstleistungen im weltweiten *Innovationswettbewerb* durchzusetzen.

Am komplexen, zeit- und ressourcenintensiven *Innovationsprozeß* sind zahlreiche Akteure mit sehr verschiedenen Aktivitäten beteiligt. Gewöhnlich wird dieser Innovationsprozeß in drei Phasen eingeteilt:[1] (1) *Forschung und Entwicklung* (FuE), die bei erfolgreichem Abschluß eines Projektes zu einer Erfindung bzw. *Invention* führen, (2) *Innovation* bzw. erstmalige kommerzielle Nutzung der Erfindung, (3) *Diffusion* bzw. Verbreitung der Neuerung. Jede dieser drei Phasen des Innovationsprozesses ist für den Innovationserfolg eines Unternehmens bzw. eines Wirtschaftszweigs relevant. Innerhalb der verschiedenen Innovationsphasen treffen die Unternehmen auf unterschiedliche *Engpässe und Innovationsbarrieren*, die sie zu überwinden haben. Die wichtigsten betreffen *Informationen, Qualifikationen* und *Finanzierungsprobleme.* Es handelt sich dabei um *Informationen* über neue Forschungsergebnisse, Technologien und deren Anwendungsmöglichkeiten wie auch um Informationen über Finanzierungsmöglichkeiten, Märkte, Industrien und Management. Teilweise ist dieses Wissen personengebunden und wird durch Aus- und Weiterbildung erworben (*Qualifikationen*). *Finanzierungsprobleme* resultieren vielfach aus Informationsasymmetrien und -defiziten.

---

1 Vgl. zum Beispiel *Brockhoff, K.* (1992), S. 27 ff.

Der Innovationswettbewerb ist in allen Phasen des Innovationsprozesses somit auch ein *Informationswettbewerb*. Die Wettbewerbsposition der regionalen Wirtschaft kann entweder durch Geheimhaltung, d.h. die Beschränkung des Informationsflusses auf einen engen, klar definierten Kreis von Nutzern oder, völlig entgegengesetzt, durch schnelle Informationsdiffusion verbessert werden. Für den Erfolg von Unternehmen einer Region im Innovationswettbewerb wird dabei *technologischen Externalitäten* und *Informationsflüssen* eine immer stärkere Bedeutung beigemessen.

Innovationsrelevante Informationen können durch verschiedene Institutionen, die sich zu einer Technologie- und Innovationsinfrastruktur zusammenfassen lassen, bereitgestellt werden. Hierzu zählen z.B. Forschungseinrichtungen sowie Transfer- und Beratungsstellen. Die Informationsdiffusion kann Unternehmen und die Institutionen einer Technologie- und Innovationsinfrastruktur in ein Beziehungsgeflecht bringen. Die Erfahrung zeigt, daß die Qualität, Quantität und Intensität *der Informations- und Kommunikationsnetzwerke* wesentlich von *der räumlichen Nähe der Informationssender und -empfänger* bestimmt wird.

Während eine funktionsfähige Technologie- und Innovationsinfrastruktur einen entscheidenden Beitrag zum technischen Fortschritt leisten kann, besteht bei schlechter Organisation und der Existenz von Barrieren im Informationsfluß die Gefahr, daß der Innovationsprozeß deutlich behindert wird. Eine regionale Innovationsförderung sollte deshalb in *allen Phasen und Engpaßbereichen* des Innovationsprozesses tätig werden. Sie sollte insbesondere ein Instrumentarium zur Förderung *der räumlichen Konzentration und Diffusion von Informationen* zur Verfügung stellen.

Im folgenden soll die Bedeutung von informationspolitischen Maßnahmen in der regionalen Innovationspolitik und deren Ausgestaltung in Hamburg aufgezeigt werden. Abschließend formulieren wir einige Hypothesen über die Ursachen von Defiziten in der Hamburger Forschungs- und Technologiepolitik.

2 Grundlagen der regionalen Innovationspolitik

Im folgenden sollen in aller Kürze die wichtigsten theoretischen und empirischen Grundlagen einer auf die Erzeugung und den Transfer von innovationsrelevanten Informationen ausgerichteten regionalen Technologie- und Innovationspolitik aufgezeigt werden. Aus ihnen läßt sich ein Orientierungsrahmen für Ziele, Grundsätze und Zielgruppen ableiten.

In den letzten Jahrzehnten hat sich eine umfangreiche Literatur mit den *Bestimmungsgründen des Innovationsverhaltens* befaßt. Im Vordergrund standen vor allem die Zusammenhänge zwischen Unternehmens-, Markt-, Industrie- und Technologiecharakteristika auf der einen Seite und den Innovationsanreizen und -aktivitäten auf der anderen Seite.[2] Wir konzentrieren uns dagegen im folgenden auf die innovationspolitisch relevanten Ergebnisse der modernen Innovationsforschung, die sich vor allem mit der *Rolle von technologischen Externalitäten und den damit verbundenen Informationsflüssen* befaßt. Zunächst rücken wir die Bedeutung des *Innovationsstandorts* in den Mittelpunkt der Betrachtung, indem wir die verschiedenen Quellen *standortbezogener Agglomerationsvorteile im Innovationsprozeß* aufzeigen. Hierzu zählt vor allem ein Angebot an innovationsrelevanten Informationen. Danach beschäftigen wir uns mit der Fähigkeit von Unternehmen, aus Informationsspillovers zu lernen, bzw. dem Konzept der *Fähigkeit zur Wissensabsorption*.

2.1 Standortbezogene Agglomerationsvorteile im Innovationsprozeß

Die räumliche Konzentration von Unternehmen und Forschungseinrichtungen ist ein wichtiger, vielleicht der wichtigste jüngere empirische Befund für die regionale Innovationspolitik. Prominentestes Beispiel für eine geographische Konzentration von unternehmerischen Innovationsinitiativen ist Kaliforniens *Silicon Valley* mit seinen großen Erfolgen in der Halbleiter- und Computerindustrie. Theorie und Empirie haben die räumliche Akkumulation von innovativer Aktivität eindrucksvoll bestätigt.[3] Audretsch/Feldman (1996) bestätigen in ihrer empirischen Studie die Hypothese, daß Industrien, in denen neues ökonomisches Wissen eine entscheidende Rolle spielt, die Disposition zu einer größeren geographischen Konzentration von Innovationsaktivitäten aufweisen. Unternehmen, die sich in geographischer Nähe zu den Quellen dieses Wissens befinden, bringen nach Feldman (1994) aufgrund der Existenz von Agglomerationsvorteilen eine größere Zahl von Innovationen hervor.

---

2 Vgl. z.B. *Cohen/ Levin* (1989). Jüngere deutsche empirische Untersuchungen zu den Innovationsdeterminanten bestätigen insbesondere die Bedeutung von technologischen Möglichkeiten und den Bedingungen zur privaten Aneignung des Innovationserfolges. Die Ergebnisse dieser Studien weisen außerdem darauf hin, daß kleinere, mittlere und große Unternehmen im Innovationsprozeß unterschiedliche Funktionen erfüllen. Während Großunternehmen vor allem in der angewandten Forschung und experimentellen Entwicklung dominieren, betreiben kleine und mittlere Unternehmen eher wenig systematische FuE-Anstrengungen, spezialisieren sich dafür auf marktnahes Wissen. Siehe *Felder, J. et al* (1995) und *Penzkofer, H./ Schmalholz, H.* (1995), S. 11 f.

3 Die wichtigsten empirischen Arbeiten zu diesem Thema mit deutschem Bezug stammen von *Läpple* (1989), *Legler* (1993, 1994), *Lau* (1995) und insbesondere *Harhoff, D.* (1994). Grundlegende theoretische Einsichten finden sich in *Arthur* (1990), *Krugman* (1991).

Bei den Quellen von Agglomerationsvorteilen, die sich in Produktivitätsverbesserungen bzw. Kostensenkungen[4] niederschlagen, lassen sich drei Kategorien besonders hervorheben:

regionale Verfügbarkeit

- von *(öffentlichem) Wissen* durch die Nähe zu und Kooperation mit (immobilen) öffentlichen Hochschulen und Forschungseinrichtungen;
- eines *Pools von hochschulqualifizierten Arbeitskräften* und *industriellem FuE-Personal* mit branchenspezifischem Wissen, wobei diese wegen der Abhängigkeit vom Standortfaktor "Lebensqualität" oftmals recht immobil sind;
- von (standortgebundenen) *Wissens- und Technologietransfereinrichtungen*.

regionale Spillover-Effekte

- in Gestalt von intra- und interindustriellen *Spillover-Effekten von firmenspezifischem Wissen,* die - wie empirische Studien zeigen - oftmals räumlich gebunden sind[5];
- in Gestalt der *schnelleren Adaption* von *industriespezifischen Innovationen* durch kürzere Informations- und Kommunikationskanäle;
- und in Gestalt der *schnelleren Adaption* und *Transmission* von *Innovationen zwischen verschiedenen Industrien* in räumlicher Nähe.

regionale Netzwerkeffekte

- in Gestalt eines breiteren Angebotsspektrums *industriespezifischer Vorleistungen* (Beschaffungsnetzwerk);
- in Gestalt eines größeren Spektrums lokaler Abnehmer (Absatznetzwerk);
- in Gestalt informeller Informations- und Kommunikationskanäle (Informationsnetzwerk)

4 So können die Kosten der Herstellung und Vermarktung zweier Innovationen an demselben Standort niedriger sein als die Summe der Kosten der Innovationsaktivitäten an verschiedenen Standorten. Formal gilt wegen Agglomerationsvorteilen also $Cj(X,Y) < Cj(X) + Ck(Y)$, wobei j und k die beiden Regionen, C die Kosten und X,Y die Innovationen bezeichnen. *Feldman, M. S.* (1994), S. 20.

5 Für nähere Angaben siehe *Harhoff, D.* (1994b) und *Feldman, M.* (1994).

Die Bedeutung der räumlichen Nähe ergibt sich für alle genannten Agglomerationsvorteile zum einen aus der Tatsache, daß technische und wissenschaftliche Informationen - trotz dramatisch gesunkender Raumüberwindungskosten durch weltweite Kommunikationstechnologien- nur innerhalb gewisser Distanzen transferiert werden können. Zum anderen sind alle Bestandteile einer Technologie- und Innovationsinfrastruktur, die in den Innovationsprozeß eingehen, in der Regel an Personen, öffentliche Institutionen und Unternehmen gebunden und somit relativ *immobil* und *lokal-spezifisch.*[6]

Harhoff (1994b) untersucht Agglomerationen und regionale Spillover-Effekte anhand eines ökonometrischen Modells der *regionalen Gründungshäufigkeit*. In dieses Modell gehen die regional disaggregierten Gründungsdaten der Sektoren Elektrotechnik und Maschinenbau ein. Die Schätzergebnisse zeigen, daß die *Gründungshäufigkeit von diesen Hochtechnologieunternehmen* davon *positiv* abhängt, daß (1.) die Branche regional nicht zu stark konzentriert ist, d.h. konkret, daß der regionale Beschäftigtenanteil in dieser Branche noch unter 17% liegt; (2.) diese Branche in eine heterogene sektorale Struktur des übrigen Verarbeitenden Gewerbes in Verbindung mit einem breiten Angebot unternehmensbezogener Dienstleistungen in der fraglichen Region eingebettet ist, und daß (3.) diese Branche auf eine gute regionale "Wissensinfrastruktur"[7] zurückgreifen kann. Die Ergebnisse dieser Untersuchung bestätigen somit die Bedeutung von Spezialisierungseffekten bis zu einer (Mindest-) Branchenkonzentration, die in fast keinem der bundesdeutschen Kreise überschritten wird, von Beschaffungs- und Liefernetzwerken sowie von Universitäten und außeruniversitären Forschungseinrichtungen in der Region.

Natürlich existieren auch *negative Agglomerationsexternalitäten* in Form von Überfüllung und verstärktem Wettbewerb um Personal, Zulieferer und Kunden. Relevant für die Standortwahl von Unternehmen sind folglich die *Netto-Agglomerationsvorteile.*

Für die regionale Innovationspolitik bedeuten die Netto-Agglomerationsvorteile Chancen und Risiken zugleich. Die *Chancen* bestehen in einem sich *selbst verstärkenden räumlichen Konzentrationsprozeß von Innovationsaktivitäten* durch den Ausbau der Netto-Agglomerationsvorteile: Je geringer die Innovationskosten in Agglomerationen werden - insbesondere durch *ein hochverdichtetes Angebot an innovationsrelevanten Informationen* -, desto vorteilhafter werden diese Standorte für Innovationsaktivitäten sein, umso

---

6 Siehe die Untersuchung von *Tassey* (1991).

7 Diese wird gemessen durch den regionalen Beschäftigungsanteil von F&E-Beschäftigten in Unternehmen sowie von Wissenschaftlern an Universitäten und anderen Forschungseinrichtungen.

mehr attrahieren sie innovative Unternehmen, umso mehr sinken die Innovationskosten etc.

Die *Risiken* von Agglomerationsvorteilen bestehen in dem sogenannten *Start-up*-Problem und im *Schwarzfahrer-Verhalten*: Das Start-up-Problem besteht darin, daß wenige (kleine) Unternehmen eines bestimmten Wirtschaftszweiges innerhalb einer Region noch keine Agglomerationsvorteile begründen und deshalb nicht internes Wachstum oder den Zuzug neuer Unternehmen auslösen. Erst wenn eine gewisse *"kritische Masse"* an innovierenden Unternehmen in der Region vorhanden ist, wirkt sich der Standort für die Unternehmen kostensenkend bei ihren Innovationsaktivitäten aus. Erst dann lohnt es sich auch für weitere Unternehmen, in dieselbe Region zu wandern.[8] Wird diese *"kritische Masse"* nicht erreicht, schlafen Innovationsinitiativen aufgrund eines Kosten- oder Produktivitätsnachteils wieder ein.

Innovationsinitiativen können auch wegen des *"Schwarzfahrer-Problems"* einschlafen. Dieses besteht darin, daß Unternehmen durch die FuE-Spillover anderer Unternehmen und die staatlichen FuE-Initiativen kostenlos oder kostengünstig in den Genuß von Kosten- oder Produktivitätsvorteilen kommen und ihre eigenen Innovationsaktivitäten reduzieren. Vielfach sind für die Unternehmen Investitionen in die Fähigkeit, fremdes Wissen in ihre Innovationsvorhaben zu integrieren, und in das Lobbying für unternehmensnahe öffentliche FuE-Kapazitäten ertragreicher als Investitionen in eigene FuE-Kapazitäten. Verhalten sich viele oder alle Unternehmen in dieser Weise, nimmt der Gesamtumfang innovatorischer Aktivitäten in einer Region eher ab als zu. Infolgedessen muß die staatlich finanzierte Innovationspolitik ihr Augenmerk darauf richten, daß ihre Aktivitäten *komplementären Charakter* haben und die privaten FuE-Aktivitäten nicht substituieren.

2.2 Fähigkeit zur Wissensabsorption

Selbst wenn in einer Region durch Forschungseinrichtungen, industrielle FuE-Labore und Beratungs- und Transfereinrichtungen ausreichend Spilloverinformationen bereitgestellt werden, kann jedoch nicht von einer effizienten Nutzung dieser Informationen ausgegangen werden. Nach Cohen/Levinthal (1989,1990) müssen Unternehmen zunächst eine

8 Das *Start-up*-Problem in der regionalen Innovationspolitik stellt ein Analogon zu dem von Wiese (1990) analysierten unternehmenspolitischen Problem der Marktschaffung bei Netzeffekt-Gütern dar. Vgl. *Wiese, H.* (1990).

Fähigkeit zur Wissensabsorption aufgebaut haben, bevor sie aus Wissensspillovern einen Nutzen ziehen können. Die Unternehmen müssen in der Lage sein, den Wert einer neuen, externen Information zu erkennen und diese kommerziell anzuwenden. Diese Absorptions- oder Lernfähigkeit wird im wesentlichen durch die eigenen gegenwärtigen und vergangenen FuE-Aktivitäten sowie durch unternehmensinterne und -externe Absorptionsbarrieren wie z.B. Informationsbarrieren determiniert.

Den Ergebnissen von Cohen/Levinthal kommt für die Forschungs- und Technologiepolitik eine besondere Bedeutung zu. Wie Pfähler/Bönte (1996) ausführen, kann der Staat zum einen versuchen, auf die FuE-Aktivitäten von Unternehmen Einfluß zu nehmen, um so deren FuE-Wissensabsorption und damit Innovationsfähigkeit zu erhöhen. Zum anderen besteht die Möglichkeit, Absorptionsbarrieren durch den Aufbau einer funktionsfähigen Technologie- und Innovationsinfrastruktur zu senken.

2.3 Orientierungsrahmen für eine regionale Innovationspolitik

Die oben beschriebenen wirtschaftswissenschaftlichen Forschungsergebnisse bilden folgenden *Orientierungsrahmen* für eine regionale Innovationspolitik:

Ziele und Grundsätze

Die regionale Innovationsförderung sollte vordringlich zum einen zur *Lösung des Start-up-Problems* in sogenannten "Zukunftsindustrien" beitragen, falls (1.) die "kritische Masse" noch nicht erreicht ist, (2.) die Analyse von Branchenkonzentrations- und Agglomerationsvorteilen eine spezielle Stärke des Standorts im Innovationswettbewerb erwarten läßt, (3.) auf Seiten der Unternehmen mit hohen Investitionsmitteln ein längerfristiges und großes Engagement in diesem "neuen" Industriezweig angestrebt wird, (4.) auf Seiten der Politik der Wille und die Finanzmittel für ein großes und längerfristiges Engagement bereitstehen.

Zum anderen sollte sich die *Innovationsförderung* durch *den Aus- und Aufbau von Agglomerationsvorteilen* auf jene Industriezweige konzentrieren, die am Standort gegenwärtig bereits erfolgreich sind. Sie sollte versuchen, bereits vorhandene Stärken (bis zu einer *Mindest-Konzentration*) weiter auszubauen, vorausgesetzt, daß sich für diese Industriezweige auch in Zukunft technische Innovationsmöglichkeiten und Marktchancen eröffnen.

Informationsorientierte Maßnahmen sollten sich auf *Angebote und Dienstleistungen beschränken,* die *komplementär* sind zu den innovationspolitischen Anstrengungen in der privaten Wirtschaft und diese nicht (via Schwarzfahrer-Verhalten) ersetzen. [9]

Zielgruppen

Die Zielgruppen sollten sein: Mitglieder/Fachbereiche/Institute *anwendungsorientierter staatlicher Hochschulbildungs- und Forschungseinrichtungen,* ein *Mix von Klein- bis Großunternehmen in arbeitsteiliger Wahrnehmung des Innovationsprozesses, Existenzgründer* von *technologieorientierten Unternehmen* in Zielbranchen, insbesondere aus

Abb. 1: Technologie- und Innovationsinfrastruktur

Überwindung von Engpässen / *Phasen*		1 Information	2 Personengeb. Information (Qualifikation)	3 Flankierende Maßnahmen (Finanzmittel)
I	Forschung und Entwicklung (Invention)	FuE der Forschungseinrichtungen Allgemeine Beratung Wissens- u. Technologietransfer Datenbanken Anwenderzentren Innovations- u. Technologiezentren	Ausbildung in Forschungseinrichtungen Personaltransfer Berufsbildungswesen	Risikokapital Direkte Projektförderung
II	erstmalige Nutzung (Innovation)	Anwenderzentren Technologieberatung Beratung bei Vermarktung und Management Beratung Normen und Gesetze Technologiemessen	Ausbildung in Forschungseinrichtungen Personaltransfer Weiterbildung in Anwenderzentren Berufsbildungswesen Seminare und Mitarbeiterschulungen	Risikokapital Innovationsförderprogramm Technologieeinführungsprogramm
III	Verbreitung (Diffusion)	Beratung bei der Einführung von Innovationen Anwenderzentren	Ausbildung in Forschungseinrichtungen Seminare und Mitarbeiterschulungen Berufsbildungswesen	Technologieeinführungsprogramm Programm zur Diffusionsbeschleunigung

9 Siehe den empirischen Befund in *Harhoff* (1994a) über negative Anreizeffekte der FuE-Spillover auf die FuE-Anstrengungen kleiner Unternehmen.

dem Umfeld von Hochschul- und Forschungseinrichtungen und *Cluster von vertikal und horizontal verbundenen Unternehmen* mit dokumentierbaren regionalen Innovations- und Spezialisierungsvorteilen.

Instrumentarium: Programme und Tätigkeiten

Die regionale Forschungs- und Technologiepolitik sollte insbesondere *vorhandene Defizite im Informationsangebot* in den drei *Phasen des Innovationsprozesses* (Invention, Innovation, Diffusion) *ausgleichen*. Universitäten und außeruniversitäre Forschungsinstitute, industrielle FuE-Labore, Wissens- und Technologietransfernetzwerke bilden zusammengefaßt eine -regionsspezifische- Innovationsinfrastruktur, die mit einem Angebot an Information und flankierenden Maßnahmen (Finanzmitteln) Unternehmen bei der Überwindung von Engpässen im Innovationsbereich unterstützen kann. Es lassen sich dabei zwei Formen des Informationsangebots unterscheiden: nicht personengebundene Informationen, die von Institutionen bereitgestellt werden und personengebundene Informationen, die durch Aus- und Weiterbildung erworben werden.

Abbildung 1 gibt einen Überblick über das Instrumentarium. Systematisierungskritierien bilden die Phasen des Innovationsprozesses und die wesentlichen Engpässe der Unternehmen im Innovationsprozeß. Es wird deutlich, daß die regionale Innovationsförderung nicht als exakt abgegrenzter Politikbereich angesehen werden kann. Sie integriert vielmehr Teilbereiche der Berufsbildungs-, Hochschulbildungs-, Wissenschafts- sowie der Mittelstandspolitik.

Erfolgsbedingungen regionaler Implementierungsstrukturen

Der Erfolg oder Mißerfolg von informationspolitischen Maßnahmen einer regionalen Innovationsförderung hängt wesentlich von der Quantität und Qualität der regionalen Implementierungsstrukturen ab. Im einzelnen lassen sich folgende *Erfolgsbedingungen regionaler Implementierungsstrukturen* anführen:

- Erforderlich ist eine hohe *Fähigkeit* der Unternehmen, *aus Informationsspillovers zu lernen*.
- Es bedarf eines guten Zugangs zu den Institutionen und Programmen der technologischen Infrastruktur. Voraussetzung dafür ist eine *transparente Struktur*.

- Unternehmen und Forschungseinrichtungen brauchen *"kompatible Schnittstellen"*, also verantwortliche und kompetente Kontaktpersonen mit ähnlichen Qualifikationen und Problembewußtsein.

- Erforderlich ist schließlich *Kompetenz beim Leistungsangebot*.

3 Die Hamburger Technologie- und Innovationspolitik

Im folgenden soll ein Überblick über die wesentlichen informationspolitischen Maßnahmen der Hamburger Innovationspolitik gegeben werden. Diese Bestandsaufnahme erfaßt die *öffentliche Input-Seite des Innovationsprozesses* und wird zeigen, daß die *Hamburger Innovationsförderung in allen Phasen und an allen Engpässen des Innovationsprozesses tätig* wird.[10] Im zweiten Schritt erfolgt eine Bestandsaufnahme der Innovationsaktivitäten und der Innovationsdynamik in der Hamburger Wirtschaft. Sie wird zeigen, daß die Hamburger Wirtschaft -trotz aller Aktivitäten der Hamburger Innovationsförderung- von einer *Innovationsschwäche* geprägt ist.

3.1 Bestandsaufnahme der Hamburger Technologie- und Innovationspolitik

Hochschulbildungs- und Forschungseinrichtungen

Die Hamburger Universitäten, Fachhochschulen und außeruniversitären Forschungseinrichtungen sorgen als Quellen technologischen und Management-Wissens für ein *Informations- und Qualifikationsangebot* vor allem in der Inventions- und Innovationsphase des Innovationsprozesses (Bereiche I-II,1-2 der Abb.1). Empirische Studien konnten regionale Spillover-Effekte insbesondere der Universitätsforschung belegen.[11] Ob Hochschulen und Forschungsinstitute auch einen Beitrag zur Überwindung regionsspezifischer Engpässe im inventions- und innovationsrelevanten Qualifikationsprofil der Erwerbstätigen leisten, hängt vom Grad der Abstimmung der Forschungs- und Ausbildungsangebote auf die regionale Nachfrage ab.

---

10 Zum Wissens- und Technologietransfer liegt eine systematische Darstellung und Einschätzung in Gestalt des "Technologietransfercheck Hamburg" (1995) vor, der im Auftrag der Wirtschaftsbehörde von der Inno GMbH derzeit erarbeitet wird. Diese Untersuchung wird im folgenden auch weiter ausgewertet.

11 Siehe die Untersuchungen von *Feldman, M.* (1994), *Acs, Z./Audretsch, D./Feldman, M.* (1992) und *Jaffe, A.* (1989). Die Bedeutung von außeruniversitären Forschungseinrichtungen für die Gründungshäufigkeit von Unternehmen im Spitzentechnologiebereich belegt *Harhoff* (1994b).

Tatsächlich gibt es in Hamburg - von wenigen Ausnahmen abgesehen - keine systematische Kooperation zwischen branchenbezogenen privaten F&E- und Ausbildungseinrichtungen und öffentlichen F&E- und Ausbildungseinrichtungen. Die wichtigste Ausnahme bildet die Technische Universität Hamburg-Harburg (TUHH). Der "Logistikstandort Hamburg" verfügt sowenig über spezielle staatliche Hochschuleinrichtungen und Ausbildungsprogramme wie der "Versicherungs- und Bankenstandort Hamburg" oder der "Medienstandort Hamburg".

Die mit Abstand größte Hochschuleinrichtung in Hamburg ist die Universität Hamburg. Sie bietet als "Vollsortimenter" nahezu alle Studiengänge an. Im Raum Hamburg findet man außerdem eine Konzentration von außeruniversitären Forschungseinrichtungen mit drei Großforschungseinrichtungen des Bundes (DESY, Außenstelle der Deutschen Forschungsanstalt für Luft- und Raumfahrt, GKSS-Forschungszentrum Geesthacht), zwei Max-Planck-Instituten und vier Einrichtungen der "Blauen Liste".[12] Die Forschungsschwerpunkte sowohl der Universität als auch der außeruniversitären Forschungseinrichtungen tragen zur Akquisition von erheblichen BMBF-, MPG- und DFG-Mitteln bei. Aber sie liegen -von wenigen Ausnahmen abgesehen- allesamt eher im Bereich der Grundlagenforschung und dort in Gebieten, in denen die Region Hamburg keine günstigen wirtschaftsstrukturellen Voraussetzungen für eine spätere kommerzielle Verwertung der Forschungsergebnisse aufzuweisen hat. Namentlich sind dies die Molekularbiologie und Biotechnologie, der Teilchenphysik und Synchrotonstrahlung, der Klima- und Umweltforschung. Als eindeutiger Nachteil muß der Mangel an transferorientierten Instituten der Fraunhofer-Gesellschaft in Hamburg gesehen werden.

Beratung, Wissens- und Technologietransfer

Ein *Netzwerk* an Wissens- und Technologietransfereinrichtungen soll in den einzelnen Phasen des Innovationsprozesses den regionalen Unternehmen *innovationsrelevante Informationen* bereitstellen und den Zugang zu Forschungseinrichtungen erleichtern (Bereiche I-III,1 in Abb. 1). Kontakt- und Beratungsstellen sind dabei als erste Anlaufstellen insbesondere für das Aufzeigen von Schwachstellen in regionalen Unternehmen, für Beratung bezüglich finanzieller Fördermöglichkeiten sowie Vermittlung von Fachberatung zuständig. Die Anlaufstellen bei den Forschungseinrichtungen sollen insbesondere in der *ersten Phase des Innovationsprozesses benötigte Informationen* bereitstellen (Bereich

12 Zwar belegen *Pfähler et al* (1997) in ihrer empirischen Studie positive Produktivitätseffekte der Ausgaben des Landes Hamburg für Hochschulen und Wissenschaft sowie Forschung in außeruniversitären Forschungseinrichtungen. Über die exakte Höhe dieser Effekte ist bisher jedoch wenig bekannt.

I,1). Lösungen zu konkreten technologischen Innovationsproblemen werden von Anwenderzentren in bestimmten Technologiefeldern angeboten bzw. erarbeitet. Hierdurch soll die regionale Wirtschaft sowohl bei der *Durchsetzung von Innovationen* als auch bei der *Einführung neuer Technologien* unterstützt werden (Bereiche II-III,1). Einen Beitrag zum *Qualifikationsangebot* können die Transferstellen der Forschungseinrichtungen und Anwenderzentren mit Seminaren, Symposien oder Demonstrationen leisten (Bereich I-II,2). Mittels Personaltransfer wird in vielen Regionen versucht, dem Mangel an qualifiziertem Personal für FuE abzuhelfen. Qualifizierte Hochschulabsolventen der ingenieur- und wirtschaftswissenschaftlichen Fachbereiche werden für Innovationsaufgaben an regionale Unternehmen vermittelt.

Der Wissens- und Technologietransfer ist in Hamburg durch eine Vielzahl an Einrichtungen und Programmen charakterisiert, wobei im folgenden nur die wichtigsten aufgezeigt werden.

Erste Anlaufstellen im Hamburger Wissens- und Technologietransfernetz gibt es bei der Handelskammer mit dem Innovations- und Patentcentrum (IPC), der Gewerbeförderungsanstalt, der Handwerkskammer und den Gewerkschaften. Weiterhin übernimmt das Technologieberatungszentrum Hamburg (TBZ), welches aus dem Hamburger Haushalt finanziert wird, eine allgemeine Innovations- und Förderberatung. Als private Einrichtung bietet das Hamburger Institut für Technologieförderung (HIT) Dienstleistungen im Bereich Management, Finanzierung und Vermarktung an. Der "Technologietransfercheck" ergab, daß diese Einrichtungen zwar recht gut bekannt sind, jedoch selten in Anspruch genommen werden.

Folgende **Transferstellen an Universitäten und Hochschulen** stehen in Hamburg zur Verfügung: die *Arbeitsstelle für Wissens- und Technologietransfer der Universität Hamburg* (AWITT), die als Tochter der Technischen Universität Hamburg-Harburg 1992 gegründete *TUHH-Technologie GmbH,* die *Transferstelle der Fachhochschule*, die *Forschungsbüros der Universität der Bundeswehr Hamburg*. Der "Technologietransfercheck" ergab, daß das AWITT und die Forschungsbüros der Universität der Bundeswehr von der Hamburger Wirtschaft kaum wahrgenommen werden. Dagegen scheint die TUHH-Technologie GmbH für die regionalen Unternehmen von großer Bedeutung zu sein. Neben der Information über neue technisch-wissenschaftliche Erkenntnisse der TUHH gehören die Abwicklung von Auftragsforschung, die Vermittlung von Kontakten sowie die Weiterbildung zu ihrem Tätigkeitsfeld. Nach dem "Technologietransfercheck" hat die Fachhochschule verglichen mit anderen Forschungs- und Transfereinrichtungen den höchsten Nutzungsgrad. Dies läßt sich allerdings kaum auf ihre wenig bekannte Transferstelle zurückführen. Vielmehr liegt die Ursache bei den intensiven, zum Teil langjährigen Kontakten zwischen Professoren der Fachhochschule und Hamburger Unternehmen. Ende 1995 wurde zusätzlich ProFET e.V. gegründet, ein Verein zur Förderung des Technologietransfers der Fachhochschule.

Zum Netzwerk an Transfereinrichtungen zählen außerdem folgende **Anwenderzentren**: (a) Für den Bereich Mikroelektronik wurde 1990 mit Unterstützung durch den Bund und die Stadt Hamburg das *Mikroelektronik-Anwendungszentrum* (MAZ) geschaffen. Zum Leistungsangebot des MAZ gehören zwar insbesondere die Erarbeitung unternehmensspezifischer Lösungen und gemeinschaftliche Durchführung von FuE. Allerdings werden durch das MAZ hauptsächlich eigene FuE-Projekte bereitgestellt und den Unternehmen vergünstigt angeboten. (b) Im Rahmen des Hamburger Aktionsprogramms Wirtschaft wurde 1988 das *Labor für Künstliche Intelligenz* (LKI) im Fachbereich Informatik der Universität Hamburg eingerichtet. Regionale Unternehmen sollen auf diese Weise bei der Nutzung von KI-Methoden unterstützt werden. (c) 1995 entstand die von der Wirtschaftsbehörde befristet geförderte Hamburger Informations- und Kooperations-Einrichtung *Mikrosystemtechnik* (HIKEM) als Abteilung der TUHH-Technologie GmbH. Zu den Aktivitäten der HIKEM gehören die Vermittlung von Dienstleistungen im Bereich der Mikrosystemtechnik und Fachberatung.

Technologie- und Innovationszentren

In einem engen Zusammenhang mit dem Wissens- und Technologietransfer stehen die Bemühungen auf regionaler Ebene zum Aufbau von *Innovations- und Technologiezentren.*[13] Die räumliche Konzentration industrieller FuE soll kostensenkende *Spillover*-Effekte zwischen Unternehmen verwandter Industrien ermöglichen (Bereiche I,1 und I,2). Außerdem können diese Zentren eine wichtige Werbe- und Signalfunktion für die Technologieorientierung der regionalen Wirtschaftspolitik erfüllen.

Der 1985 in Hamburg-Harburg vom *Hamburger Institut für Technologieförderung* (HIT) eingerichtete Technologiepark mit Gründerzentrum bietet eine Ansiedlungsmöglichkeit für technologieorientierte innovative Unternehmen. Ca. 70 Unternehmen mit

---

13 Es sind zwei Grundtypen von Innovations- und Technologiezentren zu unterscheiden. FuE-orientierte Unternehmen, die in der Nähe zu Forschungsunternehmen angesiedelt wurden, bilden sog. Technologieparks. Dagegen wird unter Technologie- und Gründerzentren im allgemeinen die Agglomeration von kleinen neugegründeten, technologieorientierten Unternehmen innerhalb eines Gebäudekomplexes verstanden. Vgl. *Sternberg, R.* (1988), S. 86 f.

rund 1000 Beschäftigten sind dort in der Nähe zur TU-Hamburg-Harburg untergebracht. Die Heterogenität der Unternehmen des HIT-Technologieparks in bezug auf Technologiefelder und Wirtschaftszweige mit den daraus resultierenden Anforderungen an Diskussionspartner oder Berater scheint allerdings die Vorteile der geographischen Nähe zu mindern.[14] In Kooperation mit der Deutschen Aerospace Airbus GmbH entsteht seit 1993 das *Technologiezentrum Hamburg-Finkenwerder*. Der Erfolg der recht jungen Innovations- und Technologiezentren in Hamburg bleibt abzuwarten. Für einen Erfolg sprechen neben dem großen Angebot an Forschungseinrichtungen auch die Möglichkeit zur Kooperation mit in der Region ansässigen Großunternehmen.

Finanzierungshilfen

Den beachtlichen Aufwendungen während des Innovationsprozesses stehen in der Regel Einnahmen erst *nach* erfolgter Markteinführung des neuen Produktes oder Verfahrens gegenüber. Das Ausmaß der Aktivitäten in allen Phasen des Innovationsprozesses (Bereiche I-III,3) ist deshalb in starkem Maße abhängig vom Zugang zu Finanzkapital. Probleme bei der Finanzierung von Innovationsaktivitäten resultieren im wesentlichen aus *Informationsproblemen*[15]: Zum einen ist das Management des Unternehmens besser über die erwarteten Einnahmen aus seinen FuE-Vorhaben informiert als die externen Anbieter von Finanzkapital (*Hidden Information*). Deshalb müssen Unternehmen mit besonders profitablen Projekten ihre Erfolgsaussichten - unter Aufwendung von Ressourcen - signalisieren, um entsprechend gute Konditionen am Risikokapitalmarkt zu bekommen (*Adverse Selection*). Zum anderen können die Kapitalgeber die Aktivitäten der Manager nicht beobachten. Solche sog. *Hidden Action* führt in der Regel zu Anreizproblemen für das Management, sich optimal im Sinne des Kapitalgebers zu verhalten (*Moral Hazard*). Greenwald/Stiglitz (1992) bringen in Anbetracht dieser *Informationsasymmetrien und -defizite* sogar Verwunderung darüber zum Ausdruck, daß Innovationsprojekte überhaupt durch externe Kapitalgeber finanziert werden.

Neben den Informationsproblemen trägt ein risikoscheues Verhalten der Banken dazu bei, daß nicht genügend Ressourcen für den Innovationsprozeß bereitgestellt werden. Dem Staat fällt deshalb die Aufgabe zu, mit Finanzierungshilfen die Informationsasymmetrien und -defizite zu kompensieren und für ein funktionsfähiges Finanzierungssystem in der Region zu sorgen.[16]

---

14 Siehe in diesem Zusammenhang *Kulicke, M. et al.* (1993), S. 133 ff.
15 Vgl. *Laffont, J.-J./Maskin, E.* (1980).
16 Siehe *Tomann, H.* (1988) sowie *Goodacre, A./Tonks, I.* (1995).

Seit 1991 besteht das *Förderprogramm zur Verbesserung der Bereitstellung von Risikokapital*. Es sieht eine Bezuschussung der Kosten zu 70% vor, die einer Beteiligungsgesellschaft im Zusammenhang mit der Prüfung einer Beteiligung entstehen.[17] Die *Bürgschaftsgemeinschaft Hamburg GmbH* übernimmt für Darlehen und Kredite von Banken und Sparkassen an - allerdings nicht notwendigerweise innovative - Hamburger Unternehmen aller Wirtschaftszweige Ausfallbürgschaften, wenn deren eigene Sicherheiten nicht ausreichen, um einen Kredit zu erlangen. Bund und Land unterstützen die Fördertätigkeit der Bürgschaftsgemeinschaft durch Rückbürgschaften.[18] Im weiteren besteht ein allgemeines *Existenzgründungsprogramm*, nach welchem Investitionszuschüsse bis zu 196.000 DM gewährt werden können.[19] Durch das *Hamburger FuE-Programm* werden seit 1979 FuE-Vorhaben von Hamburger KMU gefördert. Im Jahr 1995 (bis Anfang November) geschah dies mit rund 1,8 Mio. DM. Das Innovationsförderprogramm bietet seit 1993 Zuschüsse (in einer maximalen Höhe von 280.000 DM) zu Investitionen, die der Markteinführung von Innovationen dienen. Auf diese Weise soll die zweite Phase des Innovationsprozesses unterstützt werden.[20]

3.2 Innovationsaktivitäten der Hamburger Wirtschaft

Um die Hamburger Innovations- und Technologiepolitik bewerten zu können, muß ihr Einfluß auf die Innovationsaktivitäten der Hamburger Wirtschaft -im Zeitvergleich und interregionalen Vergleich- abgeschätzt werden. Hierfür werden ausgewählte Erfolgsindikatoren herangezogen. Als Erfolgsindikatoren wählen wir aus input-bezogener Sicht das *private FuE-Personal* und den externen *Innovationsimpuls durch staatliche FuE-Förderprogramme*. Aus output-bezogener Sicht beurteilen wir die private Innovationstätigkeit anhand der *Patente* und der *Umsatzstruktur* des Verarbeitenden Gewerbes *im Produktlebenszyklus*.

---

17 Die Zuschüsse haben eine Obergrenze von max. 15.000 DM für eigene Prüfungsleistungen zuzüglich max. 50.000 DM für Kosten für von dritter Seite einzuholende Marktstudien. *Wirtschaftsbehörde* (1993), S. 58.

18 Das Kreditvolumen der Bürgschaftsgemeinschaft betrug 1996 165 Mio. DM und das Bürgschaftsvolumen 126 Mio. DM. Von 873 eingereichten Anträgen wurden 1996 579 bewilligt. Der Höchststand des Kreditvolumens wurde mit 235 Mio. DM in 1994 erreicht. Die mit der Bürgschaftgemeinschaft zusammenarbeitende *Beteiligungsgesellschaft für Industrie, Handwerk, Handel und Verkehr mbH* hatte im Jahr 1994 einen Bestand von 10 Beteiligungen im Gesamtbetrag von 3,8 Mio. DM. *Bürgschaftsgemeinschaft* (1994).

19 *Wirtschaftsbehörde* (1993), S. 34-38.

20 In den Jahren von 1988 bis 1991 wurden 12 Vorhaben mit einem Gesamtbetrag von rd. 930.000 DM gefördert. Bürgerschaft der Freien und Hansestadt Hamburg (1992), S. 9; *Wirtschaftsbehörde Hamburg* (1995), S. 28 f.

Tabelle 1: FuE-Personal in Hamburger Unternehmen nach der Wirtschaftsgliederung (1985 - 1993)

	1985	1987	1989	1991	1993
1 Energie- und Wasserversorgung, Bergbau	-	-	a)	a)	a)
2 Verarbeitendes Gewerbe	a)	9766	5750	5447	6462
20 Chem. Industrie, Mineralölverarbeitung	1299	1834	1404	1403	1337
21 H. v. Kunststoff- u. Gummiwaren	a)	a)	a)	a)	a)
22 Gew. u. Verb. v. Steinen u. Erden usw.	43	53	52	a)	a)
23 Metallerzeugung u. -bearbeitung	a)	a)	a)	a)	62
24 Stahl-, Maschinen- u. Fahrzeugbau	2578	3446	1955	1990	3013
darunter 242 Maschinenbau	517	407	351	a)	686
25 Elektrot., Feinmech., H. v. EBM-Waren	2410	3269	1410	1063	1202
darunter 250 Elektrotechnik	2215	3092	1220	903	1077
26 Holz-, Papier- u. Druckgewerbe	12	a)	19	-	a)
27 Leder-, Textil-, u. Bekleidungsgewerbe	a)	a)	7	a)	a)
28/29 Ernährungsgewerbe, Tabakverarbeit.	630	639	425	449	434
0, 3-7 Restliche Wirtschaftsabteilungen	a)	259	a)	a)	a)
ZUSAMMEN	7718	10025	6065	5655	6635
In Forschungsstätten von Institutionen für Gemeinschaftsforschung	23	28	22	23	17
INSGESAMT	7741	10053	6087	5678	6652
Alte Bundesländer (insgesamt)	275081	295332	296510	286834	272742

a): nicht ausgewiesen, aber in der Gesamtsumme enthalten
Quellen: BMFT, Bundesforschungsberichte 1993, 1996.

FuE-Personal in Hamburger Unternehmen

Erste Anhaltspunkte für eine Konzentration von Innovationsaktivitäten in bestimmten Branchen ergeben sich aus den durch den Bundesforschungsbericht bereitgestellten Daten zum FuE-Personal in Hamburg (Tabelle 1). Während zwischen 1985 und 1993 in vielen Bundesländern zusätzliche FuE-Arbeitsplätze geschaffen wurden[21], ist seit 1987 der Einsatz von FuE-Personal in Hamburg dramatisch reduziert worden. Zwischen 1987 und 1991 gingen fast die Hälfte der FuE-Arbeitsplätze verloren. Dazu hat wesentlich die Verlagerung der großen Forschungslabore der Unternehmen Unilever, Philips, Esso und

21 In diesem Zeitraum entstanden z.B. in Bayern 9050 und in Baden-Württemberg 7500 neue FuE-Arbeitsplätze. Vgl. *Legler, H.* (1994), S. 42 ff.

der raumfahrtrelevanten FuE-Aktivitäten der Firma AEG Telefunken Systemtechnik Mitte der achtziger Jahre an Standorte außerhalb Hamburgs beigetragen.[22] Allerdings konnte für 1993 wieder eine leichte Aufstockung des FuE-Personals im Verarbeitenden Gewerbe verzeichnet werden. Ob allerdings bereits von einer Trendumkehr gesprochen werden kann, bleibt abzuwarten.

Ein hoher FuE-Personaleinsatz ist in Hamburg auf wenige Sektoren konzentriert. Im Jahr 1993 weist das Hamburger Verarbeitende Gewerbe Schwerpunkte in den Bereichen Stahl-, Maschinen- und Flugzeugbau, Chemische Industrie/Mineralölverarbeitung sowie Elektrotechnik/Feinmechanik auf.

Externe Innovationsimpulse durch FuE-Förderprogramme

Im Rahmen des Ifo-Innovationstests wurde untersucht, welche Anstöße von außen in Unternehmen zur Entwicklung von Innovationen führen. Staatliche FuE-Förderprogramme haben danach in der Bundesrepublik insgesamt nur eine geringe Bedeutung. Die letzte regionale Auswertung der Bedeutung von FuE-Förderprogrammen stammt von 1989. Danach war für rd. 4,8% der Hamburger Unternehmen im Verarbeitenden Gewerbe die Inanspruchnahme eines FuE-Förderprogramms im Jahr 1989 Anlaß, Innovationsprojekte durchzuführen. Im Jahr 1982 betrug dieser Anteil noch 7,8%. Etwas stärkere Innovationsimpulse gingen bundesweit vom *Angebot an innovationsrelevanten Informationen durch Fachliteratur* (15,5%), dem *Wissenschaftsbereich* (12,4%) und *Patentschriften* (6,8%) aus. In Hamburg sank die Bedeutung dieser Bereiche im Jahr 1989 jedoch bis unter den Bundesdurchschnitt. Diese Entwicklung überrascht, da zwischenzeitlich der Ausbau der FuE-Infrastruktur erfolgte. Zwar ist davon auszugehen, daß die Instrumente der FuE-Infrastruktur eher keine kurzfristigen Wirkungen zeigen. Allerdings erscheint es im Hinblick auf den Rückgang der Werte angebracht, die Effizienz der Technologie- und Innovationsinfrastruktur in Frage zu stellen.

Patentanmeldungen

Nach der neuesten Veröffentlichung des Bundespatentamtes[23] wurden im Jahr 1994 insgesamt 36.790 Patente[24] inländischer Herkunft angemeldet. Diese wurden nach dem Sitz

---

22 *Corders, P.* (1993), S. 14.

23 *Deutsches Patentamt* (1995).

24 Patentdaten sind zwar grundsätzlich als Indikatoren für die FuE-Tätigkeiten einer Region geeignet. Unschärfen ergeben sich allerdings aus der Tatsache, daß nicht alle Erfindungen patentfähig sind oder daß patentfähige Innovationen nicht zum Patent angemeldet werden, da die Patentierungsneigung von verschiedenen Faktoren abhängt. Vgl. *Greif, S.* (1991), S. 50 ff.

des Anmelders aufgegliedert.[25] Während Baden-Württemberg mit einem Anteil von 22,6% der Patentanmeldungen die Spitzenposition unter den Bundesländern einnimmt, liegt Hamburg mit einem Anteil von 2,1% deutlich unter dem Durchschnitt. Dieser Wert ist zudem statistisch zugunsten Hamburgs verzerrt, da die weit überwiegende Zahl der angemeldeten Patente in Hamburg von der Philips Patentverwaltung GmbH stammt. Diese nimmt in Hamburg für viele FuE-Stätten in der Bundesrepublik eine zentralisierte Patentanmeldung vor. Ein Vergleich mit Flächenländern kann allerdings zu Fehlinterpretationen führen. Dennoch läßt sich die Dynamik der Innovationsaktivitäten der Hamburger Wirtschaft im Laufe der letzten zehn Jahre an der Entwicklung von Hamburgs Länderanteil an den Patentanmeldungen inländischer Herkunft ablesen (vgl. Abbildung 2). Danach ist in den letzten Jahren Hamburgs Anteil an den Patentanmeldungen der Bundesländer kontinuierlich gesunken.

Abb. 2: Patentanmeldungen in Hamburg, Länderanteil in%

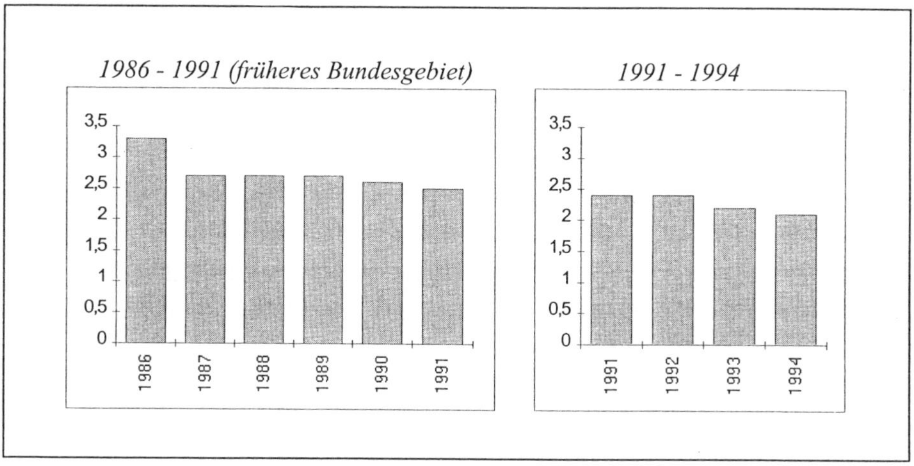

Quelle: Daten des Deutschen Patentamtes

Umsatzstruktur im Produktlebenszyklus

Einen weiteren wichtigen Output-Indikator für die technologische Wettbewerbsfähigkeit der Wirtschaft einer Region stellt die Zusammensetzung der Umsatzerlöse der Unternehmen nach der Altersstruktur des Produktsortiments dar. Aufschluß über den Umfang

25 Die Anmeldungen stammen in der Regel zu rund 98% von Unternehmen aus der Wirtschaft und zu rund 2% von verschiedenen Einrichtungen. Vgl. *Greif, S.* (1991), S. 52.

aktueller Produktinnovationstätigkeiten gibt der Umsatzanteil mit Produkten, die sich in der Markteinführungsphase befinden. Neue Produkte, die sich erfolgreich am Markt durchgesetzt haben, werden durch den Umsatzanteil in der Wachstumsphase erfaßt. Je deutlicher der Anteil der Umsatzerlöse in der Markteinführungs- und Wachstumsphase unter dem in der Stagnations- und Schrumpfungsphase liegt, desto schlechter ist es um die Wettbewerbsfähigkeit der Wirtschaft einer Region bestellt.

Tabelle 2: Umsatzstruktur im Verarbeitenden Gewerbe
(Umsatzanteile in Prozent)

		1982		1990		1995
Phasen	HH	BRD	HH	BRD	HH	BRD
Markteinführung	8,9	8,7	7,4	10,4	9,4	10,6
Wachstum	23,8	21,0	33,5	37,3	24,0	24,6
Stagnation	55,7	54,3	50,9	42,5	56,3	50,6
Schrumpfung	11,6	16,0	8,2	9,8	10,3	14,2

Quelle: Sonderfrage "Innovation" im Ifo-Konjunkturtest. HH: Hamburg; BRD: Bundesrepublik Deutschland (alte Bundesländer).

Vergleichende Angaben zur Umsatzstruktur im Produktlebenszyklus der Hamburger Wirtschaft erhält man aus der regionalen Auswertung des vom Ifo-Institut erhobenen Innovationstests. Während sich von 1982 auf 1995 die Umsatzstruktur der deutschen Industrie insgesamt strukturell verbessert hat, ist die der Hamburger Wirtschaft nahezu unverändert geblieben (vgl. Tabelle 2). 1995 lag in Hamburg der Anteil der Produkte in der Markteinführungs- und Wachstumsphase zusammengefaßt mit 33,4% unter dem entsprechenden Wert der Bundesrepublik und deutlich unter dem Anteil in der Stagnations- und Schrumpfungsphase (ca. 70%). Gegenüber 1990 haben in Hamburg insbesondere die Umsatzerlöse in der Wachstumphase drastisch abgenommen. Erfolgreiche Produktinnovationen sind folglich zurückgegangen. Bemühungen um eine dauerhafte Erhöhung der Innovationsaktivitäten der regionalen Wirtschaft scheinen wenig bewirkt zu haben.

4 Einschätzungen und Empfehlungen

Insgesamt ist festzustellen, daß dem recht umfangreichen Angebot an Information, Qualifikation und Finanzierungshilfen im Rahmen der Hamburger Technologie- und Innovationspolitik keine zufriedenstellenden Innovationsaktivitäten der Hamburger Wirtschaft gegenüberstehen. Es stellt sich die Frage nach den Ursachen für eine solche Diskrepanz. Drei wesentliche Punkte lassen sich anführen: [26]

- *Intransparenz*: Die große Zahl der FuE-, Beratungs- und Transfereinrichtungen sowie die noch größerer Zahl der verschiedenen Leistungsangebote stellen eine verwirrende Vielfalt dar und erzeugen ein hohes Maß an *Intransparenz*. Diese Intransparenz wird verstärkt durch *mangelnde Zielgruppenorientierung* der einzelnen Institutionen und Programme. Auffällig sind Paralleltätigkeiten und unklar definierte Aufgabenstellungen.

- *Inkompatibilität*: Die *öffentlich geförderten oder finanzierten Forschungsschwerpunkte der Hamburger FuE-Einrichtungen* sind nur *schwach am Bedarf der privaten regionalen Industrie ausgerichtet*. Mit Schwerpunkten wie Molekularbiologie und Biotechnologie, Meeres- und Klimaforschung, Umweltschutztechnik und physikalischer Grundlagenforschung zeichnet sich ein Profil ab, welches inkompatibel ist mit den FuE-Schwerpunkten der privaten Wirtschaft (Stahl-, Maschinen- und Flugzeugbau, Chemische Industrie/Mineralölverarbeitung sowie Elektrotechnik/Feinmechanik).

- *Inkompetenz:* Mangels fachlicher Spezialisierung und funktionaler Arbeitsteilung der verschiedenen FuE-, Beratungs- und Transfereinrichtungen kann nicht sichergestellt werden, daß die Unternehmen auf kompetente Ansprechpartner stoßen. Es existieren kaum eigenständige intermediäre Strukturen in Form von Netzwerken und Informationsvermittlungsstellen. Es herrscht Konkurrenz statt Kooperation.

Es gibt kein allgemeines Erfolgsrezept für Regionen bei der Ausgestaltung von Programmen und Institutionen in der Innovationsförderung. Entscheidend für den Erfolg ist aber auf jeden Fall das *Eingehen auf die jeweiligen Engpässe und Bedürfnisse der regionalen Wirtschaft* bzw. ein *intensives Engagement beim Aufbau "kritischer Massen"*. Um den Zugangs-, Kompatibilitäts- und Kompetenzproblemen zu begegnen, sollte die Hamburger Innovationspolitik auf stärkere Zielgruppenorientierung, Erfolgs- und Marktorientierung, Spezialisierung und Kooperation setzen. Private und öffentliche F&E-Schwerpunkte sind programmatisch und finanziell stärker aufeinander abzustimmen. *Netzwerkbeziehungen* sollten aufgebaut werden, die einen *Informationsaustausch* sowohl *innerhalb der Technologie- und Innovationsinfrastruktur* als auch *zwischen der privaten Wirtschaft und der Technologie- und Innovationsinfrastruktur* ermöglichen und intensivieren. In diesem Zusammenhang müssen unternehmerische *Fähigkeiten zur Wissensab-*

---

26 Siehe dazu ausführlicher *Pfähler/Hoppe* (1996).

sorption gefördert und *Informations- und Finanzbarrieren* abgebaut werden. Zwar sind von Seiten der Unternehmen ebenfalls Investitionen in die technologische Infrastruktur zu erwarten, die ihnen selbst und anderen in der Region nützen. Jedoch werden ihre Anreize, sich im Aufbau von innovativen Wissensbasen zu engagieren, keinen regionalwirtschaftlich erwünschten Umfang erreichen. Marktmängel bei den regionalen Innovationsaktivitäten (wie externe Effekte aufgrund begrenzter Aneignungsfähigkeit technischen Wissens oder Informationsdefizite) rechtfertigen grundsätzlich ein staatliches Eingreifen.

Literaturverzeichnis

Acs, Z.J./Audretsch, D.B./Feldman, M.P. (1992): Real Effects of Academic Research: Comment, in: American Economic Review, 82(1), S. 363-367

Acs, Z.J./Audrtesch, D.B./Feldman, M.P. (1994): R&D Spillovers and Recipient Firm Size, in: Review of Economics and Statistics, 76(2), S. 336-340

Arthur, W. B. (1990): 'Silicon Valley' Locational Clusters: When do Increasing Returns Imply Monopoly?, in: Mathematical Social Sciences, Vol. 19, S. 235-251

Audretsch, D.B./Feldman, M.P. (1996): R&D Spillovers and the Geography of Innovation and Production, in: American Economic Review, Vol. 86(3), S. 630-640

Audretsch, D.B./Stephan, P. (1996): Company-Scientist Locational Links: The Case of Biotechnology, in: American Economic Review, Vol. 86(3), S. 641-652

Behörde für Wissenschaft und Forschung Hamburg (1995): Forschen für Hamburgs Zukunft, Hamburg

Brockhoff, K. (1992): Forschung und Entwicklung - Planung und Kontrolle, 3. Aufl., München

Bundesministerium für Forschung und Technologie (1993): Bundesbericht Forschung 1993, Bonn

Bundesministerium für Bildung, Wissensschaft, Forschung und Technologie (1996): Bundesbericht Forschung 1996, Bonn

Bürgerschaft der Freien und Hansestadt Hamburg (1992): Große Anfrage, Drucksache 14/1301, Hamburg

Bürgschaftsgemeinschaft Hamburg GmbH (1994): Geschäftsbericht 1994

Cohen, W.M./Levin, R.C. (1989): Empirical Studies of Innovation and Market Structure, in: Schmalensee, R./Willig, R.D. (Hrsg.): Handbook of Industrial Organisation, Vol. 2, Amsterdam, S. 1059-1107

Cohen, W.M. Levinthal, D.A. (1989): Innovation and Learning: The Two Faces of R&D, in: Economic Journal, 99, S. 569-596

Cohen, W.M./Levinthal, D.A. (1990): Absorptive Capacity: A New Perspective on Learning and Innovation, in: Administrative Science Quaterly, Vol. 35, S. 128-152

Cordes, P. (1993): Mühlen malen langsamer, in: Hamburger Wirtschaft, Heft 12, S. 12-15

Deutsches Patentamt München (1995): Jahresbericht 1994, München

Felder, J./Licht, G./Nerlinger, D./Stahl, H. (1995): Appropriability, Opportunity, Firm Size, and Innovation Activities - Empirical results using East and West German Firm Level Data, Zentrum für Europäische Wirtschaftsforschung, Discussion Paper 95/21

Feldman, M. P. (1994): The Geography of Innovation, Dordrecht, Niederlande

Glaeser, E.L. et al. (1992): Growth in Cities, in: Journal of Political Economy, 100(6), S. 1126-1152

Goodacre, A./Tonks, I. (1995): Finance and Technological Change, in: Stoneman, P. (Hrsg.), Handbook of the Economics of Innovation and Technological Change, S. 298-341

Greenwald, B./Stiglitz, J.E. (1992): Information, Finance and Markets: The Architecture of Allocative Mechanisms, in: Industrial and Corporate Change 1, S. 37-63

Greif, S. (1991): Erfindungstätigkeit in Niedersachsen - Eine patentgeographische Analyse, in: Legler, H.(Hrsg.): Industrielle Forschung, Entwicklung, Invention und Innovation, Hannover, S. 50-65

Harhoff, D. (1994a): R&D, Spillovers and the Productivity in German Manufacturing Firms, Preliminary. Präsentiert bei der Jahrestagung des Vereins für Socialpolitik in Jena. September

Harhoff, D. (1994b): Agglomerationen und regionale Spillovereffekte, Beitrag für das 24. Wirtschaftswissenschaftliche Seminar Ottobeuren

Harhoff, D. (erscheint demnächst): Firm Formation and Regional Spillovers - Evidence from Germany, in: Economics of Innovation and New Technology

Hassink, R. (1993): Regional Innovation Policies Compared, in: Urban Studies, 30(6), S. 1109-1024

Hoppe, H. (1995): Regionale Innovationsförderung - Vergleich der Stadtstaaten Bremen und Hamburg, Diskussionsbeiträge zum Regionalen Standortwettbewerb Nr. 7/1995, Institut für Allokation und Wettbewerb, Universität Hamburg

Inno GmbH: (1995) Technologietransfercheck Hamburg, Erster Zwischenbericht

Jaffe, A. (1989): Real Effects of Academic Research, in: American Economic Review, 79(5), S. 957-970

Krugman, P. (1991): Geography and Trade, Cambridge

Kulicke, M. et al. (1993): Chancen und Risiken junger Technologieunternehmen, Heidelberg

Laffont, J.-J./Maskin, E. (1982): The Theory of Incentives: an Overview, in: Hildenbrand, W. (Hrsg.): Advances in Economic Theory, Cambridge University Press, S. 31-94

Läpple, D. (1989): Neue Technologien in räumlicher Perspektive, in: Informationen zur Raumentwicklung, Heft 4, S. 213-226

Lau, D. (1995): Local Concentration of Manufacturing Sectors: Measurement and Results for Selected European Countries, HWWA-Diskussionspapier Nr. 18

Legler, H. (1993): Regionalverteilung von industrieller Forschung und Entwicklung, in: Technologie und Management, 42. Jg, S. 65-73

Legler, H. (1994): Regionale Verteilung industrieller Forschungskapazitäten in Westdeutschland, in: ZEW-Wirtschaftsanalysen, Quartalshefte des Zentrums für Europäische Wirtschaftforschung, Mannheim, Heft 4

Penzkofer, H./Schmalholz, H. (1995): Innovationsfähigkeit der deutschen Industrie in Gefahr?, in: Ifo-Schnelldienst, 35-36, S. 9-17

Pfähler, W./Bönte, W. (1996): F&E-Spillover und F&E-Politik. Zur theoretischen und empirischen Fundierung der deutschen F&E-Politik, in: Kruse, J./Mayer, O.G. (Hrsg.), Aktuelle Probleme der Wettbewerbs- und Wirtschaftspolitik, Baden-Baden

Pfähler, W./Hoppe, H. (1996): Regionale Innovationsförderung in Hamburg - Konzepte, Bestandsaufnahme und Empfehlungen, in: Pfähler (Hrsg.): Optionen der Hamburger Standortpolitik. Gutachten im Auftrag der Wirtschaftsbehörde, Teil 5

Pfähler, W. et al. (1997): Bildung und Wissenschaft als Wirtschafts- und Standortfaktor. Zur regionalwirtschaftlichen Bedeutung der Hochschulbildungs- und Wissenschafteinrichtungen in Hamburg. Veröffentlichung des HWWA, Nomos Verlag, Baden-Baden

Schmalholz; H./Penzkofer, H. (1992): Innovationsaktivitäten der norddeutschen Industrie, in: Akademie für Raumforschung und Landesplanung (Hrsg.), Landesentwicklung in Norddeutschland, Hannover, 1992, S. 151-166

Schmalholz; H./Penzkofer, H. (1993): Innovationsstandort Deutschland: Ergebnisse des Ifo-Innovationstests, in: Ifo-Schnelldienst 13, S. 17-25

Schmalholz; H./Penzkofer, H. (1994): Mit Innovationen den Wettbewerb bestehen - Ergebnisse des Ifo-Innovationstests für das Jahr 1993, in: Ifo-Schnelldienst 27, S. 7-16

Schmalholz, H./Reinhard, M. (1996): Technologietransfer in Deutschland - Stand und Reformbedarf, Berlin, München

Sternberg, R. (1988): Technologie- und Gründerzentren als Instrument kommunaler Wirtschaftsförderung, Dortmund

Tassey, D. (1992): Technology Infrastructure and Competitive Position, Norwell, Massachusetts

Tomann. H. (1992): Chancen und Risiken neuer Technologien für die regionale Entwicklung in Europa, Eurokolleg Nr. 18

Voelzkow, H. (1990): Mehr Technik in die Region: Neue Ansätze der regionalen Technikförderung in Nordrhein-Westfalen, Wiesbaden

Wiese, H. (1990): Netzeffekte und Kompatibilität, Stuttgart

Willms, W. (1992): Öffentlich geförderte Forschung und Entwicklung in Norddeutschland, in: Akademie für Raumforschung und Landesplanung (Hrsg.), Landesentwicklungen in Norddeutschland, Hannover, S. 167-198

Wirtschaftsbehörde Hamburg (1993): Leitfaden Wirtschaftsförderung in Hamburg, Hamburg

Wirtschaftsbehörde Hamburg (1995): Strukturkonzept Wirtschaft Hamburg, Hamburg

Wirtschaftsbehörde Hamburg (1995): Die Wirtschaft in Hamburg: Jahresbericht 1995, Hamburg

Teil II

Die quantitative Bedeutung der Informationswirtschaft

Elektronische Dienste aus regionaler Sicht

- Bezugsrahmen, Trends und Möglichkeiten der Informationspolitik -

von
Willi Bredemeier und Werner Schwuchow

1 Problemstellung

Im Mittelpunkt der folgenden Überlegungen stehen PC-basierte elektronische Dienste, die sich gegenwärtig vorwiegend aus Informationsdiensten, Kommunikationsdiensten (zum Beispiel E-Mail), Rechendiensten ("Computing Services"), Transaktionsdiensten, Bildungsdiensten, Medizinischen Diensten (für Diagnose und Therapie) und Entertainment-Diensten zusammensetzen. Diese sollen aus einer regionalen Sicht betrachtet werden. Die denkbare andere Überschrift dieses Beitrages, "elektronische Dienste und Regionalpolitik", wurde vermieden, weil sich der Begriff "Regionalpolitik" nach geltendem Sprachgebrauch fast immer auf die Gestaltung eines bestimmten Wirtschaftsraumes (unterhalb der nationalen und häufig auch unterhalb der Bundesländer-, aber oberhalb der Gemeindeebene) bezieht (typische Beispiele: Ruhrgebiet, Bayerischer Wald). Auch werden mit diesem Beitrag nicht nur pragmatische, vielmehr auch methodologische Absichten verfolgt. In letzterer Hinsicht geht es darum, einen Bezugsrahmen für "elektronische Dienste aus regionaler Sicht" zu erstellen und sodann zu prüfen, ob dieser Bezugsrahmen zu neuen Einsichten für die Informationspolitik führen kann. Unter Informationspolitik wird die Förderung elektronischer Dienste zugunsten übergeordneter Ziele verstanden. Der Begriff "Regionalpolitik" wird im Sinne einer regionsbezogenen Informationspolitik verwendet, die auf unterschiedlichen Ebenen (zum Beispiel global, supranational, national, Bundesländer, Kommunen) tätig werden kann.

Das Thema "elektronische Dienste aus regionaler Sicht" ist bislang weitgehend unbehandelt geblieben. Das hat vor allem drei Gründe:

- Für elektronische Dienste werden häufig internationale, wenn nicht globale, und nicht nationale, geschweige regionale Märkte unterstellt. Zwar kann auch auf globaler Ebene Regionalpolitik betrieben werden - beispielsweise im Kontext eines Wettbewerbs der Weltregionen. Eine solche Politik wird aber häufig nicht als Regionalpolitik verstanden, und in einer solchen Politik werden kaum die zum Teil ausgefeilten Instrumente eingesetzt, die für die Regionalpolitik auf nationalen Binnenmärkten entwickelt wurden.

- Eine Regionalpolitik auf globaler und internationaler Ebene wird als nicht notwendig angesehen, weil sich die Märkte wie von selbst durchsetzen. Als Beweis dafür wird die rapide Marktentwicklung angeführt.

- Regionalpolitik wird als nicht möglich angesehen, weil die Träger der Regionalpolitik vorwiegend die Nationalstaaten sind. Diese können jeder für sich einen nur begrenzten Einfluß auf die internationalen Märkte ausüben, und sie sind notorisch unfähig, sich zu globalen Handlungseinheiten zusammenzuschließen.

Wohl sind regionale Phänomene häufig so bedeutend, daß sie trotz der selektiven Wahrnehmungsschwellen im Kontext der oben skizzierten Denk- und Gesprächsvoraussetzungen zur Kenntnis genommen werden. Dann aber werden sie häufig als Beharrungstendenzen (Beispiel: mangelnde Kenntnisse kleiner und mittlerer Unternehmen über die Möglichkeiten elektronischer Informationsdienste) interpretiert, die es zu überwinden gelte, damit sich die Märkte für elektronische Dienste frei entfalten können. Demnach könnte der einzige Sinn von Regionalpolitik darin bestehen, regionale Beharrungstendenzen zu eliminieren und Regionalpolitik damit überflüssig zu machen.

In der Tat bildet das prägnante Bild des "Globalen elektronischen Dorfes", in dem Individuen weltweit Daten abrufen und ungeachtet der physischen Distanz zwischen ihnen kommunizieren, einen guten Teil Wirklichkeit ab. Aber spiegelt es vielleicht nur die halbe Wahrheit wider? Kommen wir zu anderen Ergebnissen, wenn wir elektronische Dienste aus einer regionalen Sicht erörtern?

Um hier zu ersten Antworten zu kommen, sollten zunächst die möglichen Untersuchungsebenen und -größen auseinandergehalten und damit verbunden ein Bezugs- oder Begriffsrahmen vorgestellt werden (Teil 2). Was dieser Bezugsrahmen zu leisten vermag, soll sich in den problemorientierten Diskussionen der Teile 3 und 4 erweisen. Der Beitrag schließt mit vorläufigen regionalpolitischen Schlußfolgerungen in Teil 5.

2 Bezugsrahmen für "elektronische Dienste aus regionaler Sicht"

2.1 Grafische Darstellung des Bezugsrahmens

Das Paradigma für eine systematische und empirische Diskussion der Zusammenhänge "elektronische Dienste aus regionaler Sicht" wird in Abbildung 1 dargestellt.

Abb. 1: Paradigma für "elektronische Dienste und Regionalpolitik"

Märkte für elektronische Dienste	**Anbieterseite**	**Nachfrageseite**
Global		
Supranational und international		
National		
Bundesländer		
Kommunale und weitere Ebene unterhalb der Bundesländer		

Grundentscheidungen (Punkt 2.2):

- Volkswirtschaftspolitischer Ansatz: Zweck - Mittel - Träger - Rahmenbedingungen
- Spezifika elektronischer Dienste ausreichend beachten
- Elektronische Märkte werden im Wechselspiel zwischen Globalisierung und Regionalisierung gesehen

Zusätzliche Ergänzungen und Unterteilungen:

- Empirische und normative Erörterungen (Punkt 2.3)
- Auch sektorale Erörterungen? (Punkt 2.4)
- Geschäfts- und Konsumentendienste
  (plus Unterteilung der Dienste nach Funktionen und Medien) (Punkt 2.7)
- Elektronische Märkte (Punkt 2.8)
- Wachstumspolitik, Verteilungspolitik, Kulturpolitik, Rechtspolitik (Punkt 2.9)
- Zielfunktionen (Punkt 2.9)
- Instrumente (Punkt 2.9)
- Zeithorizont (Punkt 2.9)

2.2 Methodologische und empirische Grundentscheidungen

- Es findet eine Anlehnung an die in der Volkswirtschaftspolitik üblichen Unterteilungen nach Zwecken (Zielen), Mitteln (Instrumenten), Trägern und Rahmenbedingungen statt.
- Allerdings sollen die Spezifika elektronischer Dienste nicht vernachlässigt werden.
- Die Entwicklung der Märkte elektronischer Dienste wird im Widerspruch zu den unter Punkt 1 skizzierten Denk- und Gesprächsvoraussetzungen als Wechselspiel zwischen Globalisierungs- und Internationalisierungstendenzen auf der einen Seite und Regionalisierungs- und Lokalisierungstendenzen auf der anderen Seite gesehen.

2.3 Ergänzungen systematischer Erörterungen um empirische und normative Betrachtungen

Unter Abbildung 1 wird, erstens, der Zusatz "Ergänzungen systematischer Erörterungen um empirische und normative Betrachtungen" angeführt.

Die Einbeziehung empirischer Daten und Beispiele ist notwendig, um die Plausibilität des gewählten Bezugsrahmens zu belegen, um als Kontrollinstanz für mehr deduktiv abgeleitete Schlußfolgerungen zu dienen und um einer mehr situativ agierenden Informationspolitik sagen zu können, wann und in welchem Umfang der Einsatz informationspolitischer Instrumente angebracht sein mag.

Um die Relevanz normativer Überlegungen an einem Beispiel zu begründen: Unterhalb der nationalen Ebene gibt es in der Bundesrepublik Deutschland so gut wie keine auf elektronische Dienste bezogene Informationspolitik, die diesen Namen verdiente. Das sollte aber nicht den Blick dafür verstellen, daß Instrumente, die sich auf der internationalen oder nationalen Ebene bewährt haben, womöglich sinnvoll auf die Ebene der Bundesländer und Kommunen übertragen werden können. Beispielsweise hätten die deutschen Bundesländer angesichts ihrer kulturpolitischen Kompetenzen Maßnahmen der Online-Qualifizierung an Schulen und Hochschulen nach Vorbild der skandinavischen Länder viel früher in Angriff nehmen können. Auch wären Kommunen gut beraten, Gesamtmodelle elektronischer Informationsversorgung für den Bürger ebenfalls nach skandinavischem Vorbild zu entwickeln und zu erproben.

2.4 Sollen regionenbezogene Erörterungen durch sektorale Betrachtungen ergänzt werden?

Zweitens wird unter Abbildung 1 der Zusatz "Eventuelle Ergänzung regionenbezogener durch sektorale Betrachtungen" gemacht.

Allgemein bestehen zwischen regionaler und sektoraler Wirtschaftspolitik enge Zusammenhänge. Auch im Bereich elektronischer Dienste wäre es interessant zu prüfen, inwieweit informationspolitische Schlußfolgerungen auf die sektorale Ebene und vice versa übertragen werden können.

Eine für das gewählte Thema wichtige These lautet: Je mehr sich Trends der Globalisierung gegen solche der Regionalisierung durchsetzen, desto stärker werden Tendenzen zur Bildung neuer "Sektoralisierungen" (Beispiele: internationale Produktmärkte und Hobbygruppen im Internet) wirksam.

2.5 Unterscheidung zwischen Anbieter- und Nutzerseite

In Abbildung 1 wird, drittens, zwischen einer Anbieter- und Nutzerseite auf den Märkten für elektronische Dienste unterschieden.

Insbesondere diese Unterteilung könnte trivial und damit überflüssig erscheinen. Allerdings konzentrieren sich marktbezogene Erörterungen typischerweise auf die Anbieterseite, während sich Diskussionen innerhalb der Nutzergemeinschaft vorwiegend berufsspezifischen Erfahrungen (zum Beispiel mit unterschiedlichem Retrieval-Systemen) widmen. Darstellungen zur Interaktion von Angebot und Nachfrage gibt es so gut wie nicht.

Gründe für die Angebotslastigkeit marktbezogener Erörterungen sind: Es ist leichter, für die Angebotsseite zu verläßlichen empirischen Daten zu kommen. Die Märkte für elektronische Dienste wurden bislang weitgehend von der Anbieter- und nicht von der Nachfrageseite vorangetrieben (wenngleich es auf der Ebene einzelner Großunternehmen und Branchen wie den Banken und der Chemischen Industrie Gegenbeispiele gibt). Angesichts immer neuer technologischer Durchbrüche wird dies auf absehbare Zeit so bleiben. Zumindest die deutsche Informationspolitik setzte in einer ersten Phase nahezu ausschließlich auf die Angebotsseite.

Die Interaktion von Angebot und Nachfrage ist besonders wichtig, weil elektronische Dienste der paradoxe Fall sind, in dem die Nutzer angesichts ständiger Recherchen das Produkt teilweise besser als die Anbieter kennen. Auch sind zumindest die Wortführer unter ihnen, die sogenannten "Information Professionals", in der Lage, Innovationsbedürfnisse der Nutzerseite zu artikulieren und trotz ungemein vielfältiger Entwicklungsmöglichkeiten zu gewichten. Mithin müßten die Anbieter elektronischer Dienste an einer weitergehenden Einbeziehung ihrer Nutzer in die Markt- und Produktentwicklung interessiert sein, als dies in ihrer Praxis zum Ausdruck kommt.

Anbieter unterstellen typischerweise für einmal entwickelte Produkte kaum regionale oder sektorale Einsatzbeschränkungen, können aber durch die Nutzer zu entsprechenden Anpassungen gezwungen werden ("customizing"). Wiederholt sind Anbieter, insbesondere amerikanische Anbieter, auf den europäischen Märkten gescheitert, weil sie entweder ihre in den USA entwickelten Produkte und Vertriebskonzepte bruchlos auf Europa zu übertragen versuchten oder weil sie nur ein einziges Konzept für die diversen europäischen Märkte hatten. Oder die an Aufkäufe oder Zentralisierungsprozesse geknüpften Hoffnungen erfüllten sich nicht, weil die damit verbundenen Möglichkeiten eliminiert wurden, bei der Entwicklung von Produkten und Dienstleistungen auf regionenspezifische Anforderungen einzugehen. Ein Beispiel dafür ist Data-Star, das sich im Bereich retrospektiver Online-Datenbanken zum europäischen Marktführer entwickelt hatte, nach dem Aufkauf durch den amerikanischen Knight Ridder Information (KRI)-Konzern aber nur noch ein KRI-Service neben Dialog ist. Andere europäische Anbieter schafften es typischerweise nicht, die Grenzen ihres Nationalstaates oder ihres Sprachraumes zu überwinden. Die typischerweise unterschiedlichen Orientierungen von Anbietern und Nutzern aus einer regionenbezogenen Sicht sind ein Tatbestand, den die Regionalpolitik beachten sollte.

2.6 Unterscheidung zwischen diversen regionalen Ebenen

Viertens wird in Abbildung 1 zwischen diversen regionalen Ebenen unterschieden. Dabei sind die folgenden Unterteilungen etwas deutschland- und europazentriert:

- global
- supra- und international
- national
- Bundesländer
- kommunale und weitere Ebenen unterhalb der Bundesländer.

Die Relevanz dieser Unterteilungen wird wie folgt begründet:

- Supranationale Informationspolitik (zum Beispiel die der Europäischen Kommission) und nationale Informationspolitik (zum Beispiel die der Bundesländer) werden keineswegs immer als Regionalpolitik angesehen. Das ist jedoch ein konzeptioneller Fehler. Beispielsweise wurden in der Informationspolitik der Bundesregierung für die neuen Bundesländer weder analytisch noch pragmatisch die Konzepte und Instrumente der Regionalpolitik - wie sie beispielsweise in der "Gemeinschaftsaufgabe" üblich sind - beachtet - mit desaströsen Folgen.[1]

- Derzeit gibt es vorwiegend eine nationale, allenfalls noch eine supranationale Informationspolitik. Ohne eine Klassifizierung wie in Abbildung 1 könnte man die Möglichkeit globaler, bundesländerbezogener und kommunaler Informationspolitik aus den Augen verlieren.

- Politische Instrumente lassen sich mit einer unterschiedlichen Effizienz auf den diversen regionalen Ebenen einsetzen. Beispielsweise sollten Versuche zur Regulierung des Internet auf einer möglichst hohen, Versuche der Sicherstellung gleicher Zugangschancen zu elektronischen Diensten zum Teil auf einer möglichst niedrigen regionalen Ebene ansetzen.

2.7 Unterscheidung zwischen Geschäfts- und Konsumentendiensten

Fünftens wurde unter Abbildung 1 der Zusatz "Unterscheidung zwischen Geschäfts- und Konsumentendiensten" angeführt, um zentrale aktuelle Tendenzen der Marktentwicklung in den Griff zu bekommen: Unter "Geschäftsdienste" werden "elektronische Dienste für geschäftliche Kunden oder Nutzer", unter "Konsumentendienste", "elektronische Dienste für private Kunden oder Nutzer" verstanden. Bis vor kurzem gab es im Bereich "elektronischer Dienste" wenig mehr als einen Markt für Geschäftsdienste. Allerdings entwickelt sich der Markt für elektronische Konsumentendienste gegenwärtig besonders rapide.

---

1 Vgl. *W. Bredemeier*: Die ostdeutsche Informationswirtschaft 1995 - Eine politische Bewertung, in: H.-J. Manecke, B. Markscheffel, W. Bredemeier, J. Becker: 2. Jahresbericht zur Lage der Informationswirtschaft in den neuen Bundesländern - Konsolidierung im öffentlichen Bereich - Private Einrichtungen weiter im freien Fall, HWWA-Informationszentrum, Hamburg 1996.

Die bestehenden Größenordnungen werden in den Tabellen 1 und 2 deutlich.[2] Danach setzten im Jahre 1993 die sogenannten "Profidienste" 1,2 Milliarden DM um, die "Consumer Dienste" hingegen lediglich 338.000 DM. Das Bild ändert sich erheblich, wenn man zu den direkt generierten Umsätzen die indirekt generierten Umsätze (Bestellung beispielsweise in einem Online-Versandhauskatalog elektronisch, Rechnungslegung konventionell) einbezieht. Bei den indirekt generierten Umsätzen kamen die Profidienste 1993 auf 110.000 DM, die Consumer Services hingegen auf 590.000 DM (Tabelle 1).

Tabelle 1: Der deutsche Gesamtmarkt für elektronische Dienste 1993 - 1995

Umsätze in Millionen DM

	1993	1994	1995
I. Direkte Umsätze			
1. Geschäftsdienste	1.160,7	1.314,9	1.548,5
2. Consumer Services	337,9	536,0	522,0
	1.498,6	1.850,0	2.070,5
II. Indirekt generierte Umsätze			
(zum Beispiel über Versandhäuser)			
1. Geschäftsdienste	110,0	150,0	200,0
2. Consumer Services	590,0	750,0	950,0
	700,0	900,0	1.150,0
Insgesamt	2.198,6	2.750,0	3.220,0

Quelle: *Institute for Information Economics (IIE).*

Nimmt man direkte und indirekte Umsätze zusammen, so nahm der Marktanteil der Consumer Services in den Jahren 1993 - 1995 von 42,2% auf 45,7% zu (Tabelle 2). Die Anteilsverschiebungen zugunsten der Consumer Services wären sogar weit deutlicher ausgefallen, wenn im Berichtszeitraum nicht die Regulierung ausländischer Audiotex-Dienste wegen der Häufung unethischer und illegaler Inhalte eingesetzt hätte (was bei den direkten Umsätzen ausnahmsweise sogar zu einem absoluten Rückgang bei den Consumer Services führte).

2 Vgl. *Willi Bredemeier, Werner Schwuchow*: Elektronische Dienste überspringen Drei-Milliarden-Umsatz-Grenze - Größter Boom bei consumernahen Diensten - 5. Jahresbericht zur Lage der deutschen Informationswirtschaft, Hattingen 1996.

Von den Consumer Märkten werden wichtige Impulse für den Bereich der Geschäftsdienste erwartet (beispielsweise bei der Entwicklung von Multimedia-Diensten). Andererseits bestehen zwischen beiden Teilmärkten erhebliche Abschottungen. Das wird beispielsweise daran deutlich, daß auf den einzelnen Teilmärkten andere Anbieter agieren.

Tabelle 2: Der deutsche Gesamtmarkt für elektronische Dienste 1993 - 1995

	Wachstumsraten in %		**Marktanteile in %**	
	1994	**1995**	**1993**	**1995**
I. Direkte Umsätze				
1. Geschäftsdienste	13,3	17,8	52,8	48,1
2. Consumer Services	58,6	- 2,6	15,4	16,2
	23,4	11,9	68,2	64,3
II. Indirekt generierte Umsätze (zum Beispiel über Versandhäuser)				
1. Geschäftsdienste	36,4	33,3	5,0	6,2
2. Consumer Services	27,1	26,7	26,8	29,5
	28,6	27,8	31,8	35,7
Insgesamt	25,1	17,1	100,0	100,0

Quelle: *Institute for Information Economics (IIE).*

Ein weiterer wichtiger Unterschied besteht darin, daß Märkte für Geschäftsdienste in erster Linie nationale Märkte sind, während sich auf den Märkten für Konsumentendienste teilweise deutliche Trends der Internationalisierung und Globalisierung abzeichnen. Mit dem Siegeszug der Consumer Dienste wandert also die Ebene für eine angemessene Regionalpolitik tendenziell nach oben.

Die Entwicklung der Märkte für Geschäfts- und Konsumentendienste lassen sich als weitere Beispiele für den typischen Wachstumspfad elektronischer Märkte heranziehen: Während die Wachstumsrate etablierter elektronischer Teilmärkte relativ und zum Teil auch absolut kontinuierlich zurückgeht (Beispiel: Realtime-Finanzinformationen), entstehen neue elektronische Teilmärkte mit zunächst sehr hohen Wachstumsraten (in den letzten Jahren beispielsweise Audiotex). Die Wachstumsrate des Gesamtmarktes kann damit sogar ansteigen.

Diese Tendenzen werden auch für den Zeitraum 1989 - 1995 deutlich, wie Tabelle 3 ausweist (nur direkte Umsätze)[3]: Die Wachstumsrate des Gesamtmarktes nahm nach 1993 noch einmal zu (1994: 13,3%, 1995: 17,8%), obgleich auch das 93er Wachstum mit 11,2% noch sehr hoch war. Auch spiegelt Tabelle 2 den CD-ROM-Boom zu Beginn und den Boom der consumernahen Dienste (insbesondere bei Videotex und Audiotex) Mitte der 90er Jahre wider.

Tabelle 3: Profidienste: Zielgruppe Unternehmen[1] - Wachstumsraten auf dem deutschen Markt für elektronische Informationsdienste 1990 - 1995

Wachstum in %

	1990	1991	1992	1993	1994	1995
I. Online Realtime						
1. Finanzinformationen	5,9	5,7	3,4	3,4	10,0	13,5
2. Newswire-Services	0,8	8,0	2,9	3,2	6,6	4,5
	4,1	6,5	3,2	3,3	8,8	10,5
II. Online Retrospective						
3. Kreditinformationen	36,0	51,5	25,2	20,9	13,1	17,7
4. AndereWirtschaftsinformationen; Rechtsinformationen	11,4[2]	16,7[2]	19,6	8,9	24,2	10,0
5. STM (wissenschaftliche, technische medizinische Informationen)	-	-	7,9	12,4	- 0,2	11,2
6. Videotex; consumernahe Dienste	7,1	6,7	25,0	100,0	35,0	55,6
7. Audiotex	-	-	-	100,0	81,3	155,2
8. Andere Datenbanken (z.B. statistische, Mailbox-Datenbanken)	14,3	37,5	18,2	11,5	37,9	15,0
	21,1	31,3	23,8	22,4	18,0	28,9
Online Markt Insgesamt	**7,2**	**11,9**	**8,4**	**8,8**	**11,8**	**16,7**
III. Offline						
9. CD-ROM	100,0	76,7	100,0	28,6	18,2	25,9
10. Andere elektronische Informationsdienste (Magnetbänder, Disketten usw.)	33,3	12,5	22,2	10,9	25,7	14,9
11. Kommerzialisierte Verlagsarchive	-	-	40,0	100,0	15,7	17,3
Offline Markt Insgesamt	**55,6**	**43,6**	**63,7**	**24,2**	**20,4**	**22,2**
Der Gesamtmarkt für elektronische Profidienste	**10,3**	**14,7**	**14,4**	**11,2**	**13,3**	**17,8**

1 Einschließlich öffentlicher Einrichtungen.
2 Einschließlich wissenschaftliche, technische, medizinische Informationen.

Quelle: *Institute for Information Economics (IIE).*

3 Vgl. *Bredemeier/Schwuchow*: Elektronische Dienste überspringen Drei-Milliarden-Grenze, a.a.O.

Die durch die hohen Unterschiede bewirkten Marktanteilsverschiebungen werden in Tabelle 4 wiedergegeben.[4] Danach nahm der Offline-Bereich, insbesondere CD-ROM, im Berichtszeitraum sehr stark zu (von 6,2% Marktanteil im Jahre 1989 auf 19,4% im Jahre 1994), während der Online-Realtime-Bereich ebenso kontinuierlich zurückging (von 76,0% auf 50,3%). Online Retrospective konnte seinen Marktanteil ebenfalls steigern (von 17,8% auf 30,3%), weil es von Online Realtime insgesamt gesehen mehr gewann als es an Offline verlor.

Tabelle 4: Profidienste: Zielgruppe Unternehmen[1] - Strukturwandel auf dem deutschen Markt für elektronische Informationsdienste 1989 und 1995

Marktanteile in %

		1989	1995
I.	**Online Realtime**		
1.	Finanzinformationen	49,2	34,3
2.	Newswire-Services	26,8	16,0
		76,0	50,3
II.	**Online Retrospective**		
3.	Kreditinformationen	6,9	13,4
4.	Andere Wirtschaftsinformationen, Rechtsinformationen	9,7[2]	5,4
5.	STM (wissenschaftliche, technische, medizinische Informationen)	-	3,8
6.	Videotex; consumernahe Dienste	1,0	2,7
7.	Audiotex	-	4,8
		17,8	30,3
Online Markt Insgesamt		93,8	80,6
III.	**Offline**		
9.	CD-ROM	2,1	13,1
10.	Andere elektronische Informationsdienste (Magnetbänder, Disketten usw.)	4,2	5,7
11.	Kommerzialisierte Verlagsarchive	-	0,6
Der Gesamtmarkt für elektronische Profidienste		6,2	19,4

1 Einschließlich öffentlicher Einrichtungen.
2 Einschließlich wissenschaftliche, technische, medizinische Informationen.

Quelle: *Institute for Information Economics (IIE).*

4 Vgl. *Bredemeier/Schwuchow*: Elektronische Dienste überspringen Drei-Milliarden-Grenze, a.a.O.

Während es bis vor kurzem fast nur "elektronische Informationsdienste" (für das Management) gab, sind mit dem Aufstieg der Kundengruppe "Private Haushalte" nicht nur Informations- und Kommunikationsdienste für den privaten und semiprofessionellen Bereich, sondern auch Transaktions-, Bildungs- und Entertainment-Dienste hinzugekommen. So sollte man aus der Perspektive des Gesamtmarktes nicht mehr von "elektronischen Informationsdiensten", sondern von "elektronischen Diensten" sprechen, wobei sich Internationalisierungstendenzen vor allem auf Entertainment-Dienste (die sich notwendigerweise an private Haushalte wenden) beziehen.

Mit einer Unterteilung elektronischer Dienste nach Medien[5] kann man aktuellen Trends auf den Märkten elektronischer Dienste weiter gerecht werden: Unterscheiden wir zunächst nur zwischen Online und Offline, so wird deutlich, daß mit dem CD-ROM-Boom zu Beginn der 90er Jahre Tendenzen der Regionalisierung an Bedeutung gewannen. Seit der Wandlung des Internets zu einem kommerziellen Netz und seinem explosiven Wachstum auch in diesem Bereich wird CD-ROM allerdings als "Übergangsphänomen" gehandelt, und es verschiebt sich die angemessene Ebene für regionalpolitisches Handeln wieder nach oben.

2.8 Unterscheidung zwischen elektronischen Diensten und Elektronik-Märkten

Sechstens wird unter Abbildung 1 der Zusatz "Unterscheidung zwischen elektronischen Diensten und Elektronik-Märkten" angeführt.

Unter dem Begriff elektronische Dienste werden PC-gestützte Informationsdienste, Kommunikationsdienste, Computingdienste, Transaktionsdienste, Bildungsdienste, Medizindienste und Entertainment-Dienste verstanden. Bei Elektronik-Märkten kommen die relevanten Nachbarmärkte Hardware, Software, Videospiele, Telekommunikation und Telekommunikations-Mehrwertdienste sowie die konventionellen (TV-gestützten) elektronischen Medien Rundfunk und Fernsehen hinzu.

Print ist kein Elektronikmarkt, wohl aber gleichfalls ein relevanter Nachbarmarkt, zumal sich die Verleger bei ihren Entwicklungs- und Marketingbemühungen um einen optimalen Mix aus Print- und elektronischen Produkten bemühen. Mit der Entwicklung immer

---

5 Für die Definitionen der hier verwendeten Begriffe und weitere Klassifikationen vgl. *Werner Schwuchow, Willi Bredemeier, Sabine Graumann*: Mannual on Assessing Markets for Electronic Information Services for Professional Purposes - Studie für die Europäische Kommission, Frankfurt, Oktober 1994.

anspruchsvollerer Multimedia-Produkte werden derzeit die Grenzen relevanter Nachbarmärkte ausgeweitet.

Relevante Nachbarmärkte haben von Beginn an einen starken Einfluß auf die Entwicklung der Märkte für elektronische Dienste ausgeübt. Am Anfang waren dies vor allem die - global organisieren - Hard- und Softwaremärkte. Telekommunikationsmärkte waren national organisiert, internationalisieren sich aber zusehends im Zuge von Deregulierung und Privatisierung. Printverlage üben einen regionalisierenden Einfluß auf die Märkte für elektronische Dienste aus. Das gilt desto mehr, je mehr es in Zukunft vor allem auf "content" ankommt und je mehr mittelständische Verlage die Marktentwicklung beim "elektronischen Publizieren" mitbestimmen und im Multimedia-Bereich unabhängig von internationalen Allianzen operieren können. Hier ist allerdings insbesondere bei Entertainment-Diensten Skepsis ratsam.

2.9 Ziele, Zielfunktionen, Instrumente, Zeithorizont

Siebtens wird in Abbildung 1 darauf verwiesen, daß die Träger der Informationspolitik im Bereich elektronische Dienste unterschiedliche Ziele verfolgen können beziehungsweise, achtens, diese unterschiedlich gewichten und dabei, neuntens, Instrumente einsetzen, deren Effizienz sich, zehntens, kurz-, mittel- und langfristig unterscheidet.

An unterschiedlichen Zielen im Bereich elektronische Dienste sind insbesondere zu nennen:

- wachstumspolitische Ziele, zum Beispiel das Aufholen der Region, für die man zuständig ist, relativ zu den Vereinigten Staaten. Wachstumspolitische Ziele können angestrebt werden, um das bestehende Wohlstandsniveau zu halten oder um die Arbeitsmarktsituation zu verbessern;
- verteilungs- und sozialpolitische Ziele, zum Beispiel die Sicherung möglichst gleicher Zugangschancen zu elektronischen Informationen;
- kulturpolitische Zielsetzungen, zum Beispiel die Verteidigung regionaler Kulturen gegen eine noch weitergehende nordamerikanische "Überschwemmung";
- die Etablierung internationaler Rechtssicherheit und allgemeiner ethischer Normen im Bereich "elektronischer Dienste" auf globaler Ebene sowie
- die Stärkung der Demokratie.

Eine Gewichtung von Zielsetzungen ist schon deshalb erforderlich, weil es auch für die Regionalpolitik im Bereich "elektronischer Dienste" Budgetgrenzen gibt. Zwischen verschiedenen Zielen kann es aber auch prinzipielle Konflikte geben. So wird in politischen Äußerungen zwar immer wieder behauptet, Wachstum werde zu mehr Arbeitsplätzen führen. Tatsächlich gibt es jedoch im Bereich elektronischer Dienste zwischen wachstums- und arbeitsmarktpolitischen Zielen im Regelfall einen Konflikt.

3 Marktentwicklung elektronischer Dienste im Wechselspiel zwischen Globalisierung und Regionalisierung (1):

Tendenzen der Globalisierung und Internationalisierung

3.1 Regionalpolitik im Wechselspiel zwischen Globalisierung und Regionalisierung

Die Marktentwicklung elektronischer Dienste wird im Wechselspiel zwischen Globalisierung und Regionalisierung gesehen. Im folgenden werden Maßnahmen und Möglichkeiten der Regionalpolitik im Zusammenhang mit der Darstellung von Trends der Globalisierung und Regionalisierung diskutiert. Eine solche Vorgehensweise liegt bei den folgenden Annahmen nahe:

- Informationspolitische Ziele können nicht frontal gegen Globalisierungs- oder Regionalisierungstendenzen durchgesetzt werden. Wohl aber ist es möglich, Tendenzen der Globalisierung und Regionalisierung zu stärken oder zu schwächen sowie qualitativ "anzureichern".

- Ob Informationspolitik initiativ werden soll, kann häufig nicht prinzipiell entschieden werden, sondern hängt von der konkreten empirischen Situation ab, beispielsweise ob bestimmte Schwellenwerte überschritten werden. So kann man lange Zeit der Ansicht gewesen sein, daß die staatliche Filmförderung in Deutschland in die Provinzialisierung führt. Wenn aber der Marktanteil deutscher Filme unter 5% sinkt und auch prinzipiell marktfähige und qualitativ hochwertige deutsche Filme kaum mehr Chancen haben, in die Programme amerikanischer Kinoketten auf deutschem Boden aufgenommen zu werden, liegt ein anderes Urteil nahe.

- In der Informationspolitik der Nationalstaaten existieren durchaus längerfristige Trends. Diese ergeben sich aus längeren Förderzeiträumen sowie aus der Bildung "vested interests" insbesondere bei institutioneller Förderung. Die Vergabe finanzieller freier Spitzen erfolgt jedoch häufig nach einem "situativen Ansatz", also danach, was die Politiker oder Förderreferenten in der aktuellen Situation für geboten halten.

Tendenzen, die in Richtung Globalisierung und Internationalisierung zielen, sind vor allem:

- Entwicklung der Netzwerke und der weiteren technischen Informationsinfrastruktur (Punkt 3.2);
- technische Entwicklung bei elektronischen Diensten (Punkt 3.2);
- stärker werdende globale und internationale Nutzungsgemeinschaften (Punkt 3.3) und
- eine international orientierte Informationspolitik (Punkt 3.4).

3.2 Netzwerke und weitere technische Informationsinfrastruktur Technische Entwicklungen bei elektronischen Diensten

Mit dem weltweiten Telefonnetz ist die technische Infrastruktur für eine weltweite Nutzung elektronischer Informationsdienste gegeben. Bestehenden Engpässen wird derzeit direkt durch den Kapazitätsausbau der Netzinfrastruktur zur "Informations-Autobahn" entgegengewirkt, indirekt durch die Deregulierung und Privatisierung nationaler Telekommunikationsgesellschaften, die sich in den internationalen (ihren geäußerten Absichten nach: auch in den globalen) Wettbewerb begeben.

Zumindest in den fortgeschrittenen Informationsgesellschaften sind die Unternehmen flächendeckend mit PCs, Modems, CD-ROM-Laufwerken usw. zur Nutzung elektronischer Informationsdienste ausgestattet. Dies trifft mehr und mehr auch für die privaten Haushalte zu, wenngleich hier aus der Sicht der Informationsanbieter noch eine "Durststrecke" zu bewältigen ist.

Global tätige Hardware-Anbieter (aktuelles Beispiel: Internet-PCs) und Software-Anbieter (aktuelles Beispiel: Internet-Browser) verbessern in rapidem Erneuerungstempo die Nutzungsmöglichkeiten von Online- und Offline-Diensten in Betrieben und Haushalten.

Der weltweite Ausbau des Internet hat dazu geführt, daß die unterschiedlichen technologischen Plattformen zusehends im Internet verschmelzen. 1995 sahen sich die in Europa und Deutschland relevanten Datenbankanbieter für den Geschäftsbereich gezwungen, ihren Kunden den Zugang zum Internet zu öffnen. 1996 begaben sie sich mit ihren eigenen Angeboten ins World Wide Web.

Mehrere Online Consumer Services gaben es auf, eine eigene ("proprietäre") Plattform aufrechtzuerhalten und verstehen sich heute (Beispiel: Microsoft Network) oder in sehr naher Zukunft (Beispiel: CompuServe) als Internet-Dienste.

Was für die relevanten Nachbarmärkte gilt, trifft in ähnlicher Weise für die Märkte elektronischer Dienste zu: Technologische Paradigmenwechsel (zum Beispiel der Durchbruch zu Multimedia), größere Innovationen (zum Beispiel Sicherstellung einer ausreichenden Transaktionssicherheit im Internet) und sogar die nicht abreißenwollenden, in kurzfristigen Schüben erfolgenden kleineren Neuerungen ereignen sich häufig als erste in den USA.

Gleichwohl handelt es sich insgesamt gesehen um einen internationalen, zunehmend auch um einen globalen Prozeß - mit den Amerikanern als Innovatoren und mit Europa und Japan als den sich an Nordamerika orientierenden Imitatoren (wobei die Nordamerikaner ihr Know-how als erstes nach Großbritannien transferieren). Mit der Entstehung weitere "Informationsszenen" im Fernen Osten (insbesondere in den sogenannten "Tigerstaaten"), Lateinamerika, dem Nahen Osten und Osteuropa haben sich weitere Weltregionen in die Reihe der Imitatoren eingereiht.

Der Durchbruch zu immer anspruchsvolleren (und teureren) Multimedia-Diensten läßt Branchengrenzen porös werden und führt zu neuen internationalen und globalen Allianzen von Netzwerkbetreibern, Hard- und Software-Anbietern, Videogame-Produzenten und Information Providern.

Technische Vorsprünge bedeuten besondere Chancen auf

- höhere Umsätze,
- ausreichende Investitionsmittel (über eine besonders frühe und weitgehende Entwicklung des eigenen Binnenmarktes) und
- Verdrängung von Wettbewerbern (über eindeutige Dominanzen auf den Binnenmärkten und die Gewinnung von Marktanteilen auf den Auslandsmärkten).

Tabelle 5 zeigt, daß die Nordamerikaner ihre besonderen Chancen, bezogen auf den Bereich elektronischer Informationsdienste im professionellen Bereich, zumindest bei Umsätzen und bei der Entwicklung des eigenen Binnenmarktes, zu nutzen wußten.[6] Danach verfügten die nordamerikanischen Anbieter im Jahre 1994 (gerechnet nach Umsätzen) über einen Weltmarktanteil von 54,4%, während es die Anbieter in den 17 Ländern des Europäischen Wirtschaftsraumes (Europäische Union plus Island und Norwegen) lediglich auf einen Weltmarktanteil von 39,6% brachten. Wohl nahm der Weltmarktanteil der Europäer in den Jahren 1992 - 1994 von 38,1% auf 39,6% zu. Doch könnten die Europäer abermals zurückfallen, wenn sich die Durchbrüche bei Multimedia und der Strukturwandel im Internet zum kommerziellen Netz in Umsatzgrößen niederschlagen.

Tabelle 5: Marktanteile von Weltregionen 1992 - 1994

in Milliarden ECU und in %

World Regions	1992 BECU	1992 %	1994 BECU	1994 %
European Economic Area	4,5	38,1	6,3	39,6
North America	6,4	54,2	8,6	54,4
Other World Regions	0,9	7,7	1,0	6,0
Total	11,8	100,0	15,9	100,0

Anm.: 1 ECU = 1,92 DM.

Quelle: MSSTUDY.

Aus der Sicht der europäischen Informationspolitik muß es demnach ein Anlaß zur Sorge sein, daß technologische Durchbrüche, die für elektronische Märkte und ihre Nachbarmärkte relevant sind, immer wieder in den Vereinigten Staaten erfolgen, und daß die Umsetzung dieser Durchbrüche in neue Produkte und Dienstleistungen immer wieder in den USA (Software, Multimedia-Produktionen) und Japan (Hardware, Videospiele) geschieht. Die Ansatzpunkte einer europäischen Informationspolitik bestehen demnach im Rahmen eines Wettbewerbs der Weltregionen darin, insbesondere gegenüber den USA, teilweise auch gegenüber den Japanern, aufzuholen und dies insbesondere in zwei Bereichen:

- technische Neuerungen sowie
- Umsetzungen technischer Neuerungen in neue Produkte und Dienstleistungen.

---

6 Vgl. *Willi Bredemeier, Sabine Graumann, Werner Schwuchow*: The Markets for Electronic Information Services in the European Economic Area - Supply, Demand and Information Infrastructure - European Report of the Member States' Study (MSSTUDY), Study for the European Commission, Luxemburg 1996.

Die deutsche Informationspolitik geht von ganz ähnlichen Voraussetzungen wie die Europäische Kommission aus, folgt aber mehr ordnungspolitischen Prinzipien statt industriepolitischem Pragmatismus und hat daher größere Schwierigkeiten, marktnahe Phasen von Informationsprodukten zu fördern.

Dem politischen Konzept "Wettbewerb der Weltregionen", wie es gegenwärtig gehandhabt wird, sind ernsthafte Schwächen anzulasten. Erstens werden die technologiepolitischen Vorgaben (zum Beispiel die Definierung von Förderschwerpunkten) von außen, meistens den Nordamerikanern, definiert. Wenn die Europäer in einem Bereich technologisch aufgeholt haben, besteht die Gefahr, daß, wenn die Amerikaner an anderen Stellen - Stichwort "Internet", Stichwort "Multimedia" - neue Durchbrüche erzielt haben, das geltende technologische Paradigma umdefiniert wird und die Aufholjagd der Europäer von vorn beginnt.

So gesehen mögen die langfristigen Wirkungen der Förderpolitik weniger darin bestehen, die heimischen Informationsindustrien international wettbewerbsfähig zu machen, als ein langfristiges Überleben der Förderpolitik sicherzustellen.

Aus der Perspektive elektronischer Dienste besteht eine zweite mögliche Gefahr der Förderpolitik darin, daß für alle Elektronik-Märkte und weit darüber hinaus von den gleichen Grundannahmen ausgegangen wird und so wichtige Spezifika elektronischer Dienste übersehen werden.

Diese Gefahr wurde allerdings in dem laufenden INFO2000-Förderprogramm der Europäischen Kommission, das auf die besonderen Entwicklungspotentiale der Informationsanbieter im "Inhaltsbereich" ("content") abstellt, vermieden.

Drittens kann die einseitige Orientierung der Informationspolitik an den Amerikanern (und eventuell noch den Japanern) den Blick dafür verstellen, daß es für die Informationspolitik wahrscheinlich fast ebenso vielversprechende weitere Bezugsregionen gibt. Das können zum Beispiel die "anderen Weltregionen" (außerhalb Europas, Nordamerikas und Japans) sein, aber auch europäische Bezugsländer, die in einem innereuropäischen Vergleich gewählt wurden. Insbesondere die Wahl einer europäischen Vorbildregion für die eigene Informationspolitik mag vorteilhaft sein: Angesichts ähnlicher Bedingungen zwischen den europäischen Ländern kommt Förderpolitik so leichter zu Erfolgen und wird nicht entmutigt.

In den Tabellen 6 und 7 zeigt sich, daß Deutschland im Bereich elektronischer Informationsdienste (bezogen auf die Ausgaben auf dem deutschen Markt) seinem Ruf nicht gerecht wird, auf High Tech-Märkten - zumindest europaweit - vorn zu sein [7]:

- Mit Gesamtausgaben von 594,5 Millionen ECU (Kurs ECU:DM 1994: 1,92) kam Deutschland zwar auf einen Marktanteil von 14,4% und damit auf den dritten Platz in Europa. Damit mußte es allerdings Großbritannien und Frankreich den Vortritt las-

Tabelle 6: Umsätze mit EIS in den EEA-Ländern 1994

in Millionen ECU (MECU)

Region/Land			Umsätze in MECU	Marktanteile in %
UK	1.	Großbritannien	1.174,0	28,4
F	2.	Frankreich	763,7	18,5
D	3.	Deutschland	594,5	14,4
I	4.	Italien	353,4	8,5
NL	5.	Niederlande	259,5	6,3
S	6.	Schweden	175,9	4,3
DK	7.	Dänemark	156,5	3,8
N	8.	Norwegen	133,6	3,2
SF	9.	Finnland	116,7	2,8
B	10.	Belgien	75,3	1,8
E	11.	Spanien	74,7	1,8
P	12.	Portugal	72,6	1,8
A	13.	Österreich	61,5	1,5
LUX	14.	Luxemburg	42,0	1,0
GRE	15.	Griechenland	40,9	1,0
IRE	16.	Irland	31,0	0,7
ICE	17.	Island	9,0	0,2
EEA			**4.134,8**	**100,0**

Anm.: 1 ECU = 1,92 DM.

Quelle: MSSTUDY.

7 Vgl. *Bredemeier, Graumann, Schwuchow*: The Markets for Electronic Information Services in the European Economic Area, a.a.O.

sen, obgleich beide Länder nach Bevölkerungszahl und Sozialprodukt kleiner als Deutschland sind (Tabelle 6).

- Bezieht man die Ausgaben für elektronische Informationsdienste auf die Zahl der Einwohner, so fällt Deutschland noch erheblich weiter zurück: Jetzt führen die skandinavischen Länder vor Großbritannien, vor dem Mittelfeld mit den Niederlanden und Frankreich, vor dem deutschsprachigen Raum und Italien, die sich in etwa auf der Höhe der "benachteiligten Regionen" (less favoured regions) Europas befinden (Deutschland vor Griechenland und Spanien, aber nach Italien und Portugal; siehe Tabelle 7).

Tabelle 7: EIS-Ausgaben im Verhältnis zu der Einwohnerzahl eines Landes in ECU 1994 ("EIS-Penetration")

Region/Land			EIS-Expenditures per Inhabitant in ECU
UK	6.	Großbritannien	20,8
F	9.	Frankreich	13,2
D	13.	Deutschland	7,3
I	15.	Italien	6,1
NL	8.	Niederlande	17,1
S	7.	Schweden	20,5
DK	3.	Dänemark	30,1
N	2.	Norwegen	31,1
SF	5.	Finnland	22,9
B	12.	Belgien	7,5
E	17.	Spanien	1,9
P	13.	Portugal	7,3
A	11.	Österreich	8,1
LUX	1.	Luxemburg	105,0
GRE	16.	Griechenland	4,0
IRE	10.	Irland	8,9
ICE	4.	Island	30,0
EEA			**11,1**

Quelle: MSSTUDY.

Zu einer ähnlichen Reihenfolge kommt man, wenn man die Ausgaben für elektronische Informationsdienste als Anteil des Brutto-Inlandsprodukts berechnet.

Sollte sich die deutsche Informationspolitik Frankreich, Großbritannien oder die skandinavischen Länder zu Bezugsregionen wählen?

Frankreich dürfte als Bezugsregion ausscheiden. Wohl schneidet Frankreich relativ besser als Deutschland ab, doch liegt es mit seinen Kennzahlen lediglich im europäischen Mittelfeld und nur knapp über den Durchschnittswerten des europäischen Wirtschaftsraumes. Dabei dürfte Frankreich noch erheblich mehr in Informationspolitik investiert haben, als Deutschland insbesondere in "Minitels" als kostenfrei verfügbar gemachte Informationsinfrastruktur in Betrieben und Haushalten. Mittlerweile veraltet die Minitel-Infrastruktur zusehends, und Deutschland dürfte relativ zu Frankreich insbesondere im Consumer-Bereich aufholen.

Die Autoren der MSSTUDY begründen die führende Position des britischen Marktes wie folgt: die besondere Bedeutung Londons als Weltfinanzzentrum und die damit verbundene intensive Nutzung von Realtime-Finanzinformationen; die Dominanz der englischen Sprache in elektronischen Datenbanken; die Praxis der amerikanischen Informationsanbieter, Know-how zunächst nach Großbritannien zu exportieren sowie die beachtlichen Erfolge britischer Datenbasenproduzenten und Datenbankanbieter in der Produktentwicklung.

Nach diesen Ergebnissen kommt Großbritannien als Vorbildregion für Deutschland ebenfalls nicht infrage, da die Erfolgsfaktoren des "britischen Modells" in Deutschland nicht reproduzierbar sind.

Für die besonders fortgeschrittenen skandinavischen Märkte wirkten sich andere Faktoren günstig aus: die große Bedeutung der Telekommunikation in Ländern mit einer geringen Bevölkerungsdichte; eine sehr weitgehend ausgebaute Telekommunikations- und PC-Infrastruktur; ein Bibliothekswesen, das sich besondere Verdienste um die Entwicklung elektronischer Informationsdienste erwarb; eine staatliche Informationspolitik, die zuallererst bei den Bürgern ansetzte sowie eine weitgehende Inanspruchnahme von Kursen im Umgang mit elektronischen Informationsdiensten in Schulen und Universitäten.

Am ehesten scheinen die skandinavischen Länder als Vorbild für die deutsche Informationspolitik infragezukommen. Deutschland verfügt wie Skandinavien über ein hochdifferenziertes Bibliothekswesen, das sich allerdings noch anders als in den nordischen Ländern seinen potentiellen Kunden in Betrieben und Haushalten im Bereich elektronischer Dienste öffnen muß. Schulen, Fachhochschulen und Universitäten sind auch in Deutschland die richtigen Orte, um die Bevölkerung auf lange Sicht flächendeckend für den Umgang mit elektronischen Informationsdiensten zu qualifizieren. Mit der Verfügbarmachung "elektronischer Bürgerinformationen" (citizen information) werden vorrangig verteilungspolitische und demokratiepolitische Ziele verfolgt. Doch haben entsprechende Maßnahmen auch qualifikatorische und wachstumspolitische Wirkungen.

Insbesondere mit der Qualifikationspolitik könnte Deutschen und Europäern ein Instrument an die Hand gegeben sein, auch einmal an den Amerikanern vorbeizuziehen. Statt in von Amerikanern definierten Technologiebereichen eine Aufholjagd zu beginnen, würde man vielen Menschen die Basisqualifikation verschaffen, selbst Erfindungen zu machen. Zu der flächendeckenden Vermittlung von Basisqualifikationen müßte die personelle und institutionelle Spitzenforschung im Bereich "elektronischer Dienste" hinzukommen.

Mit einer ähnlichen Qualifikationspolitik ist Deutschland schon einmal während der "industriellen Revolution" an den damals führenden Briten vorbeigezogen. Wenn die Amerikaner mit ihrer Aufhol- und Überholjagd noch erfolgreicher gewesen sind, so dürfte dies mit einer teilweise qualifikationsorientierten Einwanderungspolitik ("Top-Leute und Leute mit höheren Qualifikationen zuerst") zu tun gehabt haben.

Zusätzlich zur Qualifikationspolitik müßte die deutsche Informationspolitik versuchen, weitere Schwächen relativ zu anderen europäischen Ländern zu eliminieren. Als solche wurden von den Autoren der MSSTUDY identifiziert: die weitgehende Auflösung der Informationsinfrastruktur in den neuen Bundesländern; das Bestehen einer noch tragfähigen Alternative zu elektronischen Informationsdiensten im Printbereich; Akzeptanzprobleme in kleinen und mittleren Unternehmen, aber auch in manchen Abteilungen von Großunternehmen; technikskeptische Strömungen in der Politik und öffentlichen Meinung sowie der späte Start deutscher Verleger im Bereich "elektronisches Publizieren".

Läßt sich das Modell "Wettbewerb der Regionen" von der globalen und internationalen Ebene auf andere Ebenen der Regionalpolitik übertragen? Wie Tabelle 8 zeigt, hat sich in Deutschland im Bereich elektronischer Dienste eine große Anbieterkonzentration im Raum Frankfurt/Main (einschließlich Eschborn, dem Sitz der Wirtschaftsnachrichtenagentur VWD) ergeben.

Damit wird ein erheblicher Nachholbedarf für bundesdeutsche Regionen außerhalb des Raumes Frankfurt angezeigt, zumal der Konzentrationsgrad in den letzten Jahren - mit der Eröffnung Frankfurter Büros seitens ausländischer Anbieter - noch zunahm. Eine Aufholjagd könnte insbesondere von Regionen wie Hamburg und München gestartet werden, wo es eine starke Konzentration von Medienkonzernen gibt.

Tabelle 8: Marktanteile von Anbietern elektronischer Informationsdienste im Raum Frankfurt 1994

Teilmärkte	in %
Realtime-Finanzinformationen	100,0
Newswire-Services	23,7
Kreditinformationen	17,3
Weitere Wirtschaftsinformationen	44,7
Wissenschaftlich-technisch-medizinische Informationen	56,9
CD-ROM	30,1

Quelle: *Institute for Information Economcs (IIE).*

3.3 Relativ stärker werdende globale und internationale Nutzungsgemeinschaften

Internationale Nutzungsgemeinschaften gab es bereits im Print-Zeitalter, beispielsweise die Wissenschaftsgemeinschaft. Im Vergleich zu den heutigen Möglichkeiten wirkt jedoch die Funktionstüchtigkeit der früheren Scientific Community bescheiden.

Elektronische Dienste verbessern die Effizienz bestehender Nutzungsgemeinschaften. Ferner fördern sie das Wachstum und die Internationalisierung und Globalisierung bestehender Nutzungsgemeinschaften, indem sie die internen Informations- und Kommunikationskosten drastisch senken. Das läßt sich beispielsweise an Konzernen mit Dependancen in vielen Ländern und an den globalen Finanzmärkten mit ihrem immensen Bedarf an Realtime-Finanzdaten beobachten.

Der erfolgreiche Einsatz elektronischer Medien durch internationale Nutzungsgemeinschaften ist weithin "sichtbar". Player auf Nachbarmärkten werden so ermutigt, ihre Märkte über den Einsatz elektronischer Dienste weiter in Richtung Globalisierung voranzutreiben.

Im privaten Bereich ist die Entstehung globaler und internationaler Nutzungsgemeinschaften möglich, wenn Produkte entwickelt werden, die Individuen ungeachtet ihrer (zumeist regionenbezogenen) kulturellen Unterschiede ansprechen. Nach dem zweiten Weltkrieg ist dies gleich dreimal vor allem den Nordamerikanern im großen Maßstab gelungen, und zwar mit Hollywood-Filmen, mit der Popmusik und zunehmend auch mit dem zunächst eindeutig nordamerikanisch geprägten Internet mit seiner Vielzahl an "Spartenprogrammen". Zumindest im Bereich des Films und der Unterhaltungsmusik kann mittlerweile von einem globalen Markt mit mehr oder weniger großen zusätzlichen nationalen Nischenmärkten gesprochen werden.

Eventuell läßt sich diesen Erfolgen der USA noch der Erfolg der Japaner im Bereich der Videospiele hinzufügen.

Der Erfolg der Consumer Services wird wahrscheinlich zu einer weiteren Einebnung regionaler Kulturen beziehungsweise zur weiteren "Nordamerikanisierung" der Welt führen.

Allerdings wird die Globalisierung der Information im Geschäfts- und privaten Bereich notwendigerweise auch zu zusätzlichen "Sektoralisierungen" führen:

- Die weitgehende Eliminierung von Transferkosten in Informations- und Kommunikations-Zusammenhängen führt zur Vertiefung der Spezialisierung und Arbeitsteilung auf immer kleineren Teilmärkten (zum Beispiel auf den Teilarbeitsmärkten für hochspezialisierte Wissenschaftler), die aber gleichwohl global sein können.

- Kein Hobby scheint so ausgefallen zu sein, daß sich nicht darum herum eine weltweit interagierende Kommunikationsgemeinschaft aufbauen ließe.

Die Globalisierung und Internationalisierung von Nutzungsgemeinschaften und das Entstehen immer weiterer "Sektoralisierungen" auf globaler, internationaler und nationaler Ebene kann darauf aufmerksam machen, daß es auch dann, wenn man im Bereich "elektronischer Dienste" ausschließlich wachstumspolitische Ziele anstrebt, eine Alternative zur Technologiepolitik, nämlich die Außenhandelspolitik, gibt. Insbesondere käme die Förderung der internationalen Präsenz nationaler und europäischer Anbieter im Verbund mit den Anbietern in den "neuen Weltregionen" mit gerade sich bildenden Informationsszenen infrage. Mögliche Förderschwerpunkte in diesem Zusammenhang sind:

- Förderung internationaler Anbieterkooperationen (wobei man zunächst mit einem Erfahrungsaustausch beginnen, diesen mit einem Know-how-Transfer fortsetzen und mit der gemeinsamen Entwicklung und dem gemeinsamen Vertrieb neuer Informationsprodukte steigern könnte);

- Förderung der Multilingualität bestehender und neuer Informationsprodukte;

- Förderung der Entwicklung internationaler und global relevanter Informationsprodukte;

- Entwicklung umfassender Informationsversorgungssysteme beziehungsweise zentraler Bausteine daraus für "neue Weltregionen";

- Entwicklung neuer internationaler und globaler Nutzungsgemeinschaften und Entwicklung maßgeschneiderter Informationsversorgungssysteme für sie;

- Schaffung von Transparenz über die eigene Volkswirtschaft in der Landessprache des Partners und Ankoppelung des Informationssystems an das nationale Marketing- und Vertriebssystem, wie es ansatzweise mit den internationalen Industrie- und Handelskammern existiert.

3.4 International orientierte Informationspolitik

Von global tätigen Organisationen wie der UNO wird derzeit keine auf elektronische Dienste bezogene Informationspolitik betrieben. Angesichts der Bedeutung, die allgemein dem Produktionsfaktor Information zugeschrieben wird, ist dies ein Zeichen für die allgemeine politische Schwäche dieser Organisationen.

Am nächsten kam die UNO einer Informationspolitik, als sie nach einer "neuen Weltinformationsordnung" strebte. Mit dieser sollte der Einfluß der westlichen Nachrichtenagenturen in den Entwicklungsländern gebrochen werden. Das Vorhaben wurde dadurch diskreditiert, daß die Alternative zu den Newswire Services von AP, Reuters und AFP in nationalen Hofberichterstattungen zugunsten von Diktatoren und autoritären Regimen bestand.

Auf globaler Ebene wird häufig ein Polarisierungsprozeß zwischen Have- und Have not-Weltregionen unterstellt. Für den nationalen Bereich gibt es eine analoge These: Hier werde es zu einer Polarisierung zwischen einer sehr kleinen Minderheit von Entscheidern, die die neuen Informationsmöglichkeiten nutzen, und der großen Masse der Bevölkerung kommen, die allenfalls Entertainment-Dienste nutzen wird.

Diese Thesen werden durch die vorliegenden Daten nicht bestätigt. Im Gegenteil sind derzeit beachtliche Nivellierungstendenzen zu konstatieren - auf globaler Ebene mit dem Aufkommen von Informationsszenen in weiteren Weltregionen, auf nationaler Ebene mit dem Durchbruch der Online Consumer Services, die neben Entertainment-Angeboten bedeutende Nachrichtendienste offerieren. Diese Nivellierungstendenzen dürften auch in Zukunft beachtlich bleiben, da die Marktpreise für den Transfer von Informationen weiter sinken, und somit die Kaufkraft von Regionen und Haushalten ein immer weniger bedeutender Faktor für die Inanspruchnahme elektronischer Dienste wird.

Das bedeutet nicht, daß es keine sinnvollen Ansatzpunkte für eine globale und nationale Sozial- und Verteilungspolitik im Bereich elektronischer Dienste gäbe. Anstatt allumfassende Thesen aufzustellen, sollte man allerdings genauer hinsehen:

- Unter allen Weltregionen haben sich bislang vor allem in Schwarzafrika kaum elektronische Dienste entwickelt (dies mit der Ausnahme von Südafrika, das Pilot- und Pionierfunktionen für seine Nachbarn übernehmen kann). Da auch die Telekommunikationsinfrastruktur in den schwarzafrikanischen Ländern schwach entwickelt ist, können "angepaßte Technologien" vor allem aus dem Offline-Bereich kommen.

- Die auf die Nationalstaaten bezogene Polarisierungsthese trifft zwar nicht global zu, wohl aber auf eine Reihe von Schwellen- und Entwicklungsländern mit einer vergleichsweise dünnen politischen und wirtschaftlichen Oberschicht beziehungsweise einer unausgewogenen Entwicklung zwischen Zentrale (Metropole) und Hinterland. Eine Entwicklungspolitik, die auf eine Grundversorgung breiter Bevölkerungsgruppen im Bereich elektronischer Dienste setzte, ließe sich zu einer Qualifikationsoffensive ausbauen und würde beachtliche Demokratiepotentiale freisetzen.

- Gerade wenn sich Initiativen in entwickelten Ländern wie "Schule (Hochschule) ans Netz" flächendeckend durchsetzen sollten, käme es im Bereich der PC-Alphabetisierung zu einer Benachteiligung der höheren Altersgruppen. Hier könnten Maßnahmen der Sozialpolitik darin bestehen, Awareness- und Qualifizierungsseminare in die Regie von Volkshochschulen und Bibliotheken auf örtlicher Ebene zu geben und - unter Umständen zentral zu verwaltende - elektronische Postfächer für jeden Haushalt einzurichten.

Allerdings ist es um die Chancen einer Sozialpolitik auf allen regionalpolitischen Ebenen schlecht bestellt. Schon bislang wurde mit der bemerkenswertesten Ausnahme der skandinavischen Länder wenig getan, so daß kaum eine Basis existiert, auf die sich mit weiteren Programmen oder Projekten aufbauen ließe. A priori werden wachstums- und arbeitsmarktpolitische Zielsetzungen höher gewichtet. Das gilt umso mehr, je mehr sich volks- und weltwirtschaftlich rezessive Phasen häufen und es zu Konsolidierungsproblemen öffentlicher Haushalte auf allen Ebenen kommt.

Angemessene Träger einer globalen Sozialpolitik sind Organisationen mit einem globalen Zuständigkeitsbereich, da Nationalstaaten dazu neigen, entwicklungspolitische Aktivitäten mit sicherheitspolitischen und wirtschaftlichen Interessen zu vermengen. Die Nationalstaaten zögern aber, Kompetenzen abzugeben. Das bekommt auch die Europäische Kommission zu spüren, deren Informationspolitik in Budgetgrößen gemessen von weitaus geringerer Bedeutung als die Informationspolitik mancher Mitgliedsländer ist, so daß sich ihre Beiträge zur Marktentwicklung notwendigerweise auf konzeptionelle Beiträge, Awareness-Maßnahmen, Machbarkeitsprojekte und Public Relations beschränken müssen.

Die Nationalstaaten wehren sich gegen die Abgabe von Kompetenzen an global tätige Organisationen mit dem Argument, daß diese ineffizient arbeiteten. Größere Chancen für sozial- und verteilungspolitische Projekte ergäben sich, wenn damit gleichzeitig wachstums- und arbeitsmarktpolitische Ziele angestrebt werden könnten. Solche Zielkompatibilitäten bestehen vor allem im Bereich der Qualifikationspolitik.

Die deutsche Informationspolitik ist zwar international orientiert, gleichzeitig aber von einer geradezu extremen Einseitigkeit. So konzentriert sich diese sehr weitgehend auf

- einen Träger, die nationalstaatliche Ebene;
- ein Konzept ("Wettbewerb der Weltregionen");
- sehr wenige Ziele (solche der Wachstums- und Arbeitsmarktpolitik) und
- ein Instrument, das der Technologiepolitik.

Diese konzeptionelle und pragmatische Anämie konnte auf die Dauer nur kontraproduktiv sein: Wohl gibt es auf der nationalstaatlichen Ebene mehrere regionalpolitische Träger, nämlich diverse Ministerien. Doch scheint diese Pluralität das bestehende Konzept weniger bereichert als inflexibler gemacht zu haben. Das Konzept "Wettbewerb der

Weltregionen" wurde an anderer Stelle kritisiert. Bestehende Konkurrenzen zwischen wachstums- und arbeitsmarktpolitischen Zielen wurden nie erörtert. Dabei mag die rasche Förderung elektronischer Dienste zwar das Wachstum fördern, doch sind elektronische Dienste auch ein scharfes Rationalisierungsinstrument. Wohl mögen elektronische Dienste die Wettbewerbsfähigkeit der nutzenden Unternehmen stärken und auf diese Weise Arbeitsplätze sichern. Andererseits werden auf der Anbieterseite relativ wenige Arbeitsplätze geschaffen. In jedem Fall sind große, an elektronische Dienste geknüpfte arbeitsmarktpolitische Hoffnungen, illusionär.

Das heißt nicht, daß Informationspolitik nicht auch als Arbeitsmarktpolitik eingesetzt werden kann. Über Jobbörsen läßt sich die Transparenz des Arbeitsmarktes erhöhen und die kurzfristige Arbeitslosigkeit senken. Arbeitsmarktpolitik muß sich nicht nur auf die Anzahl der Arbeitsplätze, sondern kann sich auch auf das Einkommen (zum Beispiel Einkommenshöhe und gerechte Einkommensstruktur) und die Qualität der Arbeit beziehen (zum Beispiel optimaler Arbeitseinsatz und weitgehende Nutzung der erworbenen Qualifikationen sowie Weiterbildung und Karrierechancen). Entsprechende Optimierungsmaßnahmen kommen nicht ohne elektronische Dienste aus und könnten erstmalig für die Anbieter elektronischer Dienste entwickelt und dort eingesetzt werden.

Auch war die deutsche Informationspolitik von vornherein so angelegt, daß aus einer High Tech-Förderung mit der Zeit eine Übernahme institutioneller Folgekosten im Bereich etablierter Technologien wurde. Zwischen dem ursprünglichen - offiziell weiterhin geltenden - Konzept und der tatsächlichen heutigen Förderung gibt es mithin nur noch lockere Zusammenhänge.

Besser als um die Chancen einer Sozial- und Verteilungspolitik ist es um die Chancen einer globalen und nationalen Rechtspolitik im Bereich elektronischer Dienste bestellt. So fällt es leicht, die Notwendigkeit einer internationalen Rechtspolitik plausibel zu begründen. Beispielsweise macht es wenig Sinn, die Verbreitung pornographischer oder gewaltverherrlichender Inhalte im Internet auf nationaler Ebene zu verbieten, wenn der Betreiber sogleich eine neue Web Site auf den Bahamas eröffnen kann.

Ferner sind Pressure Groups vorhanden, die auf die nationalen Regierungen "Druck" ausüben, beispielsweise die Wirtschaft, die an gesicherten Einnahmen im Internet interessiert ist, beispielsweise die Verleger, die sich gegen Verletzungen ihres Copyrights wenden, und ebenso die Medien, die gegen schädliche und illegale Inhalte in Online-Netzen protestieren.

In der Rechtspolitik geht es nicht darum, Geld auszugeben, sondern "lediglich" darum, Konsensprozesse zu mobilisieren. So strebt die Europäische Kommission derzeit eine gemeinsame Position der EU-Mitgliedsstaaten zu schädlichen Inhalten im Internet an, dies jedoch nicht, um den gefundenen Konsens den EU-Mitgliedsstaaten verbindlich vorzuschreiben, sondern um die gemeinsame Position als eine Basis für Verhandlungen mit den USA und weiteren Weltregionen einzubringen.

Auch im kulturpolitischen Bereich gibt es bislang auf nationaler und internationaler Ebene nur wenige Aktivitäten. Das liegt daran, daß sich die Multimedia- und Consumer Märkte eben erst entwickeln und die "amerikanische Bedrohung" bei PC-gestützten Produktionen noch nicht allzu bedrohlich erscheint. Schon jetzt kann jedoch gesagt werden, daß die Ziele der Wachstums- und Arbeitsmarktpolitik einerseits und die kulturpolitischen Zielsetzungen andererseits nicht kompatibel sein müssen: Im Sinne wachstums- und arbeitsmarktpolitischer Zielsetzungen wäre es, eine global wettbewerbsfähige europäische Multimedia-Industrie zu fördern. Dann wird man es diesen Industrien aber gestatten müssen, in inhaltlicher und gestalterischer Hinsicht amerikanischer als die Amerikaner zu sein (so wie wir dies bei einzelnen sehr aufwendigen deutschen Film- und Fernsehproduktionen bereits gesehen haben).

Technisch gesehen ist es kein Problem, weltweit elektronische Abstimmungen zu globalen Problemen zu organisieren, an denen alle Menschen teilnehmen. Es fragt sich allerdings, was eine solche "Electronic Democracy" für einen Sinn macht, wenn die Erhebung punktueller Meinungsbilder nicht mit Umsetzungsmechanismen gekoppelt ist. Auf nationaler Ebene wurden elektronische Abstimmungen beispielsweise vom amerikanischen Präsidentschaftskandidaten Perot (Wahljahr 1996) empfohlen. Gegen solche elektronischen Abstimmungen sprechen alle Gründe, die zu der Verteidigung der repräsentativen Demokratie und zur Abwehr der direkten Demokratie angeführt worden sind. Zusätzlich gibt es Anzeichen dafür, daß die Anonymität der elektronischen Kommunikation den Grad der sozialen Kontrolle verringert und Tendenzen unverantwortlichen Handelns bei Nutzern verstärkt. Je kleiner der regionale Bereich ist, auf den sich elektronische Abstimmungen beziehen, desto mehr werden die technischen Vorteile elektronischer Abstimmungen im Vergleich zu konventionellen verringert.

Auf eine mehr indirekte Weise, etwa über der Stärkung der Informations- und Kommunikationsfreiheit, können elektronische Dienste doch zu einer Stärkung der Demokratie beitragen. Das ist insbesondere in Diktaturen der Fall, die gern die Wirtschaft ihres Landes über elektronische Märkte stärken möchten, dann aber feststellen müssen, daß sich die Nutzung nicht auf rein wirtschaftliche Zwecke beschränken läßt. Ähnliches ist seit langem von Printdiensten und Rundfunksendungen bekannt. Ähnlich wie bei Rundfunksendungen dürfte es einer Diktatur beim Internet schwerfallen, die Bevölkerung von "verbotenen" Informationsangeboten im Internet auszuschließen. In der Informationspolitik käme es auf die Förderung qualitativ hochwertiger, unabhängiger und wahrer grenzüberschreitender Berichterstattung (einschließlich damit zu verbindender Kommunikationsmöglichkeiten) etwa nach dem Modell "Radio BBC" an. Von einigen Regierungen abgesehen, dürfte auch ein weltweiter Konsens dahingehend bestehen, daß sich zumindest bei eklatanten Verletzungen der Menschenrechte ein entsprechender informationspolitischer Interventionismus über nationale Souveränitäten hinwegsetzen darf.

Ob elektronische Dienste in entwickelten Demokratien einen Beitrag zu einer weitergehenden Funktionsfähigkeit der Demokratie leisten, hängt von der Qualität der angebotenen Inhalte ab. Womöglich sollten auch bei PC-gestützten Informations- und Kommunikationssystemen Modelle auf der Basis eines "gemischten Systems" aus privaten und öffentlichen Anbietern diskutiert werden, wie sie sich beim britischen und deutschen Fernsehen entwickelt haben.

4 Marktentwicklung elektronischer Dienste im Wechselspiel zwischen Globalisierung und Regionalisierung (2):

Tendenzen der Regionalisierung und Lokalisierung

Tendenzen, die in Richtung Regionalisierung und Lokalisierung wirken, sind vor allem:

- positiv bewertete regionale Identitätsbildungen (Punkt 4.1);
- elektronische Dienste als notwendige Ergänzung regionaler und lokaler Märkte (Punkt 4.2) und
- elektronische Dienste als Baustein in regionalen/lokalen Innovationsverbünden (Punkt 4.3).

4.1 Positiv bewertete regionale Identitätsbildungen

Wer Regionalisierungs- und Lokalisierungstendenzen zur Kenntnis nimmt und diese als Beharrungstendenzen negativ bewertet, führt vor allem folgende Beispiele an: die Scheu der Manager in manchen regionalen Unternehmenskulturen, sich an den PC zu setzen;

die Weigerung kleinerer und mittlerer Unternehmen, dem Produktionsfaktor Information die Bedeutung zu geben, die ihm gebührt; Bürokratismen etwa im öffentlichen Bereich, die verhindern, daß interessante Angebote verfügbar gemacht werden und eine ähnlich intensive Nutzung wie in der Privatwirtschaft erfolgt. Als Kontrast zu diesen Beharrungstendenzen wird häufig die Regionalkultur der USA beispielsweise mit ihrem Enthusiasmus für technische Neuerungen und ihrem "Freedom of Information Act" angeführt.

Wer Regionalisierungs- und Lokalisierungstendenzen positiv bewertet, geht hingegen typischerweise von einem kulturellen Konzept, die französische Regierung von einem Konzept "nationaler Kulturen" aus. Die Grundannahmen besagen hier, daß regionale Kulturen verteidigungswert sind und notfalls gegen nordamerikanische "Überschwemmungen" verteidigt werden müssen.

Aus der Sicht der französischen Regierung ist demnach den Wachstumszielen der Informationspolitik im Rahmen eines Wettbewerbs der Weltregionen eine Kulturpolitik zur Wahrung regionaler Identitäten an die Seite zu stellen.

"Kulturelle Vielfalt" kann an sich positiv bewertet, aber auch ökonomisch und politisch begründet werden. Eine solche Begründung hat der Solinger Politikwissenschaftler Bekker vorgenommen: Die amerikanische Kultur mag sich gegenwärtig mit ihren Produkten, Denkstilen usw. gegen andere Kulturen durchsetzen und sich dabei scheinbar als evolutionär überlegen erweisen. Mit einem Wandel in den Rahmenbedingungen kann jedoch die "amerikanische Kultur" aus einer überlegenen in eine unterlegene Position überwechseln. Hat die "amerikanische Kultur" bereits alle Alternativen in sich aufgesogen, so verfügt die Menschheit nur noch über jene Alternativen, die im Rahmen der "amerikanischen Kultur" möglich sind. Eine Reduzierung kultureller Vielfalt reduziert also die menschlichen Entfaltungsmöglichkeiten und ihre langfristigen Überlebenschancen.

Beckers Verteidigung der "Artenvielfalt" ließe sich auch zur Begründung sektoraler Vielfalt heranziehen.

Die von der französischen Regierung angeregten oder durchgesetzten Maßnahmen setzen bei den TV- und nicht bei den PC-gestützten elektronischen Medien an. Das hat jedoch keine prinzipiellen Gründe, sondern ergibt sich aus dem späteren Start elektronischer Medien im PC-Bereich. Beispiele für gegenwärtig präferierte Maßnahmen sind

Mindestquoten für europäische Filmproduktionen im Fernsehen und der Aufbau eines Qualitätsfernsehens "Arte" gemeinsam mit den Deutschen.

Diese Politik ist sowohl auf der Ziel- als auch auf der Mittel-Ebene umstritten. So könnte man der Ansicht sein, bei der "Amerikanisierung" der Welt handele es sich nicht um eine Amerikanisierung, sondern um eine umfassendere unabwendbare weltweite Modernisierung. In diesem Prozeß seien die Amerikaner lediglich erfolgreicher als andere Weltregionen. Im Sinne der Wachstumspolitik im Bereich "elektronischer Dienste" wäre es dann, die Entwicklung weltweiter wettbewerbsfähiger deutscher und europäischer PC-gestützter Unterhaltungsindustrien zu fördern oder, falls ein Vorbeiziehen an den USA nicht gelingen könne, entsprechende Allianzen mit den US-Medienkonzernen zu schließen. Aus dieser Sicht hätte AOL Bertelsmann (AOL für **A**merica **O**n**L**ine) womöglich mehr für die deutschen und europäischen Interessen getan als die deutsche und europäische Förderpolitik.

Noch grundsätzlichere Kritik an der Politik der französischen Regierung wird mit der folgenden Frage geübt: Werden mit der Verteidigung regionaler Kulturen nur Nachhutgefechte einer Auseinandersetzung geführt, die im Prinzip schon verloren ist? Sollte man sich daher nicht auf die Förderung positiv bewerteter "sektoraler" Kulturen, zum Beispiel religiöser, Berufs-, Kooperations- und Hobbygemeinschaften beschränken?

Diese Fragen sind vor dem Hintergrund der folgenden Entwicklungen zu sehen: Solange mit dem Transport von Individuen und materiellen Gütern und dem Transfer von Informationen hohe Kosten verbunden waren, erfolgten die Identitätsbildungen primär lokal und regional. Mit den Revolutionen in den Verkehrs- und Informationstechnologien wurden diese Bindungen nachhaltig relativiert. Weitere Relativierungen stehen mit der weiteren Ausbreitung elektronischer Dienste bevor.

Fragen dieser Art dürften allerdings in Ländern, in denen nationalstaatliche Identitäten nicht in gleicher Weise wie bei den Deutschen erschüttert wurden, anders als bei uns beantwortet werden. Dort wird man darauf verweisen, daß regionale Bindungen bei allen eingetretenen Relativierungen ausgesprochen robust bleiben und, solange unterschiedliche Sprachen gesprochen werden, robust bleiben werden. Auch wurden mit "sektoraler Vielfalt", die nicht als Ergänzung, sondern losgelöst von regionalen Bindungen existiert, bislang kaum Erfahrungen gesammelt.

Aber auch dann, wenn man die Ziele der französischen Regierung billigt, lassen sich die von ihr präferierten Maßnahmen aus Effizienzgründen kritisch sehen: Der Aufbau eines europäischen "Kulturschutzparkes" kann weniger zur Blüte regionaler Kulturen als in die Provinzialisierung führen. Die Subventionierung elektronischer Medien mag lediglich bewirken, daß sich die Produzenten weniger an die Zuschauer und Nutzer als an ihre Sponsoren und politischen Opportunitäten orientieren.

Gibt es im Rahmen einer kurz- und mittelfristigen Strategie effizientere kulturpolitische Ansätze? Elektronische Informationsdienste sollten nicht nur als eine Gefahr, sondern auch als eine Chance begriffen werden. Anders als Filme und Unterhaltungsmusik, sind elektronische Dienste interaktiv, ist also eine einseitige Abhängigkeit des Rezipienten und Nutzers von einer "allmächtigen Sendezentrale" nicht gegeben. Der Nutzer kann mit einiger Erfolgswahrscheinlichkeit darauf bestehen, daß auf dem Boden seiner regionalen und/oder sektoralen Kultur interagiert wird. Die amerikanische, angelsächsische und sogar englischsprachige Dominanz des Internet könnte mithin vorübergehender Natur sein.

Eine Alternative zu den gegenwärtigen kulturpolitischen Präferenzen der französischen Regierung und zur Subventionierung von Spielfilmen durch die deutsche Politik ist daher: die Förderung der Multilingualität im Internet sowie die Förderung qualitativ hochwertiger regionaler und sektoraler "Artenvielfalt" im globalen Netz.

4.2 Elektronische Dienste als notwendige Ergänzung regionaler und lokaler Märkte

Der globale und internationale Charakter elektronischer Medien wurde zunächst in Politik und Öffentlichkeit überbetont, weil von den technischen Möglichkeiten und nicht von der Verkaufbarkeit elektronischer Medien ausgegangen wurde. Noch wichtiger war, daß sich die regionalen und lokalen Märkte später als die internationalen und nationalen Märkte entwickelten. Erst waren nur die - sich international betätigenden - nordamerikanischen Anbieter da. Die nationalen Anbieter etwa in den diversen europäischen Ländern folgten später. Von lokalen elektronischen Märkten kann allenfalls ab Mitte der 90er Jahre - mit "Metro-Connect" von Burda in New York, dem Start von "City Web Online" im Ruhrgebiet durch die WAZ-Zeitungsgruppe und dem Beginn von "Go on" durch den Springer Verlag in Berlin und Hamburg - gesprochen werden.

Gegenwärtig sind, wie die Tabelle 9 am Beispiel Deutschland darstellt[8], die bestehenden Märkte für elektronische Informationsdienste eher national als global geprägt: Wichtige Teilmärkte werden im Regelfall von nationalen Anbietern beherrscht. Die Nutzer ziehen bevorzugt elektronische Informationen heran, die im eigenen Land generiert wurden und sich auf das eigene Land beziehen. Von 1989 - 1995 nahmen die Marktanteile deutscher Informationsanbieter im eigenen Land kontinuierlich zu.

Tabelle 9: Marktanteile deutscher Informationsanbieter auf dem Binnenmarkt (1995)[1]

Markt	Marktanteil
I. Profibereich	
Realtime-Finanzinformationen	0
Nachrichtenticker der Agenturen	über 90 %
Kreditinformationen	über 80 %
Weitere Wirtschaftsinformationen/Rechtsinformationen	über 70 %
Wissenschaftlich-technisch-medizinische Informationen	über 70 %
CD-ROM	über 70 %
II. Consumernahe Bereiche	
Online Consumer Services	über 70 %
Consumer CD-ROMs	über 80 %

Quelle: *Institute for Information Economics (IIE).*

1 Vgl. *Bredemeier/Schwuchow*: Elektronische Dienste überspringen Drei Milliarden-Umsatz-Grenze, a. a. O.

Mit dem unmittelbar bevorstehenden Durchbruch lokaler Online-Märkte werden sich bestehende Dezentralisierungstendenzen weiter durchsetzen.

Mit hoher Wahrscheinlichkeit wird es eine langfristige Koexistenz globaler/internationaler sowie nationaler und regionaler/lokaler elektronischer Märkte geben.

Diese These läßt sich einfach begründen: Elektronische Dienste stellen Transparenz über bestehende Produkte und Dienstleistungen her, stellen also (gemeinsam mit Printdiensten

8 Vgl. *Bredemeier/Schwuchow*: Elektronische Dienste überspringen Drei-Milliarden-Umsatzgrenze, a.a.O.

und persönlicher Kommunikation) eine notwendige Komplettierung dieses Marktes dar. Das bedeutet jedoch, daß elektronische Märkte nicht grundsätzlich anders strukturiert sein können als die Produkt- und Service-Märkte, über die sie berichten beziehungsweise für die sie Transaktionen ermöglichen.

Sind die bestehenden Märkte für Produkte und Dienstleistungen global (Beispiel: Finanztransaktionen), so sind auch die komplementären elektronischen Märkte global (Beispiel: Realtime-Finanzinformationen) und Informationsanbieter können sich auf diesem Teilmarkt wie Reuters weltweit durchsetzen. Sind die bestehenden Märkte für Produkte und Dienstleistungen regional und lokal (Beispiele: Pizza-Services, Kinoprogramme, Immobilien), so muß auch der komplementäre elektronische Markt regional und lokal sein.

Wohl können sich regionale und lokale Online-Dienste auf nationale Plattformen wie T-Online oder auf globale Plattformen wie Internet begeben. Doch wird man auch auf diesen Plattformen nicht umhin können, diese Dienste von anderen Services deutlich abzugrenzen und wichtige Funktionen auf die regionale und lokale Ebene zu dezentralisieren, zum Beispiel Produktentwicklung und -pflege, Datenbeschaffung sowie Marketing. Werden diese Dezentralisierungen unterlassen, so ist das ein Wettbewerbsvorteil für regionale und lokale Online-Dienste vor Ort.

Sind regionale und lokale Online-Märkte ein sinnvolles Betätigungsfeld für die Regionalpolitik, hier vor allem der Bundesländer und Gemeinden? Die Regionalpolitik sollte vor allem darauf drängen, daß sich der öffentliche Bereich an diesen Märkten beteiligt. Weniger in den Metropolen als in kleineren Städten müssen Online-Märkte nach Zahl der offerierten Angebote eine kritische Schwelle überschreiten, damit sich ein Engagement aus der Sicht der Privatwirtschaft lohnt. In vielen Städten ist die Stadtverwaltung der wichtigste Bereitsteller von Informationen und gemeinsam mit den Stadtwerken der wichtigste Service Provider. Der öffentliche Bereich sollte also auch auf regionaler und lokaler Ebene seine Informationen in Online-Netze einstellen und sich diese als Vertriebsweg für Transaktionen erschließen.

Ferner sollte auf kommunaler, Länder- und nationaler Ebene über eine Grundversorgung im Bereich elektronischer Dienste nachgedacht werden. Unter eine solche Grundversorgung sollte zum Beispiel eine allgemeine Versorgung mit E-Mail-Möglichkeiten fallen. Ein weiteres Engagement dürfte in ländlichen und peripheren Regionen sinnvoll sein, wo es sich aus der Sicht der Privatwirtschaft nicht lohnt, ausschließlich mit Eigenmitteln Online-Märkte aufzubauen. Schließlich ist es im Rahmen lokaler und regionaler Kulturpolitik erwägenswert, die bunte Welt der Werbung und des Entertainments durch hochinteraktive und qualitativ hochwertige Informations-, Bildungs- und kulturelle Angebote zu ergänzen, auch wenn damit notwendigerweise die gegenwärtige Angebotsstruktur an "Kulturgütern" auf örtlicher Ebene zu modernisieren ist.

4.3 Elektronische Dienste als Bausteine in regionalen und lokalen Innovationsverbünden

Nicht jede Innovation ist lokal oder regional, aber sehr viele Innovationen sind es. Hier läßt sich eine Vielzahl von Sternstunden in der Kulturgeschichte der Menschheit vom Athen des Perikles über die Renaissance in Florenz bis zu umstürzenden Neuerungen in der Physik an der Universität Göttingen anführen. Alle diese "Sternstunden" wären ohne die direkten Interaktionen der Protagonisten undenkbar gewesen. "Route 128" und "Silicon Valley" sind Beispiele dafür, wie eine regionale Symbiose aus Forschungslabors und innovationsfähigen Unternehmen Durchbrüche in der Grundlagenforschung zur raschen Entwicklung unmittelbar marktfähiger Produkte und Dienstleistungen nutzte.

Immer wieder ist versucht worden, das Erfolgsrezept etwa von "Silicon Valley" rund um die Universität von San Francisco beispielsweise mit Technologieparks nachzuahmen. Solche Initiativen konnten scheitern, weil ihnen zu hohe Erwartungen zugrundelagen, weil eine bahnbrechende Basiserfindung mit einer Vielzahl von Anwendungsmöglichkeiten fehlte, weil die Organisation räumlicher Nähe nicht ausreichente, um eine Kooperation zwischen möglichen Partnern wirklich sicherzustellen, und weil man nicht genau wußte, wie es kommt, daß der zündende Kooperationsfunke überspringt und bestehende Kooperationspotentiale tatsächlich optimal ausgeschöpft werden. Auch sind bei der Organisation von Technologieparks häufig starke Partner zusammenzubringen, die in jedes Kooperationsgespräch die eigenen etablierten Interessen einbringen, nicht zu reden davon, daß es innovationsunfähige Individuen und Einrichtungen gibt.

In Deutschland wurden im Zusammenhang mit regionalen und lokalen Innovations- und Informationsverbünden vor allem die Forschungskapazitäten der Hochschulen und die Anwendungspotentiale ihres regionalen Umfeldes als mögliche Kerne solcher Verbünde entdeckt. Die Erfolge der darauf aufbauenden regionalen und kommunalen Wirtschaftsförderung fielen eher bescheiden aus, teils weil die Strukturen der Hochschulforschung und die Struktur der Wirtschaft im regionalen Umfeld zu wenig übereinstimmten, teils weil die Strukturen der Universitäten - weniger der Fachhochschulen - noch zu verkrustet waren, um sich ausreichend den Belangen der Wirtschaft öffnen zu können. Manchmal mochte es scheinen, als ob die an den Hochschulen eingerichteten Technologietransferstellen mehr den Public Relations der Hochschulen als dem Technologietransfer dienten.

Bei aller Kritik an der Effizienz der getroffenen Maßnahmen im Detail gibt es für die dargestellten Konzepte keine prinzipielle Alternative: Auch wenn der Erfolg von Silicon Valley nur sehr selten wiederholt werden kann, so existieren doch in vielen Regionen bedeutende Kooperationspotentiale, die, würde man sie nur bündeln, Innovationen wahrscheinlicher machten. Eine solche Bündelung läßt sich im Prinzip mit geringen finanziellen Mitteln anregen und aufrechterhalten.

Soweit bekannt, wurde bislang nicht ausdrücklich versucht, elektronische Dienste zum Schwerpunkt oder wichtigen Baustein im Konzept eines Technologieparks oder des Technologietransfers zwischen Forschung und Entwicklung zu machen, obgleich solches angesichts der Wachstums- und Innovationspotentiale elektronischer Dienste naheläge.

Kommunale und regionale Wirtschaftsförderung sollten daher prüfen, ob eine Förderung der folgenden Maßnahmen im Rahmen eines Gesamtkonzeptes für einen regionalen/lokalen Innovations- und Informationsverbund in ihrer Region Sinn macht:

- Informationsversorgung der Wirtschaft oder wichtiger Wirtschaftssektoren einer Stadt oder einer Region durch elektronische Dienste;
- Kooperation der Wirtschaft einer Region über elektronische Medien - Entwicklung von exportfähigen Modell-Lösungen;
- Eröffnung elektronischer Börsen auf regionaler und lokaler Ebene sowohl für Business-to-Business- als auch für Business-Consumer-Transaktionen;
- gemeinsames Marketing der Wirtschaft oder wichtiger Wirtschaftssektoren einer Stadt im Internet und
- Aufbau eines Technologieparks rund um elektronische Medien.

Allerdings kann insbesondere der letzte Punkt nur dann erfolgversprechend in Angriff genommen werden, wenn bereits beträchtliche Kooperationspotentiale existieren. Ein Beispiel für eine infragekommende Region ist neben München der Wirtschaftsraum Hamburg, der gegenüber Frankfurt im Bereich "elektronischer Dienste" ins Hintertreffen geraten ist. Hier bestehen beträchtliche Forschungspotentiale etwa an der TU Harburg und der FH Hamburg und erhebliche Anwendungspotentiale in national bedeutenden Großverlagen, nicht zu vergessen ein mittelständischer Informationsanbieter von europäischer Bedeutung wie "Wer liefert was?" und eine aktive Informationsvermittlungsszene.

5 Zusammenfassende regionalpolitische Schlußfolgerungen

(1) Im Bereich "elektronischer Dienste" besteht ein Nachholbedarf an einer regionenbezogenen Diskussion. Bislang wurde häufig mehr oder weniger stillschweigend vorausgesetzt, daß sich "elektronische Dienste" wie von selbst auf der internationalen und globalen Ebene durchsetzen ("Globales elektronisches Dorf"), so daß kein Bedarf an einer Informationspolitik auf den verschiedenen regionalen Ebenen besteht. Zu anderen Schlußfolgerungen gelangt man, wenn man von der Annahme ausgeht, daß sich elektronische Märkte im Wechselspiel zwischen Tendenzen der Internationalisierung und Globalisierung auf der einen Seite, Tendenzen der Regionalisierung und Lokalisierung auf der anderen entwickeln.

(2) Wohl gibt es tatsächlich eine sich auf elektronische Dienste beziehende ("Informations"-)Politik. Diese konzentriert sich jedoch sehr weitgehend auf nur

- einen Träger (den Nationalstaat);
- ein Konzept ("Wettbewerb der Weltregionen");
- sehr wenige Ziele (solche der Wachstums- und Arbeitsmarktpolitik) und
- ein Instrument (das der Technologiepolitik).

Eine solche konzeptionelle und pragmatische Anämie kann auf die Dauer nur kontraproduktiv sein. Ein weiterer Kritikpunkt lautet, daß regionenbezogene Politik nicht als Regionalpolitik verstanden wird. Das bedeutet zum Beispiel, daß die in der Regionalpolitik entwickelten Konzepte und Instrumente (in Deutschland zum Beispiel im Rahmen der Gemeinschaftsaufgabe) nicht auf den Bereich "elektronischer Dienste" angewendet werden und kein Know how-Transfer von der nationalen auf die supranationale und internationale Ebene noch auf die Länder- und kommunale Ebene stattfindet.

(3) In der Tat kann sich Informationspolitik nicht frontal gegen bestehende zentrale Entwicklungstendenzen durchsetzen. Wohl aber ist es politisch möglich, diesen

Trend zu beschleunigen oder zu verlangsamen sowie qualitativ "anzureichern". Auch kann nicht ein für allemal prinzipiell entschieden werden, ob Informationspolitik initiativ tätig werden soll. Vielmehr kommt es auf die konkrete empirische Situation an, beispielsweise darauf, ob bestimmte "kritische" Schwellenwerte überschritten werden.

(4) An zentralen Trends der Internationalisierung und Globalisierung, an denen eine regionenbezogene Politik für den Bereich "elektronische Dienste" sinnvoll ansetzen kann, sind zu identifizieren: Entwicklung der Netzwerke und der weiteren technischen Informationsinfrastruktur, technische Entwicklung bei elektronischen Diensten, stärker werdende globale und internationale Nutzungsgemeinschaften sowie die internationalen Orientierungen der Informationspolitik. Als Trends der Regionalisierung und Lokalisierung, die durch Regionalpolitik mitgestaltet werden können, sind auszumachen: positiv bewertete regionale Identitätsbildungen, elektronische Dienste als notwendige Ergänzung regionaler und lokaler Märkte sowie elektronische Dienste als notwendige Bausteine in regionalen und lokalen Informations- und Innovationsverbünden.

(5) Globale informationspolitische Ziele sollten aus Effizienzgründen im Regelfall von Einrichtungen mit einem globalen Kompetenzbereich, supranationale (zum Beispiel auf Europa bezogene) Ziele von Einrichtungen mit einem supranationalen Kompetenzbereich usw. angestrebt werden. Soweit ein Bedarf an globaler, internationaler, supranationaler, regionaler (unterhalb der nationalstaatlichen Ebene) und kommunaler Informationspolitik existiert, sollten zusätzlich zu den gegenwärtig eindeutig dominierenden nationalen Informationspolitiken weitere Träger für den Bereich "elektronische Dienste" auf anderen regionalen Ebenen entstehen. Allerdings ist mit dem Widerstand der nationalstaatlichen Ebene als dem bisherigen Träger der Informationspolitik gegen die Abgabe von Kompetenzen zu rechnen.

(6) Richtig an dem die Informationspolitik derzeit beherrschenden Paradigma "Wettbewerb der Weltregionen" ist, daß relativ zu den Nordamerikanern ein Nachholbedarf der Europäer und Japaner besteht, und daß diese Regionen am ehesten die Chance haben, gegenüber den Vereinigten Staaten aufzuholen. Das Konzept hat jedoch bemerkenswerte Schwächen:

- Weitere Weltregionen werden systematisch ausgeblendet, obgleich mittlerweile in einer Reihe von ihnen "Informationsszenen" entstanden sind und hier wesentliche Geschäftschancen für die Zukunft entstehen.

- Auch der Standortwettbewerb auf nationalen Binnenmärkten wird systematisch ausgeblendet. Beispielsweise müssen Medienstandorte wie Hamburg oder München ein Interesse daran haben, ihre bestehenden Chancen zu nutzen, zum führenden Standort im Bereich "elektronischer Medien", nämlich Frankfurt, aufzuschließen und dabei die Instrumente ihrer Wirtschaftsförderung einzusetzen.

- Es werden die von den Amerikanern gesetzten Spielregeln übernommen. Das bedeutet, daß die Europäer dort aufzuholen haben, wo die Amerikaner (vor allem technologische) Vorsprünge erzielt haben. Damit wird a priori auf Chancen verzichtet, eigene Durchbrüche und paradigmatische Wechsel in der Markt- und Branchenentwicklung zu erzielen.

- Das Konzept "Wettbewerb der Weltregionen" spiegelt nur einen Teil der im Bereich "elektronischer Dienste" relevanten Wirklichkeiten wider und sollte durch weitere Sichtweisen ergänzt werden.

(7) Im Rahmen des Konzeptes "Wettbewerb der Weltregionen" werden fast ausschließlich wachstums- und arbeitsmarktpolitische Ziele angestrebt. Es gibt aber weitere für den Bereich "elektronischer Dienste" relevante regionalpolitische Ziele:

- sozialpolitische und verteilungspolitische Ziele, mit denen auf allen regionalpolitischen Ebenen Chancen auf eine Grundversorgung mit elektronischen Diensten sichergestellt und Hilfen für eine darauf aufbauende Entwicklung aus eigener Kraft sichergestellt werden;

- kulturpolitische Ziele, mit denen regionale Kulturen gegen die dritte amerikanische Überschwemmung, nach Hollywood-Filmen und Popmusik die PC-gestützte Verbreitung von Entertainment-Titeln, verteidigt werden; und

- rechtspolitische und weitere Ziele, mit denen stabile Rahmenbedingungen für globale Märkte geschaffen und universale Werte wie die Menschenrechte gegen den Mißbrauch in Online-Netzen verteidigt werden sowie

- die allgemeine Stärkung der Demokratie.

(8) Zwischen den angeführten informationspolitischen Zielen bestehen mehr Zielkonkurrenzen als Zielkompatibilitäten. Die rasche Förderung elektronischer Dienste mag das Wachstum fördern. Doch kann das auf Kosten von Arbeitsplätzen gehen, da elektronische Dienste ein scharfes Rationalisierungsinstrument sind. Wohl mögen elektronische Dienste die Wettbewerbsfähigkeit der nutzenden Unternehmen stärken und auf diese Weise Arbeitsplätze sichern. Andererseits werden auf der Anbieterseite relativ wenige Arbeitsplätze geschaffen. In jedem Fall sind große, an elektronische Dienste geknüpfte arbeitsmarktpolitische Hoffnungen illusionär.

Zwischen wachstumspolitischen Projekten, mit denen eine Technologie marktfähig gemacht werden soll, und sozialpolitischen Projekten zur Herstellung allgemeiner Chancen auf eine Grundversorgung, besteht eine Konkurrenz um knappe Budgetmittel. Diese auszubalancieren, muß aktuell schwieriger werden, da sich die Konsolidierungsprobleme öffentlicher Haushalte auf allen Ebenen verschärfen.

Wer eine international wettbewerbsfähige europäische Industrie im Bereich elektronischer Dienste propagiert, wird womöglich zuzulassen haben, daß diese nach Inhalten und Gestaltung amerikanischer als die der Amerikaner sind. Das widerspräche jedoch dem kulturpolitischen Ziel einer Verteidigung regionaler Kulturen.

Jedoch gibt es auch Zielkompatibilitäten. Das gilt insbesondere für den Bereich der Qualifikationspolitik, wo wachstums- und sozialpolitische Ziele gemeinsam angestrebt werden können. Im Bereich der Rechtspolitik kann es unternommen werden, widerstreitende Interessen, zum Beispiel "Meinungsfreiheit versus unethische Inhalte im Internet", auszubalancieren. Diktaturen mögen die Erfahrung machen, daß sie nicht die Wachstumspotentiale elektronischer Dienste freisetzen können, ohne daß die politische Mündigkeit ihrer Bürger gestärkt wird.

Sozial- und kulturpolitische Ziele lassen sich den Trägern der Regionalpolitik am ehesten nahebringen, indem man auf bestehende Kompatibilitäten mit wachstums- und arbeitsmarktpolitischen Zielen verweist

(9) Mit Informationspolitik als Technologiepolitik werden bei weitem nicht alle Möglichkeiten ausgeschöpft, wenn man sich ausschließlich auf die nationalstaatliche Ebene als Träger (eventuell plus einzelner supranationaler Ansätze) verläßt. Insbesondere im Rahmen regionaler und lokaler Informations- und Innovationsverbünde gab es sowohl bahnbrechende Erfolge als auch enttäuschende Erfahrungen. "Elektronische

Dienste" standen bislang nicht im Mittelpunkt solcher Informations- und Innovationsverbünde und waren nicht einmal ein zentraler Baustein. Entsprechende Versuche an Standorten mit ausreichendem Medienpotential sind jedoch - das richtige Konzept und eine ausreichende Kooperationsfähigkeit vorausgesetzt - vielversprechend.

(10) Die Europäer haben mehrfach die Erfahrung gemacht, daß sie einen eng definierten Technologiewettbewerb nicht gewinnen können. Wenn nämlich den Europäern eine Aufholjagd zu gelingen schien, kamen die Amerikaner an einer anderen Stelle zum Durchbruch, so daß das technologische Paradigma umdefiniert wurde. Die Japaner haben aus ähnlichen Erfahrungen die Schlußfolgerung gezogen, den Amerikanern die technologischen Durchbrüche zu überlassen und sich selbst auf die Umsetzung technischer Möglichkeiten in marktnahen Produkten zu konzentrieren. Damit haben sie Erfolg.

Auch die Europäer sollten sich im "Wettbewerb der Weltregionen" nicht ausschließlich auf Technologiepolitik verlassen. Alternative oder ergänzende Möglichkeiten sind:

- Qualifikationspolitik. Dabei sollte sowohl eine breite Basis an Grundqualifikationen geschaffen als auch Spitzenleistungen bei Individuen und Einrichtungen ermöglicht werden. Auf diese Weise können die Europäer zwar nur langfristig, dafür aber mit einer größeren Wahrscheinlichkeit als bei technologiepolitischen Projekten in die Lage versetzt werden, ihre "eigenen" Erfindungen zu machen und auch einmal an den Nordamerikanern vorbeizuziehen;

- Außenhandelspolitik, insbesondere Maßnahmen der Kooperationsförderung mit Informationsanbietern und weiteren Partnern in bislang nahezu vergessenen Weltregionen (zum Beispiel Ferner Osten, Lateinamerika, Naher und Mittlerer Osten, Osteuropa). Solche Maßnahmen dienen über die Herstellung von Transparenz über die Angebote der eigenen Volkswirtschaft in Online-Netzen der allgemeinen Exportförderung.

(11) Wachstums- und Arbeitsmarktpolitik haben insoweit kompatible Bereiche, als die kurzfristige Arbeitslosigkeit über eine Erhöhung der Arbeitsmarkttransparenz verringert werden kann. Hier können elektronische Dienste beispielsweise im Rahmen von Jobbörsen wertvolle Dienste leisten. Ferner muß sich Arbeitsmarktpolitik nicht

nur auf die Zahl der Arbeitsplätze beziehen. Weitere Interessen der Arbeitnehmer sind zum Beispiel Einkommenshöhe und gerechte Einkommensstruktur, optimaler Arbeitseinsatz und weitgehende Nutzung der erworbenen Qualifikationen, Weiterbildungs- und Karrierechancen, überhaupt "Quality of Work". Entsprechende Optimierungssysteme kommen nicht ohne elektronische Dienste aus und könnten erstmalig für die Anbieter elektronischer Dienste entwickelt und dort eingesetzt werden.

(12) In den Bereichen sozial- und verteilungspolitischer Ziele werden globale und kommunale Träger am meisten vermißt. Das gilt für globale Träger, weil diese am ehesten geeignet sind, globale Probleme in Angriff zu nehmen. Das gilt für kommunale Träger, weil sie am besten geeignet sind, Maßnahmen des "Fine Tuning" für bestimmte Zielgruppen zu entwickeln und zu erproben sowie regionenbezogene Maßnahmen der Informations-Gesamtversorgung zu entwerfen und einzuführen. In Schwarzafrika ist eine Grundversorgung mit elektronischen Diensten nahezu ausgeblieben, und es könnte in vielen Ländern der Dritten Welt zu Polarisierungsprozessen zwischen Information "Haves" und "Have Nots" gekommen sein. Alle Maßnahmen der PC-Alphabetisierung in den entwickelten Ländern beziehen sich auf junge Menschen, so daß für höhere Altersgruppen weitgehende Benachteiligungen entstehen. Zu einer flächendeckenden Informations-Grundversorgung sollten hier - unter Umständen an zentraler Stelle zu verwaltende - elektronische Postfächer gehören. Potentielle Vermittlungsagenturen für eine kommunale Informations-Gesamtversorgung (inklusive vorbereitende Awareness-Maßnahmen) existieren bereits. Das sind insbesondere die Volkshochschulen und die städtischen Bibliotheken.

(13) Das kulturpolitische Ziel einer Verteidigung regionaler Kulturen kann infragegestellt werden, indem "Amerikanisierung" auch als globale mehr oder weniger unabwendbare "Modernisierung" (in der die Amerikaner lediglich führend sind) gesehen werden und weil regionale Kulturen durch Trends der Internationalisierung und Globalisierung immer weiter relativiert werden. Dies gilt umso mehr, als mit diesen Trends immer neue "sektorale Kulturen" in den Bereichen Beruf, Religion, Freizeitgestaltung usw. entstehen.

Auch wenn man der Ansicht ist, daß die neuen Sektoralisierungen nicht ausreichen, um bestehende regionale Kulturen zu ersetzen, können die bestehenden kulturpolitischen Maßnahmen wie Quotenregelungen im Fernsehen und Subventionierung der heimischen Filmproduktion aus Effizienzgründen kritisiert werden, wenn solche Maßnahmen in die Provinzialisierung führen. Eine Alternative besteht darin, elektronisch basierte regionenbezogene "Kulturen" mit einem hohen Interaktivitätsgrad, beispielsweise qualitativ hochwertige Chat-Gemeinschaften, in Online-Netzen zu erproben und zu fördern.

(14) Eine internationale Rechtspolitik ist unverzichtbar, um Standards, die auf anderen Märkten beziehungsweise für Printdienste gelten, durchzusetzen und Zielkonflikte auszubalancieren, dies alles unter ausreichender Berücksichtigung der Spezifika elektronischer Dienste. Beispiele sind Transaktionssicherheit, Eliminierung ungesetzlicher und unethischer Inhalte im Internet, ohne das Grundrecht auf Meinungsfreiheit zu verletzen sowie Copyright versus allgemeiner Zugang zu Informationen. Bei der Rechtspolitik handelt es sich im Bereich "elektronischer Dienste" insoweit um einen Ausnahmebereich, als es für eine internationale Rechtspolitik keines Trägers mit globalen Kompetenzen bedarf. Eine Alternative ist ein Konsens der Nationalstaaten, der durch Selbstverpflichtungen der Anbieter und eine Kontrolle durch die nationalen Öffentlichkeiten ergänzt wird. Diese Alternative ist eine bessere, weil auf diese Weise auch die Umsetzung des Konsenses in den Nationalstaaten und die "Compliance" aller Beteiligten an die einmal erreichten Regelungen gefördert wird. Ineffizient sind hingegen rechtspolitisch wirksame Prozesse im Bereich des "Copyright versus Access", da die Beteiligten auf diese Weise ihrer Verantwortung, zu einer einvernehmlichen Gesamtlösung zu kommen, nicht gerecht werden, und die Gerichte für die Spezifika elektronischer Dienste nur bedingt kompetent sind.

Betriebliches Informationsverhalten im Online-Bereich

von
Carsten Becker

1 Einführung

Mit elektronischen Medien hat sich in jüngerer Zeit ein Informationsmedium zu etablieren begonnen, das das betriebliche Informationsverhalten grundlegend verändern wird (vgl. dazu z.B. *Picot/Reichwald* 1994). Das Potential von Online-Medien liegt vor allem darin, daß Informationen unabhängig von Zeit und Raum in hoher Geschwindigkeit ausgetauscht werden können. Im Vergleich zu herkömmlichen Informationsquellen bietet die Nutzung elektronischer Medien den Betrieben bzw. Unternehmen die Chance, sich sehr umfassend und insbesondere systematisch mit aktuellen Informationen versorgen zu können. Letzteres ist von hoher strategischer Relevanz, bedenkt man, daß der Unternehmenserfolg in Anbetracht der Komplexität und Dynamik heutiger Markt- und Innovationsprozesse entscheidend vom Zugang zu den "richtigen" Informationsquellen abhängt. Über die "richtigen" Informationen zu verfügen bedeutet, das Risiko, Fehlentscheidungen zu treffen, zu reduzieren. Gleichzeitig können durch Informationen Entscheidungen ausgelöst werden, welche die weitere Unternehmensentwicklung u.U. maßgeblich beeinflussen (z.B. Informationen über neue Märkte, neue Produktideen).

Bislang liegen nur wenige Informationen vor, in welchem Ausmaß elektronische Medien bereits von den Unternehmen genutzt werden und welche Faktoren die Adaption dieser neuen Technik beeinflussen. Diesen Fragen soll in diesem Beitrag auf der Basis einer empirischen Untersuchung vertiefend nachgegangen werden.[1] In Abschnitt 2 werden zunächst einige grundlegende Fragen zum Aufbau der Untersuchung und zur Datengrundlage beantwortet. Danach werden in Abschnitt 3 Ergebnisse der empirischen Untersuchung zur Nutzung von Online-Datenbanken präsentiert und die zentralen Nutzungsdeterminanten herausgearbeitet. Abschließend werden die wichtigsten Ergebnisse in Abschnitt 4 zusammengefaßt.

---

1 Die Untersuchung wurde im Rahmen der Evaluation des "Fachinformationsprogrammes 1990-1994 der Bundesregierung" im Auftrag des Bundesministeriums für Forschung und Technologie durchgeführt. Vgl. im einzelnen *GIB/Prognos* 1995.

2 Datengrundlage und Aufbau der Untersuchung

Die nachfolgenden Untersuchungsergebnisse basieren auf einem Datensample von 286 Unternehmen im produzierenden Gewerbe (vorrangig Metallbranche). Das Informationsverhalten der Unternehmen wurde im Rahmen von telefonischen Interviews untersucht. Im Gegensatz z.B. zu einer postalischen Befragung haben Telefoninterviews die Vorteile, daß die Interviewer gezielter nachfragen können und eine größere Anzahl an Variablen erhoben werden kann.

Die Untersuchung wurde so aufgebaut, daß neben der Datenbanknutzung auch die Nutzung alternativer Informationsquellen erfaßt wurde. Zu den angestammten Informationsquellen der Unternehmen zählen insbesondere (vgl. z.B. *Pieper* 1986; *Staudt, Bock, Mühlemeyer* 1992): Printmedien, Messen, Kongresse, informelle Kontakte und externe Informationsvermittler.

Die Wahl der einzelnen Informationsquellen hängt von mehreren Einflußgrößen ab, deren Bedeutung im Rahmen der vorliegenden Untersuchung ebenfalls erhoben wurde. Neben dem Einfluß allgemeiner Unternehmensmerkmale (insb. Unternehmensgröße, EDV-Ausstattung und Innovationsintensität) wurden die betrieblichen Rahmenbedingungen der Informationsnachfrage, die Schwierigkeiten der konventionellen Informationsbeschaffung sowie das Informationsverhalten der betrieblichen Entscheidungsträger einbezogen.

Die Defizite der (herkömmlichen) Informationsbeschaffung sind für die Einsatzmöglichkeiten von Datenbanken insofern von Bedeutung, als Unternehmen die angestammten Beschaffungswege i.d.R. nur dann substituieren, wenn die neuen Informationsmedien eine höhere Profitabilität versprechen. Die Einschätzung der Vorteilhaftigkeit wiederum hängt davon ab, wie gut die Unternehmen über die Nutzungsmöglichkeiten von Datenbanken informiert sind. Eine wichtige Rolle kann in diesem Zusammenhang auch die private Auseinandersetzung der betrieblichen Entscheidungsträger mit neuen Informationstechniken bzw. ganz allgemein die Aufgeschlossenheit gegenüber neuen Techniken spielen.

3 Ergebnisse zum betrieblichen Informationsverhalten im online-Bereich

3.1 Bestandsaufnahme des Informationsverhaltens

3.1.1 Datenbanknutzung

Zur Informationsbeschaffung werden von 54% der befragten Unternehmen Datenbankrecherchen durchgeführt. Der Datenbankzugriff kann dabei entweder über CD-ROM (offline) oder über die Datenfernübertragung (online) erfolgen.

Wie Abbildung 1 verdeutlicht, teilen sich die Nutzer von Datenbanken wie folgt auf: 24% der Unternehmen nutzen Online-Datenbanken, 9% CD-ROM-Datenbanken und schließlich 21% beide Medien.

Abb.1: Nutzung elektronischer Medien

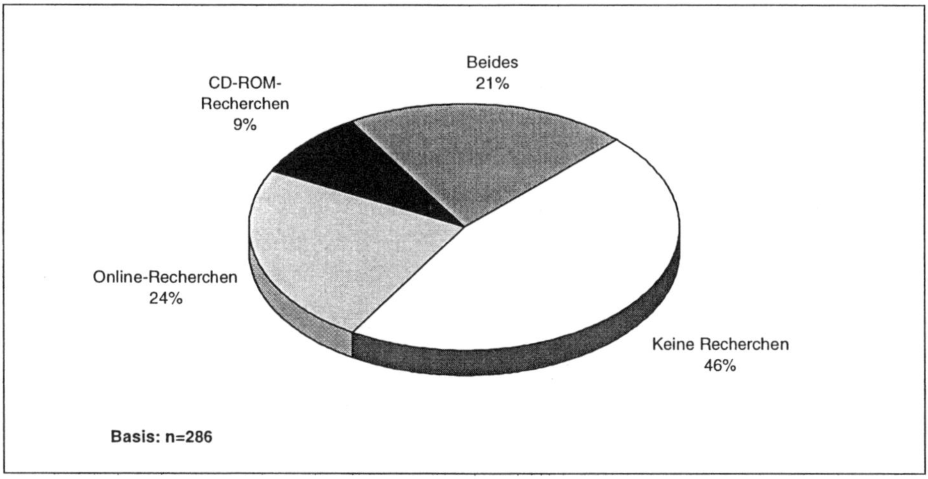

Was den zeitlichen Einstieg betrifft, hat der überwiegende Teil der befragten Unternehmen im Zeitraum 1992-1994 mit der Nutzung elektronischer Medien begonnen. In diesem Zeitraum sind 25% aller befragten Unternehmen in die Online-Recherchen bzw. 23% in die CD-ROM-Recherche eingestiegen (vgl. Abbildung 2).

Abb. 2: Zeitlicher Einstieg in die Nutzung (kumulativ)

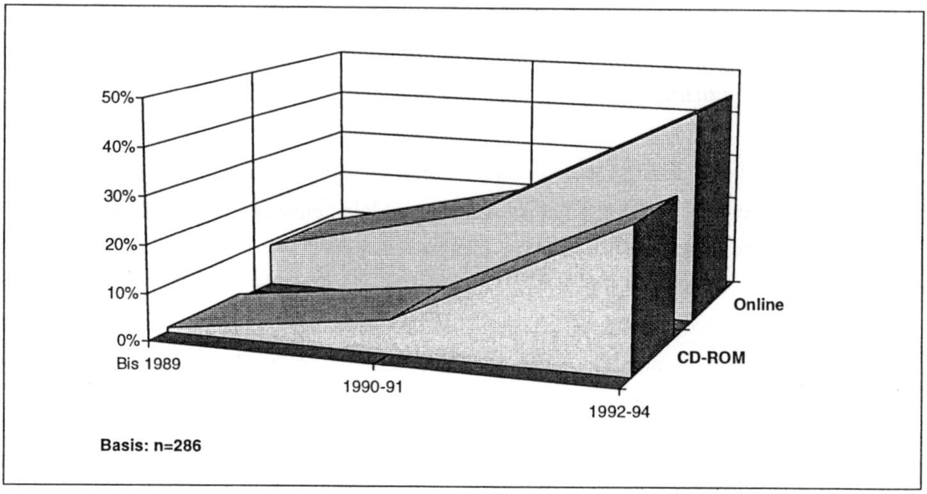

3.1.2 Bedeutung einzelner Informationsquellen

Im folgenden soll die Bedeutung elektronischer Medien im Vergleich zu den konventionellen Informationsquellen betrachtet werden. Die Bedeutung der verschiedenen Beschaffungswege kann sowohl am Wert der Information für das Unternehmen als auch an der Menge der aus verschiedenen Quellen bezogenen Informationen gemessen werden.

Bei der Frage, welchen Wert die aus den verschiedenen Informationsquellen bezogenen Informationen für die eigenen Aktivitäten haben, wurden die Unternehmen gebeten, Rangplätze von 1 bis 5 zu vergeben, wobei der wichtigsten Quelle der Rangplatz 1, der am wenigsten wichtigen der Rangplatz 5 zugeordnet werden sollte. In Abbildung 3 sind die arithmetischen Mittelwerte über die Rangplätze angegeben.

Die Bedeutung von Datenbankrecherchen, gemessen am Wert der erhaltenen Informationen, ist im Vergleich mit Messen/Kongressen, informellen Kontakten und Printmedien/Bibliotheken derzeit (noch) eher gering. Die überwiegende Mehrheit der Unternehmen nutzt vorzugsweise informelle Kontakte, Veranstaltungen und Printmedien/Bibliotheken für die Beschaffung betriebsrelevanter Informationen.

Abb. 3: Relative Bedeutung von Informationsquellen

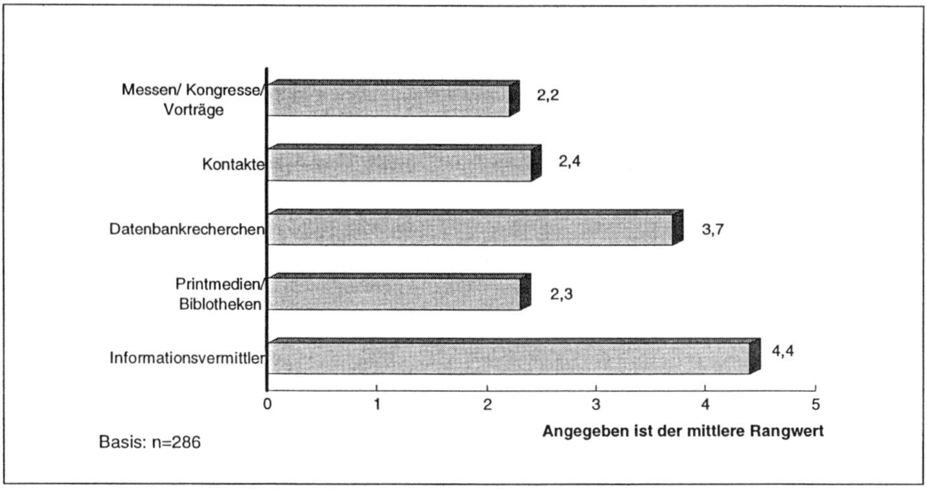

Im Vergleich mit herkömmlichen Informationsquellen besitzen Datenbanken in Hinblick auf die mengenmäßig bezogene Information ebenfalls nur eine untergeordnete Bedeutung. Nur 13% der beschafften Informationsmenge (9% Online-Datenbanken, 4% CD-ROM) wird via Datenbankrecherche gewonnen. Betrachtet man allein die aus Datenbanken bezogenen Informationen und differenziert diese nach Themenbereichen und Informationsarten zeigt sich, daß der überwiegende Teil der bezogenen Informationen aus dem Bereich Wissenschaft/Technik kommt (61%). Zu etwa gleichen Teilen handelt es sich dabei um Literatur- (45%) und Faktenwissen (55%).

Bei der Interpretation der Angaben in Abbildung 4 ist zu berücksichtigen, daß die ausgewiesenen arithmetischen Mittelwerte den Durchschnitt über alle befragten Unternehmen (also inkl. Nicht-Nutzer) wiedergeben, und somit die Bedeutung von Datenbanken insgesamt beschreiben. Beleuchtet man hingegen nur die Gruppe der Datenbank-Nutzer, so steigt der Anteil der Informationen, der aus Datenbanken bezogen wird, auf 27% (19% Online-Datenbanken, 8% CD-ROM).

Die Ergebnisse zur relativen Bedeutung elektronischer Medien können schließlich noch danach differenziert werden, wie viele Unternehmen Datenbankrecherchen als wichtigste Quelle der Informationsbeschaffung angeben: Festzustellen ist hier, daß 18% aller befragten Unternehmen bei Datenbankrecherchen einen Schwerpunkt setzen, was immerhin

Abb. 4: Relative Bedeutung von Beschaffungswegen und Informationsbedarfen

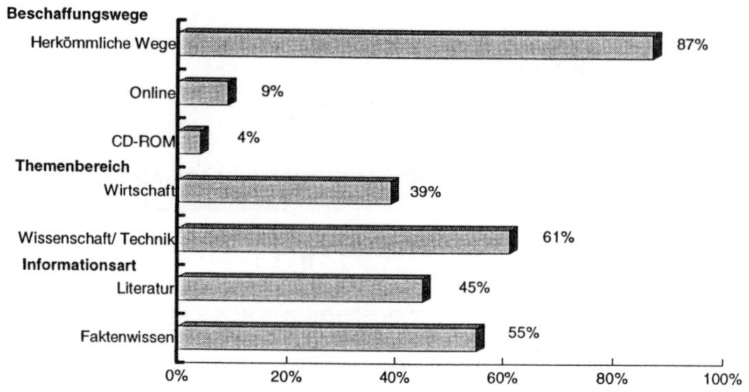

Basis: n = 286; n = 99 (Themenbereiche und Informationsarten)

bemerkenswert ist, wenn man bedenkt, daß insgesamt "nur" jedes zweite Unternehmen im Datensample elektronische Medien nutzt.

3.2 Potentielle Einflußgrößen der Datenbanknutzung

Im folgenden werden Nennungen zu Variablen aus der empirischen Untersuchung präsentiert, die einen Einfluß auf die betriebliche Datenbanknutzung ausüben können. Neben Unternehmensmerkmalen (Größe, EDV-Ausstattung, Innovationsintensität) zählen dazu die betrieblichen Rahmenbedingungen der Informationsnachfrage, die Defizite konventioneller Beschaffungswege sowie der Informationsstand über die Möglichkeiten der Datenbanknutzung.

3.2.1 Unternehmenscharakteristika

Die Verteilung der befragten Unternehmen nach Größenklassen kann der Abbildung 5 entnommen werden. Knapp die Hälfte der befragten Unternehmen hat zwischen 20 und 99 Mitarbeiter, der Anteil der Großunternehmen beträgt 18%.

Abb. 5: Verteilung der Unternehmen nach Bechäftigtengrößenklassen

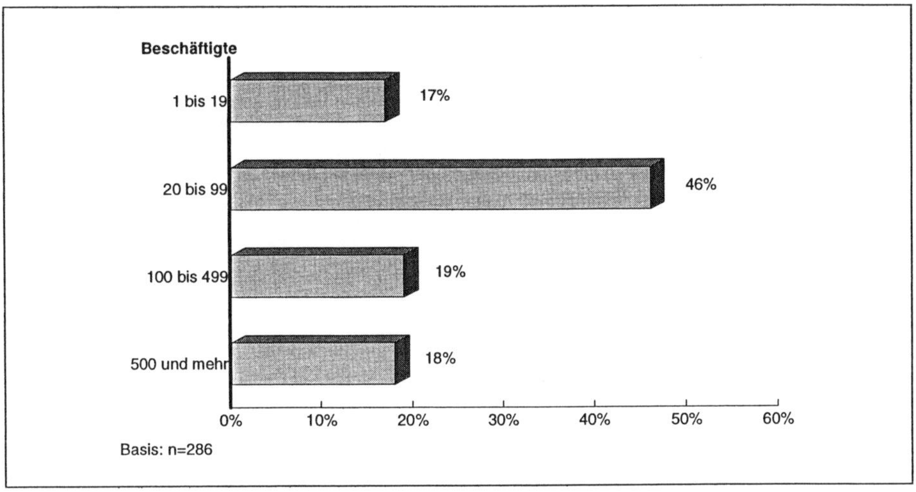

Wie in anderen Technikbereichen auch, ist zu vermuten, daß insbesondere die größeren Unternehmen zu den frühen Adaptoren elektronischer Medien gehören.[2] Größere Unternehmen sind u.a. häufiger im Bereich der Grundlagenforschung aktiv, so daß Datenbankrecherchen lohnen, da sie effektiv zur Erschließung von wissenschaftlich-technischem Faktenwissen beitragen. Demgegenüber agieren kleinere und mittlere Unternehmen häufiger im Bereich kundenspezifischer Produkte, wo vor allem die Informationsbeschaffung über Lieferanten und Kunden entscheidend ist. Entsprechend ist hier eine geringere Nutzungsintensität elektronischer Medien wahrscheinlich.

Die Ausstattung mit EDV-Technik stellt eine Grundlage dar, um neue Informationstechniken nutzen zu können. Wie Abbildung 6 verdeutlicht, verfügen 72% der Unternehmen über ein Modem und 63% über ein CD-ROM-Laufwerk. Die Möglichkeit, eines dieser beiden Zugriffsmedien zu nutzen, existiert für 88,5% der Unternehmen.

Weiterhin verfügen die meisten Unternehmen über eine entsprechende Computerausstattung im Bereich Verwaltung bzw. Konstruktion, so daß auch in dieser Hinsicht keine nennenswerten Nutzungshemmnisse existieren dürften.

---

2 Vgl. dazu z.B. *Maas* 1990, *Ewers, Becker, Fritsch* 1990, *Becker* 1992.

Abb. 6: EDV-Ausstattung der Unternehmen

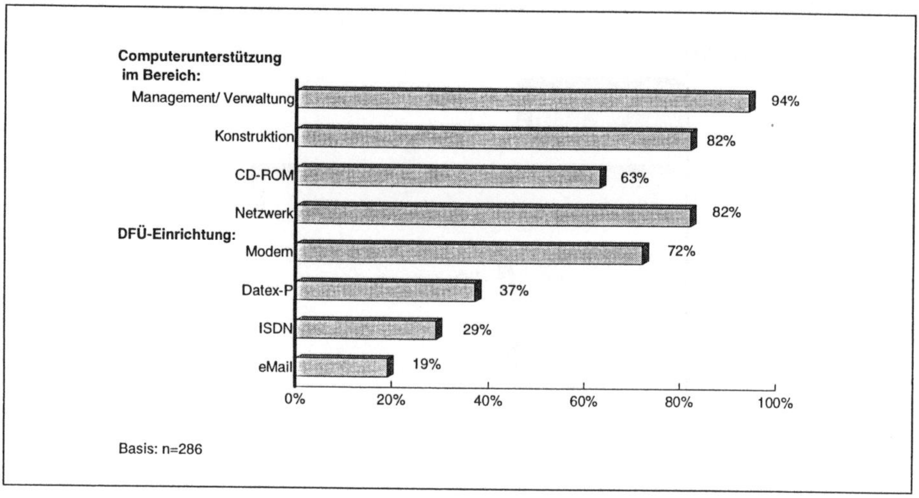

Ein Zusammenhang zwischen der Innovationsintensität der Unternehmen und der Nutzung von elektronischen Medien ist zu vermuten, weil auf Datenbanken eine Vielzahl von FuE-relevanten Informationen angeboten wird. Über die Innovationsintensität der befragten Unternehmen lassen sich folgende Aussagen treffen: Lediglich 5% der Unternehmen geben keinerlei Innovationsaufwendungen an. Rund jedes zweite Unternehmen im Datensample verwendet bis zu 10% des Umsatzes für Innovationsvorhaben. Bei weiteren 40% der Unternehmen liegt dieser Anteil zwischen 10 und 20%, bei den übrigen Unternehmen (knapp 10%) liegen die Anteile z.T. deutlich darüber.

3.2.2 Rahmenbedingungen der Informationsnachfrage

Die betrieblichen Rahmenbedingungen, welche die Suche nach relevanten Informationen beschreiben, sind für die Analyse der Datenbanknutzung von entscheidender Bedeutung, da sie die Anforderungen definieren, die ein Medium zur Informationsbeschaffung idealerweise erfüllen muß.

Ein Vorteil von Datenbanken besteht in der Möglichkeit, Informationen gezielt aus einer Vielzahl von Daten abrufen zu können. Es liegt daher auf der Hand, daß die Datenbankrecherche vor allem für solche Unternehmen lohnend ist, die große Datenmengen benötigen und/oder eine Vielzahl unterschiedlicher Informationen beziehen und verarbeiten müssen. Wenn den Betrieben jedoch häufiger unklar ist, welche Informationen überhaupt benötigt werden, oder wenn die Problemlösungsfindung nur "sukzessiv" erfolgen kann,[3] kann nicht davon ausgegangen werden, daß Datenbanken grundsätzlich immer sinnvoll zur Informationsbeschaffung eingesetzt werden können. Ein derartiger betrieblicher Kontext dürfte einer intensiven Datenbanknutzung eher entgegenstehen.

Abb. 7: Schwierigkeiten der Informationsnachfrage

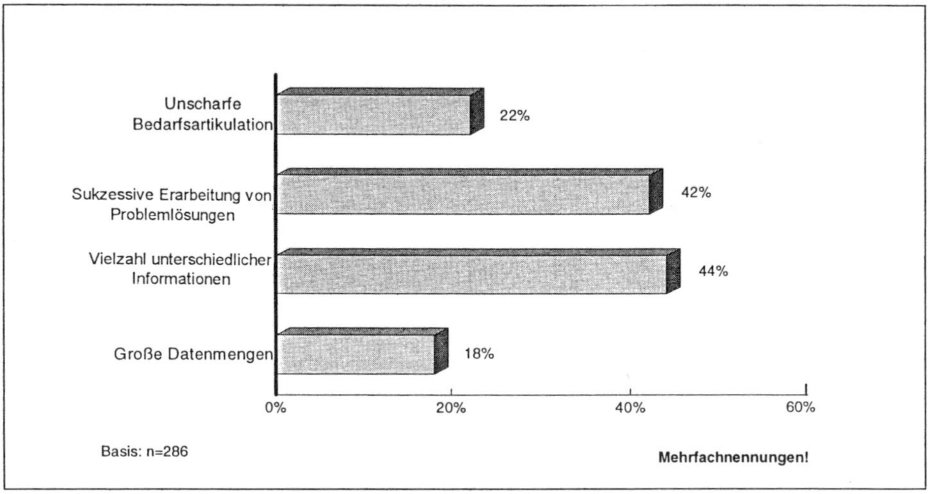

In den Abbildungen 7 und 8 sind die Schwierigkeiten der betrieblichen Informationsnachfrage sowie die sonstigen Rahmenbedingungen der Informationsnachfrage ausgewiesen. Bei rund 40% der Unternehmen trifft der Fall zu, daß benötigte Problemlösungen nur "sukzessiv" erarbeitet werden können. In diesem Fall, ebenso wie im Fall "unscharfer Bedarfsartikulation" (22% der Nennungen), dürfte die Informationsbeschaffung über andere Quellen häufig sinnvoller sein. Der Grund ist, daß die Informationssuchenden den Lösungsweg zumeist noch nicht kennen, und sich von daher schwer tun, in Datenbanken gezielt Informationen zu selektieren. Das Gesagte trifft mehr oder weniger auch für betriebliche Rahmenbedingungen zu, in denen es vor allem auf die Stimulierung von Krea-

3 Mit "sukzessiv" ist ein Prozeß der Informationsbeschaffung bezeichnet, bei dem Informationssuche, -selektion und Informationsbewertung u.U. in mehreren Runden vollzogen werden müssen. Um es an einem Beispiel zu verdeutlichen: Häufig müssen bei FuE-Vorhaben Technikexperten konsultiert werden, um (in der ersten Runde) zunächst die möglichen Problemursachen zu identifizieren. Darauf aufbauend können weitere Informationen eingeholt werden, bspw. über bereits erprobte technische Verfahren. Um diesbezüglich eine Auswahl treffen zu können, müssen wieder andere Informationen eingeholt werden, usw.

tivitätsprozessen oder um den Zugang zu fremden Wissensgebieten geht (vgl. Übersicht 8: 55% bzw. 46%).[4]

Abb. 8: Rahmenbedingungen der Informationsnachfrage

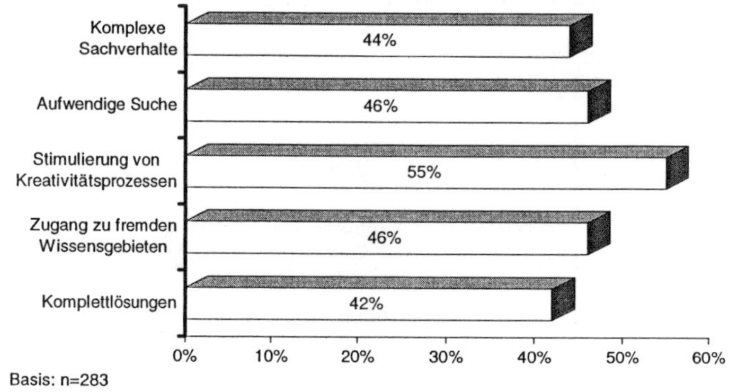

Um den Einfluß der betrieblichen Rahmenbedingungen auf die Wahl von Datenbanken als Informationsquelle besser bestimmen zu können, wurden die Variablen in den Abbildungen 7 und 8 im Rahmen einer Faktorenanalyse auf drei voneinander unabhängige Informationskontexte reduziert:[5]

Kontext 1: Bedarf an Kreativität/ Einstieg in neue Wissensgebiete.
Kontext 2: Sukzessive Bewertung von Problemlösungen/ unscharfe Bedarfsartikulation.
Kontext 3: Bedarf an großen Datenmengen/ unterschiedlichen Informationen.[6]

4 Die Stimulierung von Kreativität mittels Datenbanken wird aber dann deutlich zunehmen, wenn in größerem Umfang Volltextrecherchen (z.B. in elektronischen Zeitschriften) möglich sind.

5 Die Faktorenanalyse ist ein statistisches Verfahren zur Reduktion von Einflußfaktoren; vgl. z.B. *Backhaus u.a.*, 1990.

6 Diese Variablen werden in Abschnitt 3.3 im Rahmen der Diskussion der Ergebnisse multivariater Analysen wieder aufgegriffen.

3.2.3 Defizite konventioneller Beschaffungswege

Je stärker die betriebliche Informationsbeschaffung durch Defizite konventioneller Beschaffungswege behindert wird, desto höher ist die Wahrscheinlichkeit, daß der Einsatz von Datenbanken Vorteile bietet.

33% der befragten Unternehmen kritisieren, daß Informationen bei konventioneller Informationsbeschaffung unvollständig oder nicht mehr aktuell sind (vgl. Abbildung 9). Weiterhin wird die traditionelle Informationsbeschaffung von der Hälfte der Unternehmen als unsystematisch und wenig kontrollierbar bezeichnet (49%). Die aufwendige Suche nach den relevanten Informationen wird von 43% bemängelt. Ein weiterer Nachteil von konventionellen Informationsquellen ist schließlich, daß die betriebsinterne computergestützte Weiterverarbeitung bzw. die Verteilung der Informationen im Unternehmen ineffizient ist (36%).

Abb. 9: Defizite herkömmlicher Beschaffungswege

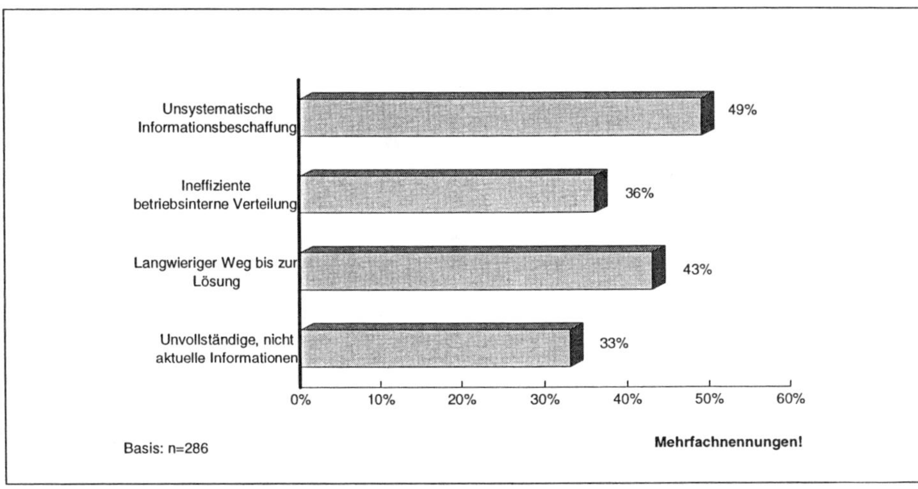

Derartige Medienbrüche können durch die Beschaffung elektronischer Dokumente besonders einfach aufgehoben werden, wenn die Information z.B. über ein elektronisches Mailsystem unternehmensweit (und darüber hinaus) verteilt wird. Sofern das Dokument in einem üblichen Dateiformat (z.B. HTML, Word) vorliegt, kann es auch problemlos weiterverarbeitet werden. Vor diesem Hintergrund ist daher zu vermuten, daß vor allem Unternehmen, die bereits über unternehmensinterne Datenbanken verfügen, die Vorteile von Datenbankrecherechen besonders hoch einschätzen (insbesondere, wenn diese in Intranet-Konzepte einbezogen werden können).

3.2.4 *Informationsstand über den Einsatz von Datenbanken*

Ein möglichst genauer Kenntnisstand über die Einsatzmöglichkeiten von Datenbanken in den für das Unternehmen relevanten Aktivitätsbereichen ist für eine effiziente Datenbanknutzung zwangsläufig von hoher Bedeutung. Bemerkenswert ist allerdings, daß die Hälfte der Unternehmen angibt, diesbezüglich nur vage Informationen zu besitzen (vgl. Abbildung 10).

Abb. 10: Gegenwärtiger Informationsstand hinsichtlich der Nutzung von Datenbankrecherchen

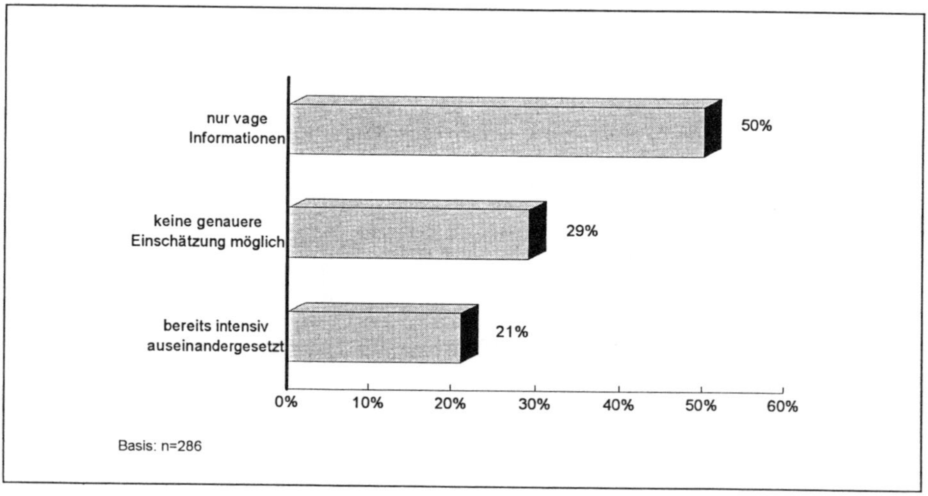

Zudem trauen sich weitere 29% der Befragten keine genauere Einschätzung zu, auch wenn sie das neue Medium schon genutzt haben.

Die Frage, welche Faktoren den Informationsstand der betrieblichen Entscheidungsträger beeinflussen, ist besonders schwer zu beantworten. Letztlich kann eine Vielzahl von unterschiedlichen Einflußfaktoren eine Rolle spielen, beispielsweise die individuelle Aufgeschlossenheit gegenüber neuen Techniken oder die Belastung des Management im Alltagsgeschäft. Eine besondere Rolle dürfte auch spielen, ob und inwieweit im privaten

Bereich eine Auseinandersetzung mit den neuen Medien stattfindet. Weil der Einstieg in elektronische Informations- und Kommunikationstechniken eine gewisse Mindestqualifikation voraussetzt, ist zu erwarten, daß besonders Personen, die sich privat für diese neuen Techniken interessieren, häufiger die Rolle von Promotoren im Unternehmen einnehmen und die Einführung elektronischer Medien vorantreiben.

3.3 Ergebnisse multivariater Analysen zum Online-Nutzungsverhalten

Das Online-Informationsverhalten kann in folgende Variablen unterteilt werden: a) Die Inanspruchnahme von Datenbanken, b) die Nutzungsintensität von Datenbanken sowie c) die Veränderung der Nutzungsintensität im Zeitablauf. Sämtliche drei Variablen wurden im Rahmen von multivariaten Analysen auf die jeweils zentralen Determinanten hin untersucht. In Tabelle 1 sind für alle drei Variablen die jeweils fünf wichtigsten Einflußgrößen zusammengetragen.[7]

Tab. 1: Determinanten des betrieblichen Online-Informationsverhaltens

	Inanspruchnahme von Datenbanken		**Nutzungsintensität von Datenbanken 1993**		**Veränderung der Nutzungsintensität 1990-93**	
1	Informationsstand	+	Betriebsindividuelle Vorteilhaftigkeit	+	Unternehmensinterne Computerausstattung	+
2	Beschäftigtenzahl	+	Kontext: Einstieg in neue Wisensgebiete	+	Zeitpunkt der ersten DB-Nutzung	+
3	Kontext: unscharfe Bedarfsartikulation	-	Unternehmensinterne Computerausstattung	-	Private DB-Nutzung	+
4	Private DB-Nutzung	+	Informationsstand	+	Intensive Nutzung traditioneller Quellen	-
5	Veränderung des Informationsverhaltens ggü. 1990	+	Kontext: Große Datenmenge	+	Defizite von Datenbanken	-

Wie Tabelle 1 verdeutlicht, hängt die Nutzung von Datenbanken in erster Linie vom persönlichen Informationsstand der betrieblichen Entscheidungsträger ab. M.a.W.: Jene Unternehmen, die sich schon mit dem neuen Medium auseinandergesetzt haben und des-

---

7 Aus Platzgründen sind nicht sämtliche Einzelzusammenhänge aufgeführt. Die Ergebnisse der multivariaten Analysen sind ausführlich in *GIB/Prognos* 1995 beschrieben.

sen Nutzen erkennen, zählen eher zu den frühen Adoptoren. Nicht weiter überraschend ist, daß die größeren Unternehmen häufiger Datenbankrecherchen durchführen (vgl. den positiven Zusammenhang zwischen der Datenbanknutzung und der Beschäftigtenzahl). Weiterhin kommt es häufiger zur Nutzung von Datenbanken, wenn auch im privaten Bereich Datenbanken genutzt werden und/oder wenn die Betriebe generell große Datenmengen zu verarbeiten haben. Unscharfe Bedarfsartikulation hingegen steht der Datenbankrecherche eher entgegen. Damit sind betriebliche Fälle gemeint, in denen die Unternehmen aufgrund ihrer gegebenen Produkt- und Aktivitätsstruktur häufig in der Situation sind, daß sie ihren Informationsbedarf nur schwer artikulieren können (z.B. bei FuE-Vorhaben).

Die *Nutzungsintensität* von Datenbanken hängt in erster Linie davon ab, wie vorteilhaft der Technikeinsatz im betrieblichen Einzelfall ist.[8] Bemerkenswert ist, daß auch die Nutzungsintensität von Datenbanken vom Informationsstand der betrieblichen Entscheidungsträger abhängt. Ebenso spielt eine Rolle, ob im privaten Bereich Datenbanken genutzt werden. Desweiteren schlagen die betrieblichen Rahmenbedingungen durch (vgl. Tabelle 1). Die Unternehmen nutzen Datenbanken relativ intensiv, wenn sie häufiger in neue Wissensgebiete einsteigen müssen und/oder wenn sie große Datenmengen verarbeiten müssen.

Die Determinanten, die die *Veränderung der Nutzungsintensität* im Zeitablauf bestimmen, sind ebenfalls in Tabelle 1 aufgeführt. Die Nutzungsintensität ist dann besonders gestiegen, wenn die Ausstattung der Unternehmen mit Computern bereits weit fortgeschritten ist. Darüber hinaus verzeichnen vor allem jene Unternehmen eine hohe Steigerung der Nutzungsintensität, die erst in den letzten Jahren mit Datenbankrecherchen begonnen haben. Berücksichtigt man, daß sich Datenbankrecherchen erst in den letzten Jahren stärker verbreitet haben, ist dieses Ergebnis weitgehend plausibel. Erwartungsgemäß haben Unternehmen mit einer geringeren Steigerung der Datenbanknutzung dann in höherem Maßte etablierte Informationsquellen ausgeschöpft. Schließlich hat sich die Nutzungsintensität nicht bzw. weniger gesteigert, wenn die Datenbankangebote Defizite aufweisen. Zu den diesbezüglich wichtigen Hemmnissen zählen insbesondere eine schlechte Datenfernübertragungs-Qualität und/oder eine zu langwierige Dokumentenlieferung.

---

8 Bei der Variable "Betriebsindividuelle Vorteilhaftigkeit" handelt es sich um eine subjektive Einschätzung der befragten Unternehmen.

4 Zusammenfassung

Der Einsatz von Datenbanken im Rahmen des betrieblichen Informationsverhaltens hängt weitgehend vom Informationsstand der Unternehmen über die Möglichkeiten des Einsatzes von elektronischen Medien ab. Großen Einfluß auf diesen Kenntnisstand nehmen dabei die privaten Erfahrungen von betrieblichen Entscheidungsträgern. Die Unternehmensgröße und die betriebliche Situation, eine Vielzahl unterschiedlicher Informationen verarbeiten zu müssen, kennzeichnen weitere Einflußgrößen, welche die Datenbanknutzung begünstigen.

Gemessen an der bezogenen Informationsmenge oder gemessen am Wert der Informationen, haben Datenbanken bislang in der Unternehmenspraxis nur eine untergeordnete Bedeutung. Es ist jedoch zu erwarten, daß sich die Nutzung elektronischer Medien bereits aktuell oder zumindest in naher Zukunft stark intensivieren wird. Denn zum einen werden die Datenbankangebote ständig verbessert.[9] Zum anderen hat sich der Informationsstand bei den potentiellen Datenbanknutzern in den letzten Jahren stark verbessert, u.a., weil elektronische Medien verstärkt in die öffentliche Diskussion getreten sind. Zudem bieten heute viele Datenbankanbieter ihre Dienste unter einheitlicher Benutzeroberfläche im Internet an, was die Markttransparenz der Datenbankangebote zusätzlich erhöht.

9 Neben der Liberalisierung des Marktes für Telekommunikationsdienste ist hier auch an die Diversifikation der Produkte und Dienstleistungen zu denken.

Literaturverzeichnis

Backhaus, K., Erichson, B., Plinke, W., Weiber, R. (1990), Multivariate Analysemethoden, Berlin u.a.

Becker, C. (1992), Die sozio-ökonomischen Folgen des Computereinsatzes - Konsequenzen aus dem Ende des Technikdeterminismus, Frankfurt/New York

Ewers, H.-J., Becker, C. Fritsch, M. (1990), Wirkungen des Einsatzes computergestützter Techniken in Industriebetrieben, Berlin/New York

GIB/Prognos (1995), Evaluation des Fachinformationsprogrammes 1990-94 der Bundesregierung, Studie im Auftrag des BMFT, Berlin/Basel

Maas, Ch. (1990), Determinanten betrieblichen Innovationsverhaltens, Theorie und Empirie, Berlin

Picot, A., Reichwald, R. (1994), Auflösung der Unternehmung? Vom Einfluß der IuK-Technik auf Organisationsstrukturen und Kooperationsformen, in: Zeitschrift für Betriebswirtschaft, 64. Jg., Heft 5, S. 547-570

Pieper, A. (1986), Produktivkraft Information, Beiträge zur Gesellschafts- und Bildungspolitik, Institut der deutschen Wirtschaft, Köln

Staudt, E., Bock, J., Mühlemeyer, P. (1992), Informationsverhalten von innovationsaktiven kleinen und mittleren Unternehmen, Ergebnisse einer Untersuchung in Nordrhein-Westfalen, in: Zeitschrift für Betriebswirtschaft, 62. Jg., Heft 9, S. 989-1008

Teil III

Erwartungen an die Informationswirtschaft

Industriegesellschaft, Dienstleistungsgesellschaft und Informationsgesellschaft

von

Hans-Hagen Härtel

In den neunziger Jahren hat die Industrie in erheblichem Umfang Personal freigesetzt, und in einigen Dienstleistungsbereichen - insbesondere bei staatlich bestimmten Diensten - sind Expansionsgrenzen sichtbar geworden. Auf der Suche nach Wegen zum Abbau der daraus entstandenen Arbeitslosigkeit richtet sich die Aufmerksamkeit von Politik und Öffentlichkeit voller Hoffnung auf die paar Felder, auf denen sich noch wirtschaftliche Dynamik regt. Wachstums- und Beschäftigungschancen werden insbesondere von den Fortschritten in der Informations- und Kommunikationstechnik erwartet. Einige Autoren gehen sogar so weit, die traditionelle Drei-Sektoren-Hypothese zu einer Vier-Sektoren-Hypothese zu erweitern. Danach würde auf die Ablösung der Agrar- und Handwerksgesellschaft durch die Industriegesellschaft seit dem neunzehnten Jahrhundert und auf den Wandel von der Industriegesellschaft zur Dienstleistungsgesellschaft seit Mitte des zwanzigsten Jahrhundert nunmehr die Entwicklung zur Informationsgesellschaft folgen. Analog zur Industrialisierung und Tertiarisierung würde diese Entwicklung dazu führen, daß künftig der Informationssektor als „quartiärer" Sektor die im sekundären und teilweise auch im tertiären Sektor freigesetzten Arbeitskräfte aufnehmen und zum dominierenden Wirtschaftsbereich aufsteigen würde.

Der Informationssektor besteht keineswegs aus neuen Wirtschaftszweigen, sondern wird bislang unter den sekundären und tertiären Sektor subsumiert. Er umfaßt auf der materiellen Ebene die Leitungen, Geräte und Datenträger, mit denen Informationen gespeichert, verarbeitet, übertragen oder wiedergegeben werden, und auf der personellen Ebene die Dienste, durch die Informationen produziert, verfügbar gemacht oder genutzt werden. Faßt man, wie das Institut für Arbeitsmarkt- und Berufsforschung (IAB), den Informationssektor sehr weit, indem man in ihn alle Erwerbstätigen einbezieht, die mit der Herstellung, dem Transfer, der Verarbeitung oder Anwendung von Informationen zu tun haben, dann ist der "quartiäre" Sektor schon seit Ende der siebziger Jahre der größte Wirtschaftsbereich und beschäftigt heute mehr als die Hälfte aller Arbeitskräfte (vgl. Schaubild 1). Die Aufgliederung in vier statt drei Sektoren macht überdies offenbar, daß der tertiäre Sektor im engeren Sinne parallel mit der Industrie aufgestiegen ist, aber das

Gewicht des sekundären Sektors niemals erreicht hat. Die in der Strukturforschung unter dem Schlagwort „Tertiarisierung“ beschriebene Zunahme des Dienstleistungssektors wird im Vier-Sektoren-Modell als „Quartiarisierung“ ausgewiesen.

Schaubild 1: Die "vier Sektoren"

Anteile in vH der Erwerbstätigen

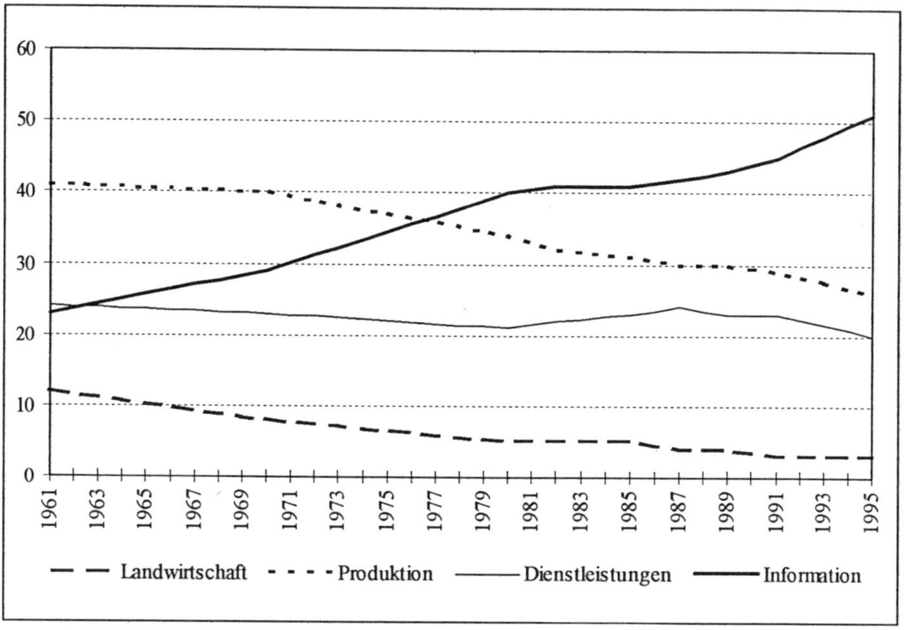

Quelle: *Institut für Arbeitsmarkt- und Berufsforschung.*

Es ist indessen unzulässig, die Zunahme des quartiären Sektors als Entwicklung zur Informationsgesellschaft zu interpretieren. Der weit gefaßte vierte Sektor ist zu heterogen, als daß sich mit ihm die Ursachen des Strukturwandels nachvollziehen und die Rolle des Informationssektors veranschaulichen ließe. Ein zweckmäßigeres Konzept ist die ebenfalls vom IAB zur Diskussion gestellte Aufgliederung der Arbeitskräfte nach produktionsorientierten Tätigkeiten, primären Dienstleistungen und sekundären Dienstleistungen. Dieses Drei-Sektoren-Modell weicht von dem traditionellen Konzept dadurch ab, daß es nicht Wirtschaftszweige zusammenfaßt, sondern Tätigkeiten, unabhängig davon, in welcher Branche sie ausgeübt werden. Es unterscheidet sich von dem erwähnten Vier-Sektoren-Modell im wesentlichen dadurch, daß der primäre und sekundäre Sektor zum produzierenden Sektor zusammengefaßt sind, und daß die Bürotätigkeiten zu den traditionellen "primären" Dienstleistungen und nicht zu den neuen "sekundären" Dienstleistungen gerechnet werden. In dem modifizierten Drei-Sektoren-Konzept sind im ersten Sektor die Tätigkeiten in der unmittelbaren Warenproduktion (Gewinnen, Herstellen oder Reparieren von Waren; Einrichtung, Steuerung und Wartung von Maschinen) zusammengefaßt. Der zweite Sektor besteht aus den "primären" Dienstleistungen, die zur Aufrechterhaltung oder zum Absatz der Produktion notwendig sind oder die unmittelbar in den Konsum gehen (Handel und Transport, Bürotätigkeiten und allgemeine Dienstleistungen).

Schaubild 2: Die Tätigkeiten der Erwerbstätigen in Westdeutschland

in Tsd.

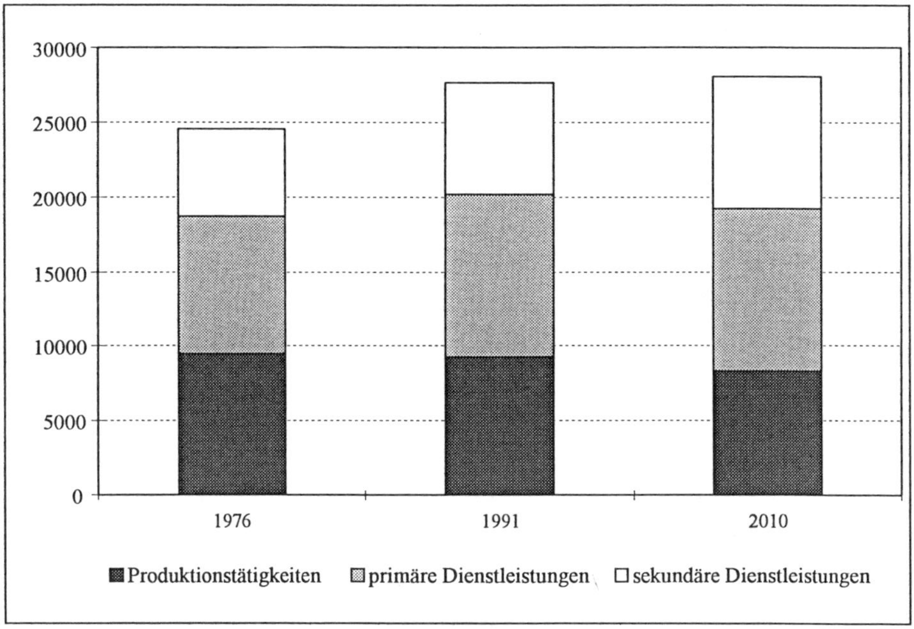

Quelle: Mitteilungen aus der Arbeitsmarkt- und Berufsforschung, 27. Jahrgang, 1994, Heft 1.

Während die produzierenden Tätigkeiten und die primären Dienstleistungen sachlich eng miteinander verbunden sind, setzte die Expansion des dritten Sektors erst nach der Entstehung der Industrie und der komplementären Dienstleistungen ein. Er besteht aus den "sekundären" Dienstleistungen, die die Produktion durch die Bildung und Nutzung von Humankapital verbessern (Forschung und Entwicklung, Organisation und Management, Sichern und Recht anwenden, Ausbildung, Beratung, Information, Unterhaltung und Pflege von Personen). Die Trennung in primäre und sekundäre Dienstleistungen trägt dem Umstand Rechnung, daß in hochentwickelten Volkswirtschaften das Wissen zum maßgebenden Produktionsfaktor geworden ist. Weil die Verfügbarkeit und die effiziente Nutzung von Humankapital die Hauptquelle des Wachstums sind, begünstigt der Strukturwandel vor allem die sekundären Dienstleistungen (vgl. Schaubild 2). Allerdings betrug ihr Anteil an allen Erwerbstätigen im Jahre 1991 erst 27 vH und lag damit noch deutlich unter dem Anteil der produktionsorientierten Tätigkeiten (33,5 vH) und dem der primären Dienstleistungen (39,5 vH). Demgegenüber betrug im Vier-Sektoren-Modell der Anteil des primären und sekundären Sektors 32 vH, der Anteil des tertiären Sektors 23 vH und der des quartiären Sektors 45 vH. Der Unterschied ist im wesentlichen damit zu erklären, daß im Vier-Sektoren-Modell die Bürotätigkeiten zum vierten Sektor, im Drei-Sektoren-Modell dagegen zu den primären Dienstleistungen gezählt werden.

Schaubild 3: Die Qualifikation der Erwerbstätigen in Westdeutschland, 1991

in vH

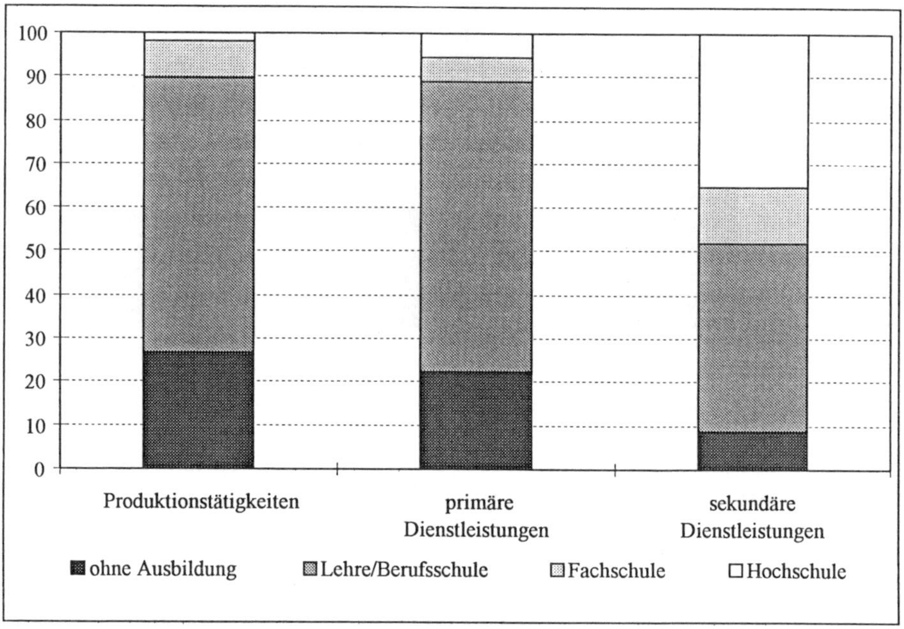

Quelle: Mitteilungen aus der Arbeitsmarkt- und Berufsforschung, 27. Jahrgang, 1994, Heft 1.

Die Bedeutung der sekundären Dienstleistungen für die gesamtwirtschaftliche Entwicklung kommt nicht nur in dem zunehmenden Anteil zum Ausdruck, sondern auch in der weit überdurchschnittlichen Qualifikation der Arbeitskräfte. Im Jahre 1991 hatten 35 vH der Erwerbstätigen eine Hochschulausbildung und nur 9 vH keinen Ausbildungsabschluß (vgl. Schaubild 3). Dagegen hatten von den Arbeitskräften bei den produktionsorientierten Tätigkeiten bzw. bei den primären Dienstleistungen 27 vH bzw. 22 vH keinen Ausbildungsabschluß und nur 2 vH bzw. 6 vH einen Hochschulabschluß. In diesen beiden Sektoren war bislang fast ausschließlich die Berufsausbildung die Quelle der Humankapitalbildung. Allerdings hat auch hier die Bedeutung des Humankapitals zugenommen, und zwar in der Form, daß der Anteil der nicht ausgebildeten zugunsten der beruflich ausgebildeten Arbeitskräfte abgenommen hat.

Die Zunahme des Humankapitals ist nicht gleichbedeutend mit der Entwicklung zur Informationsgesellschaft. Informieren zielt zwar auf Vermehrung des Wissens, doch umfaßt Wissen nicht nur Informiertsein, sondern auch die Fähigkeit, die Informationen zu nutzen. Deshalb bildet der Sektor der sekundären Dienstleistungen auch nicht den Informationssektor ab, denn dort wird nicht nur Wissen produziert und übertragen, sondern auch angewendet. Viele Tätigkeiten zielen nicht primär auf die Information, sondern auf Entscheidungen; der Richter fällt Urteile, der Anwalt vertritt die Interessen seiner Mandanten und der Arzt macht seinen Patienten Therapievorschläge. Allerdings sind diese Personen nebenbei auch Produzenten und Vermittler von Informationen, da sie in der Regel das Wissen ihrer Kunden vergrößern und sich an der fachlichen Diskussion ihrer Zunft beteiligen. Insofern gehören sie ebenso zu den Informationsproduzenten wie etwa die Wissenschaftler oder Künstler, die die Ergebnisse ihrer geistigen Tätigkeit unmittelbar vermarkten oder der Öffentlichkeit zur Verfügung stellen, oder die - wie die Lehrer - ihre erworbenen Kenntnisse anderen beibringen. Wissenstransfer findet aber auch - und zwar in zunehmendem Maße - bei den produzierenden Tätigkeiten und primären Dienstleistungen statt.

Die Entwicklung der Informationsgesellschaft vollzieht sich also in der Weise, daß in allen Branchen und bei allen Tätigkeiten die Bedeutung des Wissens, und damit auch der Informationen, zunimmt und daß Informationen in der ganzen Breite der Wirtschaft entstehen und übertragen werden. Wenn gleichwohl ein Informationssektor abgegrenzt wird, dann sollte er nicht möglichst weit gefaßt werden. Er sollte vielmehr nur jene Unternehmen und Tätigkeiten umfassen, die darauf spezialisiert sind, ihren Kunden den Zugang zu Informationen zu erleichtern. Der Informationssektor im engeren Sinne enthält somit nicht die Produktion und persönliche Weitergabe von Wissen - also auch nicht Forschung, Lehre und Ausbildung - , sondern den Transfer von Informationen auf Datenträgern oder über Netze. Die Leistung des Informationssektors besteht zum einen darin, den Kunden durch Handel, durch Vermittlung oder durch Bereitstellung von Netzen den technischen Zugang zu vorhandenen Informationen oder zur Kommunikation zu ermöglichen. Zum anderen ist der Informationssektor Anbieter von Diensten, die den Kunden die Aufgabe der Suche, Selektion, Sammlung und Aufbereitung von Informationen abnehmen. Zum Informationssektor werden allerdings nicht nur Anbieter von Informations- und Kommunikationsdiensten sowie die Betreiber der Medien, mit denen Informationen verbreitet werden, gerechnet, sondern auch aus dem sekundären Sektor die Hersteller der dafür benötigten Ausrüstungen, Hardware und Software.

Es ist vor allem dieser eng gefaßte Informationssektor, der durch den zunehmenden Bedarf an Informationen und durch die Entwicklung der Informations- und Kommunikationstechnik Auftrieb erhält und auf dem die Hoffnungen auf mehr Wachstum und Beschäftigung beruhen. Während die neuen Techniken in der übrigen Wirtschaft primär die Arbeitsinhalte und Produktionsverfahren verändern, schaffen sie den Anbietern des Informationssektors unmittelbar zusätzliche Absatzmöglichkeiten. Die beträchtliche Verbilligung der Information und Kommunikation und die enorm gestiegene Leistungsfähigkeit der neuen Techniken, befähigen und zwingen die Wirtschaft dazu, zunehmend Wissen nicht nur selbst zu produzieren, sondern auch externes Wissen zu nutzen.

Die Vermutung, daß die Entwicklung der Informations- und Kommunikationstechnik dem Informationssektor eine kräftige Expansion der Produktion, Einkommen und Beschäftigung beschert, wird durch den empirischen Befund allerdings nicht bestätigt. Nach der Abgrenzung des DIW beschäftigte dieser Sektor Anfang der neunziger Jahre nur gut 5 vH der Arbeitskräfte und erwirschaftete nur 6 vH der Wertschöpfung (vgl. Tabelle 1). Die quantitative Bedeutung hat in den zehn Jahren davor auch nur wenig zugenommen. Daran wird sich in den nächsten Jahren auch nur wenig ändern. Zum einen ermöglichen die neuen Techniken gerade im Informationssektor beträchtliche Produktivitätsfortschritte, so daß die kräftigen Absatzsteigerungen keinen großen Mehrbedarf an Personal verursachen und wegen der starken Preissenkungen auch die Zunahme der Erlöse und Einkommen begrenzt wird. So planen die beiden größten Anbieter des Informationssektors, die Post und die Telekom, erhebliche Einschränkungen ihrer Belegschaft, die durch den Mehrbedarf der konkurrierenden Anbieter nur zum Teil kompensiert werden.

Es hat also den Anschein, daß die Entwicklung der Informationsgesellschaft - anders als die Industrialisierung und Tertiarisierung - keine großen Impulse für Wachstum und Beschäftigung gibt. Dieser Eindruck ist insofern richtig, als seinerzeit in der Industrie und im Dienstleistungssektor in der Tat in großem Umfang neue Arbeitsplätze entstanden. Man darf jedoch partielle Beschäftigungsgewinne nicht auch als gesamtwirtschaftliches

Plus rechnen, denn Strukturwandel bedeutet stets schöpferische Zerstörung, Verdrängung des Alten durch das Neue. Die Industrialisierung führte zunächst dazu, daß die vormals integrierte Produktion von Gütern auf Höfen und Betrieben, die häufig auch mit der Hauswirtschaft integriert waren, aufgespalten und auf die Fabriken verlagert wurde. Damit konnten durch Spezialisierung die Größenvorteile realisiert werden, die dann die Grundlage der beträchtlichen Expansion von Produktion, Einkommen und Nachfrage waren. Auch die Entwicklung des Dienstleistungssektors ist zum großen Teil darauf zurückzuführen, daß Dienste nicht mehr im eigenen Unternehmen erbracht, sondern von externen Unternehmen bezogen wurden. Diese konnten dadurch ebenfalls durch Spezialisierung Größenvorteile realisieren.

Tabelle 1: Die Bedeutung des Medien- und Kommunikationssektors 1982-1992

	Westdeutschland			Deutschland
	1982	1986	1990	1992
Produktionswert in Mrd. DM				
Medien	63,4	80,7	109,9	132,2
M+K Technik	70,8	97,7	138,1	170,2
Dienste	52,2	65,9	93,9	119,6
Zusammen	183,3	244,3	342,1	421,5
Anteil in v.H.	4,5	5,1	5,7	5,6
Bruttowertschöpfung in Mrd. DM				
Medien	23,9	29,7	39,0	46,8
M+K Technik	23,3	29,9	36,8	43,4
Dienste	42,4	51,3	67,2	84,2
Zusammen	89,6	110,9	143,0	174.5
Anteil in v.H.	6,1	6,2	6,4	6,1
Erwerbstätige in 1000				
Medien	379	384	445	509
M+K Technik	434	441	499	554
Dienste	534	609	663	845
Zusammen	1347	1434	1607	1908
Anteil in v.H.	5,1	5,3	5,6	5,3

Quelle: *DIW*.

In der Industrie und im Dienstleistungssektor entstanden freilich auch Arbeitsplätze, die es zuvor nicht oder nicht in so großem Umfang gab. So erforderte die Industrialisierung den Aufbau eines Investitionsgütersektors und eine beträchtliche Ausweitung von Handel und Transport. Diese zusätzliche Beschäftigung bedeutete jedoch - für sich genommen - eine Verteuerung der Produktion, die sich nur deswegen rechtfertigte, weil sie Produktivitätsgewinne ermöglichte, die an anderer Stelle die Einsparung von Arbeit erlaubte. Auch die erwähnten sekundären Dienstleistungen verursachen - für sich genommen - Mehraufwand, der sich wegen der höheren Produktivität rentiert. Wie der Handel und Verkehr dienen auch zahlreiche Dienstleistungen dazu, Beziehungen zwischen den dezentralen Einheiten einer arbeitsteiligen Volkswirtschaft herzustellen und zu koordinieren. Die in diesen Branchen entstehenden Einkommen stellen die Transaktionskosten dar, die durch Arbeitsteilung und marktliche Koordinierung verursacht werden. Sie werden aber mehr als aufgewogen durch die Produktivitätsgewinne der Arbeitsteilung und durch die Einsparung der Transaktionskosten, die bei hierarchischer Steuerung zu tragen wären.

Die Industrialisierung und auch noch die Tertiarisierung waren also produktivitätsfördernde Prozesse, die mit einem beträchtlichen Strukturwandel einhergingen. Demgegenüber scheint sich die Entwicklung der Informationsgesellschaft mit geringerem Strukturwandel zu vollziehen. Dies hängt damit zusammen, daß die neuen Techniken Strukturen vor allem innerhalb der Branchen und innerhalb der Betriebe und Verwaltungen verändern und in nur geringem Maße Anlaß zu Auslagerungen geben. Soweit die Durchsetzung und Nutzung der neuen Techniken zusätzliche Waren und Dienste erfordern, war der personelle Mehrbedarf bislang wegen der beträchtlichen Produktivitätsfortschritte im Informationssektor gering. Daß sich die Entwicklung der Industriegesellschaft ohne große sichtbare Beschäftigungwirkungen vollzieht, ist gesamtwirtschaftlich keineswegs von Nachteil. Der technische Fortschritt war stets primär die Quelle von Produktivitäts- und Einkommensteigerungen. Ob er von einer positiven oder negativen Beschäftigungsentwicklung begleitet wird, hängt von den Bedingungen am Arbeitsmarkt und von der Flexibilität und Qualifikation der Arbeitskräfte ab.

In einer offenen Volkswirtschaft wird die quantitative Bedeutung eines Sektors auch von dessen Wettbewerbsfähigkeit bestimmt. Bekanntlich ist es um die Wettbewerbsfähigkeit der deutschen Anbieter von Hardware und Software nicht gut bestellt. Die relativ geringe quantitative Bedeutung des Informationssektors in Deutschland hängt auch damit zusammen, daß bei elektronischen Konsum- und Investitionsgütern, bei elektronischen Medien und auch bei den Kommunikationsdiensten die ausländischen Anbieter stärker als die inländischen von dem Nachfrageboom profitierten (Tabelle 2). Man muß den deutschen Wettbewerbsnachteil im Informationssektor und die relativ geringen Exportsteigerungen sicherlich beklagen. Die hohen Importsteigerungen zeigen aber auch, daß die deutsche Wirtschaft im übrigen bestrebt ist, ihre Wettbewerbsfähigkeit durch entschiedene Nutzung des heimischen und ausländischen Angebots aus dem Informationssektor zu verteidigen.

Tabelle 2: Außenhandel mit Medien- und Kommunikationsgütern von 1980 bis 1992

	Westdeutschland			Deutschland
	1982	1986	1990	1992
Ausfuhr				
Medien	2 031	3 355	4 696	5 228
Druckmedien	1 605	2 235	2 861	3 132
Elektronische Medien	426	1 119	1 835	2 095
M+K Technik	18 136	28 726	33 817	30 613
Unterhaltungselektronik	5 098	7 793	10 660	9 194
Nachrichtentechnik	3 282	3 979	4 825	5 229
Büromaschinen, ADV	6 863	12 791	14 050	12 060
Fototechnik/Fotochemie	2 893	3 448	4 282	4 130
Kommunikationdienste[1]	1 679	2 096	2 540	3 560
M+K Güter insgesamt	21 846	33 462	41 053	39 401
Anteil an der Ausfuhr insg. (vH)	4,9	6,1	5,8	5,8
Einfuhr				
M+K Güter insgesamt	19 672	30 891	50 509	57 841
Anteil an der Einfuhr insg. (vH)	5,0	7,2	8,8	8,8
Saldo: Ausfuhr-Einfuhr				
Medien	642	1 372	523	-537
Druckmedien	950	1 456	1 679	1 723
Elektronische Medien	-350	-84	-1 156	-2 260
M+K-Technik	1 611	1 432	-9 100	-17 683
Unterhaltungselektronik	-403	-95	-4 403	-5 157
Nachrichtentechnik	1 866	2 201	1 388	578
Büromaschinen, ADV	-280	-1 198	-6 370	-12 840
Fototechnik/Fotochemie	429	524	284	-265
Kommunikationsdienste[1]	-80	-233	-880	-220
M+K-Güter insgesamt	2 174	2 571	-9 456	-18 440

1 Internationaler Zahlungsverkehr im Zusammenhang mit Post- und Telekommunikationsdiensten.

Quellen: *Deutsche Bundesbank; Statistisches Bundesamt*; Berechnungen des *DIW*.

Die Informationsgesellschaft: Neue Berufe, mehr Beschäftigung?

von
Wolfgang G. Stock

Problemstellung

Es gibt eine alte und anhaltende Diskussion um die Arbeitsmarktwirkungen des technischen Fortschritts. Eine Position behauptet, daß technischer Fortschritt über dessen Rationalisierungskomponente zur Freisetzung von Arbeitskräften und in deren Folge zu Unterbeschäftigung und technologischer Arbeitslosigkeit führe. Die Gegenposition sieht den technischen Fortschritt als Voraussetzung für wirtschaftliches Wachstum, wobei das Produktionswachstum wiederum Grundbedingung für Beschäftigung sei. Die Diskussion wird auch in bezug auf den Fortschritt in der Informations- und Kommunikationstechnik, der zunehmenden Bedeutung des Wissens sowie des Wirtschaftens mit Informationen, kurz: in bezug auf die Informationsgesellschaft geführt. Es gibt jedoch einen wesentlichen Unterschied zur früheren Diskussion. Technischen Fortschritt gab es stets lokal in dem Sinne, daß er zu Innovationen in einer speziellen Technik bzw. Wirtschaftsbranche führte. Wurden Arbeitskräfte lokal freigesetzt, so führte doch der Fortschritt insgesamt dazu, daß an anderer Stelle neue Arbeitsplätze geschaffen wurden und so die Arbeitsplatzbilanz mehr oder minder ausgeglichen blieb. Der informationstechnische Fortschritt wirkt dagegen global, er wirkt sich gleichsam auf alle Wirtschaftssektoren und Branchen aus. Ein Schwund an Arbeitsplätzen in Landwirtschaft, Industrie und Dienstleistung könnte dann nahezu zwangsläufig folgen. Auch das Gegenteil ist denkbar. Schafft es die Informationsgesellschaft gar, trotz aller Rationalisierungen, positive Arbeitsmarktaspekte in der gesamten restlichen Wirtschaft zu erzielen?

Die entscheidende Frage ist: Wird es der Informationsgesellschaft gelingen, entweder neue Informationsberufe zu kreieren bzw. bestehende informationsver- und -bearbeitende Berufe aufzuwerten oder durch indirekte Wirkungen auf die Gesamtwirtschaft dort neue Abeitsplätze zu schaffen, so daß die Arbeitsplatzbilanz ausgeglichen wird? Paul Ames bringt unsere Problemstellung in eine griffige Formulierung: "The information society: jobs destroyer or employment El Dorado?" (Ames 1995).

Wir werden in dieser Arbeit kurz definieren, was wir unter "Informationsgesellschaft" verstehen, dann zwei Szenarien der Beschäftigungswirkungen der Informationsgesellschaft durchspielen. Gewährsmann für unser Negativ-Szenario ist Jeremy Rifkin, der das "Ende der Arbeit" auf uns zukommen sieht. Im Positiv-Szenario referieren wir Stellungnahmen der Europäischen Kommission sowie der deutschen Bundesregierung. Wir zeichnen die Beschäftigungsentwicklung im 20. Jahrhundert in groben Zügen nach. Prognosen zur Arbeit in der Informationsgesellschaft werden auf ihre Verläßlichkeit hin abgeklopft. Wir skizzieren neue bzw. veränderte Berufsfelder, die sich aus den Anforderungen der Informationsgesellschaft ableiten. Detailliert beschreiben wir den neuen Beruf des "Informationswirtes". An einigen der Informationsberufe verfolgen wir den Trend der jeweiligen Arbeitsmärkte. In jüngster Vergangenheit zeigen diese Berufe, die für Aufbau und Ausbau der Informationsgesellschaft eigentlich zentral wären (wir analysieren: Forscher und Entwickler, Telekommunikationsfachleute, Medienberufe und Bibliothekare), im Arbeitsmarkt entweder eine fallende oder eine allemal leicht ansteigende Tendenz. Ein solcher Trend, setzte er sich auch in Zukunft durch, hätte verheerende Folgen. Offenbar leben wir noch - gemessen am Profil der Informationsgesellschaft - in völlig anderen Strukturen, die die positiven Arbeitsmarktaspekte nicht wahrnehmen, dafür aber die negativen hinnehmen müssen.

Die Perspektive, aus der diese Arbeit verfaßt wurde, ist die der Informationswissenschaft. Wir versuchen, von den Inhalten der Informationsgesellschaft her Arbeitsmarkt- und Berufsaspekte zu beleuchten. Es geht uns um grundlegende (volks-)wirtschaftliche Entwicklungstrends, nicht - oder zumindest nicht direkt - um die Auswirkungen der Informationsgesellschaft auf die Ausgestaltung der Arbeitsplätze in Unternehmen.

Was heißt: "Informationsgesellschaft"?

Was heißt überhaupt "Informationsgesellschaft"? Wir wollen zur Klärung des Begriffs zunächst auf die Theorie des "fünften Kondratieff" zurückgreifen. Zugrundegelegt wird die Theorie der "langen Wellen", die auf Nikolai D. Kondratieff zurückgeht. Kondratieff zeigt anhand empirischen Materials Evidenzen für das Vorliegen langer Zyklen der kapitalistischen Wirtschaft von etwa 48 bis 60 Jahren. Ursache dieser langer Wellen sind Gesetzmäßigkeiten des Kapitalismus, nicht etwa äußere Einflüsse. Als mögliche externe Ursachen diskutiert und verwirft Kondratieff Kriege, Revolutionen, soziale Spannungen, die Einbeziehung neuer Länder in die Weltwirtschaft, Goldgewinnung und -vermehrung sowie den technischen Fortschritt. Zentral ist der letztgenannte Aspekt. "Während des Absinkens der langen Wellen werden besonders viele wichtige Entdeckungen und Erfindungen in der Produktions- und Verkehrstechnik gemacht, die jedoch gewöhnlich erst beim Beginn des neuen langen Anstiegs im großen auf die wirtschaftliche Praxis angewandt zu werden pflegen" (Kondratieff 1926, 591). Änderungen in der Technik "üben auf den Gang der kapitalistischen Dynamik unstreitig einen mächtigen Einfluß aus" (ebd., 593).

Joseph A. Schumpeter modifiziert Kondratieffs Ansatz. Hier werden die technischen Innovationen zu Antriebskräften der wirtschaftlichen Entwicklung. "Alle zyklischen Bewegungen lassen sich mit den Begriffen des Prozesses der wirtschaftlichen Entwicklung ... erklären. Innovationen, ihre unmittelbaren und ferneren Auswirkungen und die Reaktion des Systems sind die gemeinsame 'Ursache' für alle ..." (Schumpeter 1961, 181) und "... Innovationen (sind) die eigentliche Quelle zyklischer Schwankungen ..." (ebd., 176).

Leo N. Nefiodow folgt Schumpeter und interpretiert Innovationen als Ursache für die langen Wellen der kapitalistischen Wirtschaft. "Innovationen, die umfassendes wirtschaftliches Neuland erschließen und einen Schwarm von Nachfolgeinnovationen auslösen ('bandwagon-effect'), werden Basisinnovationen genannt. Sie waren und sind die tragenden Neuerungen für lange Phasen der Konjunktur. Die Dampfmaschine, die Eisenbahn, die Elektrifizierung, das Automobil sind Beispiele für Basisinnovationen. Jede dieser Erfindungen hat eine lange Periode der Prosperität ausgelöst und zu einer weitreichenden Umorganisation der Gesellschaft geführt" (Nefiodow 1991, 47). Seit Beginn des Kapitalismus sind vier lange Wellen zu beobachten: ein erster Zyklus mit der Dampfmaschine als Basisinnovation, der zweite Zyklus basiert auf der Eisenbahn, der dritte auf Chemie und Elektrizität und schließlich der vierte Zyklus auf der Petrochemie und der Automatisierung. Die fünfte Kondratieff-Welle ist bereits im Entstehen begriffen. "Sie wird vom Innovationspotential der Ressource Information getragen, und sie wird die endgültige Etablierung der Informationsgesellschaft mit sich bringen" (ebd., 39). Jeder Kondratieff-Zyklus bringt typische Netze hervor, der zweite Zyklus etwa die Schienennetze, der dritte die Gas- und Elektrizitätsnetze und der vierte die Straßennetze bzw. Autobahnen. Netze der fünften Kondratieff-Welle sind die Telekommunikationsnetze.

Welche Regelmäßigkeiten sind der "Ressource Information" zu eigen? Die "Bewegung" von Informationen beruht nach Manfred Bonitz auf der Basis zweier einfacher grundlegender Prinzipien: auf dem Holographie- und dem Tempo-Prinzip. (Bonitz betrachtet ausschließlich wissenschaftliche Informationen. M.E. sind seine Prinzipen jedoch auf alle Arten von Informationen anzuwenden.) Das Holographie-Prinzip beschreibt den *Raum* der Information. "Die Gesamtheit menschlichen Wissens ist ein riesiges Hologramm, das aus allen Speichern, Datenbasen usw. besteht, über die der Mensch verfügt" (Bonitz 1986b, 192). Die Gesamtheit aller Informationen ist überall virtuell vorhanden. "Jede beliebige ... Information ist von jedem beliebigen Ort aus abrufbar" (Bonitz 1986a, 7). Die Informationsgesellschaft ist demnach prinzipiell global definiert.

Das Tempo-Prinzip beinhaltet die Bewegung der Information in der *Zeit*. "Danach hat jede Information die Tendenz, sich so zu bewegen, daß sie ihren Adressaten in der kürzestmöglichen Zeit erreicht" (Bonitz 1986b, 192). Das Tempo-Prinzip gilt zwar in der gesamten Geschichte der menschlichen Kommunikation, doch ist das Tempo von Etappe zu Etappe schneller geworden. Mit "jeder Einführung eines neuen Kommunikationskanals (ist) ein Zeitgewinn für die ... Gemeinschaft einhergegangen" (Bonitz 1986a, 8). Mit der elektronischen Informationsübertragung ist die Tempo-Grenze erreicht worden. Informationen werden zur Zeit ihres Entstehens gesendet und - zumindest potentiell - auch real-time empfangen.

Die Informationsgesellschaft ist stets auch eine Wissensgesellschaft. Betrachtet werden muß zwar Wissen jeglicher Herkunft, zentral dürfte aber - wie dies auch Bonitz sieht - das wissenschaftliche Wissen und seine Umsetzung in Innovationen sein. Es geht also um die Abfolge Grundlagenforschung, angewandte Forschung und Technik, konstruktive Entwicklung bis hin zu Produkt- und Prozeßinnovationen bei allen Sektoren einer Volkswirtschaft, also bei Landwirtschaft, Industrie und Dienstleistung. Diese Innovationen sind der Kern künftigen Wirtschaftens (Scholz 1996).

Am Rande: Wir widersprechen hier durchaus der These, daß die Information einen vierten Sektor eröffnet. Vielmehr wirken Informationen auf alle Wirtschaftssektoren, sind aber selbst neutral. Es kann also eine informatisierte Industriegesellschaft genauso geben wie eine informatisierte Agrargesellschaft oder eine informatisierte Dienstleistungsgesellschaft. In den drei genannten Wirtschaftssektoren geschieht jeweils die wirtschaftliche Wertschöpfung. Eine andere Frage ist, ob in einer Informationsgesellschaft in den drei klassischen Sektoren Arbeitsplätze benötigt oder ob diese durch Rationalisierung überflüssig werden.

Die die Informationsgesellschaft tragende "Ressource Information" bedarf entsprechender informations- und kommunikationstechnischer, d.h. telematischer Geräte und Verfahren (Computer, Netzwerke, Software usw.), um das Holographie- und das Tempo-Prinzip überhaupt flächendeckend verwirklichen zu können. Ebenso müssen die Gesellschaftsmitglieder willens und in der Lage sein, diese Geräte auch adäquat anzuwenden.

Hieraus folgt ein massiver Einsatz von Telematikgeräten, von Informations- und Kommunikationstechnik, im Berufs- wie im Privatleben, was man durchaus als "telematische Revolution" umschreiben kann. Die Informationsgesellschaft kommt nur dann zustande, wenn diese telematische Revolution - zumindest bei einer kritischen Masse ihrer Mitglieder - stattfindet.

Wir können nun eine Arbeitsdefinition für "Informationsgesellschaft" zusammensetzen. "Informationsgesellschaft" bezieht sich auf eine Gesellschaft,

- deren Basisinnovationen von der Ressource Information getragen werden (*Theorie des fünften Kondratieff*),
- in der Informationsinhalte aller Arten überall und jederzeit zur Gänze zur Verfügung stehen (Holographie- und Tempo-Prinzip) und auch intensiv genutzt werden (*Theorie der Wissensgesellschaft*),
- deren Mitglieder bevorzugt Telematikgeräte zur Information und Kommunikation benutzen (*Theorie der telematischen Revolution*).

Das Negativ-Szenario: Eine Welt ohne Arbeit

Jeremy Rifkin beschreibt die Arbeitsplatzwirkungen der Informatisierung der Wirtschaftssektoren. Er geht davon aus, daß unsere soeben dargestellten Aspekte der Informationsgesellschaft in den nächsten Jahren global flächendeckend realisiert werden. Alle Wirtschaftssektoren werden von der Informatisierung betroffen.

Sein Szenario für die Landwirtschaft sieht eine Zusammenführung der Biotechnologie und der Informationstechnologie mit dem Ziel der industriellen Produktion von Lebensmitteln. "Die fabrikmäßige Lebensmittelherstellung auf der Basis von Gewebekulturen wird Millionen von Arbeitsplätzen vernichten. Nicht nur wird man keine Landwirte mehr brauchen - bis auf die wenigen, die den Anbau der Biomassen übernehmen -, auch sämtliche Zulieferindustrien werden verschwinden" (Rifkin 1996, 95).

In der Industrie führt die Informatisierung zu einer weiteren Automatisierung. "In nahezu allen wichtigen Industriezweigen wird die menschliche Arbeitskraft durch Maschinen ersetzt" (ebd., 107).

Und bei den Dienstleistungen? "In den letzten vierzig Jahren fanden die meisten Menschen, die von der Industrie freigesetzt worden waren, einen neuen Arbeitsplatz im Dienstleistungssektor. Viele Ökonomen und Unternehmer waren bis vor kurzem der Meinung, dies werde auch in Zukunft so weitergehen. Jetzt aber, da die Informationstechnologien auch in den tertiären Sektor eindringen, sind diese Hoffnungen verflogen. Im gesamten Dienstleistungsbereich steigt die Produktivität an, während Arbeitsplätze abgebaut werden" (ebd., 108).

Wenn wir ein Beispiel aus der Unternehmensführung betrachten, erhalten wir auch da das stets gleiche Bild. Informationsver- und -bearbeitende Systeme sind sowohl besser als auch billiger als menschliche Arbeitskräfte. Sehr überzeichnet, aber bedenkenswert ist Rifkins Bild der sich im Unternehmen "hocharbeitenden" Computer. "Die intelligenten Maschinen arbeiten sich in der Unternehmenshierarchie immer weiter nach oben und übernehmen nicht nur Routinetätigkeiten, sondern auch typische Managementaufgaben" (ebd., 114). Unternehmen in der Informationsgesellschaft müssen, denken wir an Bonitz' Tempo-Prinzip, ihre Entscheidungen schneller als bisher treffen und weiterleiten. "Das herkömmliche Management ist viel zu langsam, um die immer größer werdenden Informationsmengen zu verarbeiten und seine Kontroll- und Koordinierungsaufgaben ... noch erfüllen zu können. (...) Der Computer übernimmt Koordinationsaufgaben, zu deren Erledigung früher mehrere Leute in verschiedenen Abteilungen nötig waren. (...) Dank des Computers hat jeder Angestellte von jeder Position im Unternehmen aus Zugang zu allen Informationen" (ebd., 73). Durch solche Umstrukturierungen wird ein Lean Management überhaupt möglich. Infolge der Informatisierung wird insbesondere das mittlere Management weitgehend überflüssig und die Unternehmenshierarchie entspechend eingeebnet.

Die Informatisierung durchdringt alle Sektoren einer Volkswirtschaft und verdrängt demnach in allen Sektoren menschliche Arbeitskräfte. Dies folgt zu dem wenig erfreulichen Fazit von Jeremy Rifkin: "Wenn in der Vergangenheit in einem Wirtschaftssektor durch eine technologische Revolution die Mehrzahl der Arbeitsplätze verlorenzugehen drohte, entstand immer rechtzeitig ein neuer Sektor, der die überschüssigen Arbeitskräfte aufnahm. Viele Millionen Menschen, die durch die schnelle Mechanisierung der Landwirtschaft arbeitslos geworden waren, fanden Unterschlupf in der aufblühenden Industrie. Als diese von der Automatisierung erfaßt wurde, wanderten die Arbeiter in den schnell wachsenden Dienstleistungsbereich ab. Heute aber, da alle diese Sektoren neuerlichen Umstrukturierungen und einer weiteren Automation ausgesetzt sind, gibt es keinen Bereich mehr, der die Abermillionen Arbeitslosen aufnehmen könnte" (ebd., 41).

Es entstehen neue Berufe, die die Informationsgesellschaft am Laufen halten. Jeremy Rifkin spricht von "Symbolanalytikern" oder "Wissensarbeitern", "die über eine sehr gute Ausbildung verfügen und die neue High-Tech-Wirtschaft steuern" (ebd., 140).

In einem Interview mit Associated Press faßt Rifkin sein Bild einer weltweiten Arbeitslosigkeit in Zahlen. "Wir schaffen eine Zwei-Klassen-Gesellschaft. Die oberen 20% werden im globalen Markt sein, und die anderen 80% sind ausgeschlossen" (Rifkin in Ames 1995). Wir werden in diesem Szenario nicht nur unsere inzwischen "gewohnte" Arbeitslosenquote von gut 10% nicht halten können, sondern diese auf gewaltige 80% steigern.

Wohin wird dies führen? Wir wollen noch einmal Jeremy Rifkin mit seinen zwar wissenschaftlich eher dünnen, dafür aber drastischen Bildern zu Wort kommen lassen. "Wir stehen an einer Wegscheide der Menschheitsgeschichte", schreibt er. "Die Weltwirtschaft kann soviele Güter herstellen und soviele Dienstleistungen erbringen wie nie zuvor, und sie braucht dazu immer weniger Arbeitskräfte. Die neuen Technologien katapultieren uns in ein Zeitalter der Fabriken ohne Menschen, und dies zu einem Zeitpunkt, da die Weltbevölkerung ebenfalls so groß ist wie nie zuvor" (Rifkin 1996, 155).

Der eine Weg "führt uns in eine verheißungsvolle, utopische Welt" (ebd., 161). Voraussetzung wäre eine gerechte Aufteilung der verbleibenden Arbeit sowie eine gerechte Aufteilung der (hauptsächlich von den Maschinen) erwirtschafteten Profite. Um keine Langeweile aufkommen zu lassen, empfiehlt Rifkin Tätigkeiten im Non-Profit-Bereich, also in gemeinwirtschaftlichen Institutionen, Stiftungen, Verbänden oder in freien Wohlfahrtsverbänden (ebd., 183).

Der andere Weg deutet auf "eine unheilvolle Welt voller Gefahren" (ebd.). Schaffen wir die gerechte Aufteilung der Arbeit nicht, verlieren große Teile der Bevölkerung nicht nur ihre Arbeit, sondern auch ihre Kaufkraft mit der Folge "einer weltweiten Wirtschaftskrise gigantischen Ausmaßes" (ebd., 63), einhergehend mit stark steigender Kriminalität (ebd., 156) sowie bewaffneten "Konflikten mittlerer Stärke" wie Terroranschlägen oder Guerillakämpfen (ebd., 160).

Das Positiv-Szenario: Informationspolitik der Europäischen Kommission und der deutschen Bundesregierung

Vollmundige Pressemeldungen verheißen einen optimalen Arbeitsmarkt in der Informationsgesellschaft. "Es wird Millionen neuer Arbeitsplätze geben", weiß die *Süddeutsche Zeitung*[1], *Die Welt* erwartet gemeinsam mit Zukunftsminister Rüttgers "800.000 neue Jobs"[2], als Begleitmusik zum bundesdeutschen Info 2000 hören wir, "Informationsbranche soll 1,5 Millionen Stellen schaffen"[3]. Für Leo N. Nefiodow scheint es als gesichert, daß derzeit vor allem die Informationsberufe neue Stellen schaffen und damit den Arbeitsmarkt entlasten (Nefiodow 1994), werden es aber genug sein, die Arbeitskräftebilanz zu halten oder gar das Arbeitslosenproblem zu entschärfen? Kann es auch sein, daß die mittelbaren Wirkungen der Informationsgesellschaft, also die Einführung der Informations- und Kommunikationstechnik in Landwirtschaft, Industrie und Dienstleistung *dort* neue Arbeitsplätze schafften? Sowohl die Europäische Kommission als auch die deutsche Bundesregierung sind optimistisch.

Die Europäische Kommission sieht in ihrem Weißbuch zu Wachstum, Wettbewerbsfähigkeit und Beschäftigung den "Kern des Problems" der gegenwärtigen Wirtschaftslage: in den drei Formen der Arbeitslosigkeit (Kommission der Europäischen Gemeinschaften 1993, 11). Konjunkturelle Arbeitslosigkeit entsteht durch Verlangsamung wirtschaftlichen Wachstums, strukturelle Arbeitslosigkeit resultiert u.a. durch Verharren auf traditionelle Wirtschaftsbranchen unter Vernachlässigung der Zukunftsmärkte sowie durch ein veraltetes Beschäftigungssystem, technologische Arbeitslosigkeit durch technischen Fortschritt. Trotz erkennbarer technologischer Arbeitslosigkeit setzt die Europäische Kommission auf den technischen Fortschritt. "Und dennoch bietet dieser Fortschritt Wachstums- und Beschäftigungsmöglichkeiten, sofern wir unser Entwicklungsmodell umgestalten: Aus den Umwälzungen im gesellschaftlichen Leben, in der Familienstruktur, in der Stadtkultur und bei den Konsumgewohnheiten ergeben sich Bedürfnisse, die gedeckt werden müssen; und es geht um die Erhaltung unserer ländlichen Räume und die Verbesserung der Umwelt und der Qualität unseres Naturkapitals. Auf diese Weise werden wir unseren Eintritt ins 21. Jahrhundert vorbereiten" (ebd., 11 f.). Wie soll dies geschehen? Vorgeschlagen wird die Dezentralisierung der Wirtschaft, da hiermit "die Freisetzung dynamischer und kreativer Kräfte" (ebd., 14) einhergeht, sowie die Anwendung

---

1 "Es wird Millionen neuer Arbeitsplätze geben": Informationsgesellschaft bringt Beschäftigungsschub. - In: Süddeutsche Zeitung vom 1.8.1995, 8.

2 Rüttgers erwartet 800.000 neue Jobs. - In: Die Welt vom 22.12.1995, 11.

3 Informationsbranche soll 1,5 Millionen Stellen schaffen. - In: Deutsche Sparkassenzeitung Nr. 13 (1996), 6.

neuer Technologien. "Dezentralisierung, gestützt auf neue Technologien, führt uns geradewegs in eine Gesellschaft der Information, denn zur Dezentralisierung gehört unweigerlich die Kommunikation und die Weitergabe von Information und Wissen" (ebd.). Kernstück europäischer Wirtschaftspolitik wird somit die Informationspolitik (Stock 1996).

Die Informationsgesellschaft ist "das Kernstück des Entwicklungsmodells des 21. Jahrhunderts", mit ihr "steht und fällt Europa" (Kommission der Europäischen Gemeinschaften 1993, 14). Verglichen wird das Aufkommen des "multimedialen Zeitalters" mit der ersten industriellen Revolution. "Produktionssysteme, Arbeitsorganisation und Konsumverhalten machen derzeit weltweit einen Wandel durch, dessen Auswirkungen letztlich denen der ersten industriellen Revolution vergleichbar sein werden" (ebd., 25).

Die Informationsdienstleistungen und die sie tragenden Telekommunikationsnetze helfen, neue Märkte zu schaffen und das Arbeitslosenproblem zu entschärfen. "Die Telekommunikationsnetze werden ... in der Lage sein, dank der Digitalisierungs- und Datenverarbeitungstechniken Stimme, Text und Bild sofort zwischen allen Orten - Wohnräumen, Büros oder Unternehmen - zu übertragen und zu verarbeiten. Diese Netze werden nunmehr das Nervensystem der Wirtschaft bzw. allgemein der Gesellschaft von morgen darstellen" (ebd., 87). Angepeilt wird der "gemeinsame europäische Informationsraum" durch Verknüpfung aller digitalen nationalen Netze, die Zugang zu interaktiven Diensten gewährleisten. "So können diese neuen Telekommunikationsnetze, die selbst unterschiedliche Träger verwenden (Übertragung über Kabel, terrestrische Sender und Satelliten), alle Wirtschaftstätigkeiten befruchten und das Leben des europäischen Bürgers verändern" (ebd., 88).

Die Verwirklichung der europäischen Informationsgesellschaft hängt weitgehend von den Investitionen der Privatwirtschaft ab. Dafür muß allerdings eine Rechtsgrundlage, eine ordnungspolitische Basis geschaffen werden. Hierzu gehören u.a. die Öffnung aller Dienste für den Wettbewerb, der Universaldienst, die Normungspolitik, Datenschutz und Schutz der Privatsphäre sowie die Sicherheit der Informations- und Kommunikationssysteme. Dienstleistungen, die vormals ausschließlich im öffentlichen Sektor erbracht wurden, sollen auf den privaten Sektor oder auf öffentlich-private Partnerschaften verlagert werden. Als Beispiel wird die berufliche Bildung genannt (ebd., 105).

Die Erwartungen an die Informationsgesellschaft sind sehr hoch: "Die Politik der Gemeinschaft zur Schaffung eines gemeinsamen Informationsraums verstärkt den Wettbewerb und erhöht die Konkurrenzfähigkeit Europas. Sie schafft neue Arbeitsplätze und sollte einhergehen mit speziellen Maßnahmen, durch die der Wandel in Wirtschaft und Gesellschaft erleichtert wird und jeder Bürger einen seiner Qualifikation entsprechenden Arbeitsplatz erhält" (ebd., 110).

Der europäische Rat konkretisierte Ende 1995 die wirtschaftlichen Aspekte, die sich für die Europäische Union aus der Errichtung der Informationsgesellschaft ergeben (Rat der Europäischen Union 1995). Hiernach wirkt die Entwicklung der Informationsgesellschaft zweifach. "Sie wirkt sich generell auf die Wettbewerbsfähigkeit der Industrie aus, soweit diese von den Informationsinfrastrukturen und -dienstleistungen Gebrauch macht; sie hat unmittelbare Folgen für die europäische Informationsindustrie als Lieferant für die Wirtschaftsteilnehmer, die Produzenten verschiedenster Informationsinhalte und die Informationsdienstleistungsunternehmen sowie für die Nutzer" (ebd., 6).

Das bundesdeutsche Info 2000 sieht ebenso wie das europäische Weißbuch positive Arbeitsmarkteffekte. "Mit dem Wandel zur Informationsgesellschaft wird sich auch der Arbeitsmarkt verändern. Nicht konkret zu beantworten ist die Frage, wieviel Arbeitsplätze durch diesen Wandel neu geschaffen bzw. sich ändern werden" (Bundesregierung 1996, 26). Konkreter werden jedoch die Aussagen zum Arbeitsmarkt der Telekommunikation. "Absehbar ist, daß ... durch die geplante Liberalisierung im Telekommunikationsbereich die Zahl der Arbeitsplätze im bislang geschützten Monopolbereich zurückgehen wird. Studien der OECD zeigen jedoch, daß auf der anderen Seite bei neuen Wettbewerbern Arbeitsplätze entstehen" (ebd., 26 f.). Verwiesen wird auf den großen Beschäftigtenanstieg im Mobilfunkbereich. Die Bundesregierung verfolgt mit dem geplanten Aufbau der Informationsgesellschaft u.a. das Ziel, den technisch-wirtschaftlichen Wandel zur Informationsgesellschaft zur Modernisierung und Zukunftssicherung des Standorts Deutschland zu nutzen. Der Wandel "soll helfen, neue Märkte zu erschließen, die Wettbewerbsfähigkeit der deutschen Wirtschaft zu stärken und neue Arbeitsplätze zu schaffen. Vor allem auch kleinen und mittleren Unternehmen sollen dabei zusätzliche Wachstums- und Beschäftigungschancen eröffnet werden." (ebd., 50).

Wird der Wandel zur Informationsgesellschaft geschafft, so könnten in den nächsten 15 Jahren in der Europäischen Union 6 Millionen und in Deutschland 1,5 Millionen zusätzliche Arbeitsplätze entstehen. Gelingt der Wandel nicht, sind "Wachstumseinbußen und Arbeitsplatzverluste ... nicht auszuschließen" (ebd., 53). Bei diesen Ausführungen bezieht sich die Bundesregierung ausdrücklich auf ein Gutachten des ifo Instituts für Wirtschaftsforschung (Hofmann/Saul 1996a). Wir werden später darauf näher zu sprechen kommen.

Info 2000 nennt Schlüsselfaktoren, die den Wandel ermöglichen:

- internationale Wettbewerbsfähigkeit der deutschen Informationswirtschaft,
- Geschwindigkeit der Einführung und Nutzung der modernen Informations- und Kommunikationstechniken in Wirtschaft und Verwaltung,
- Infrastrukturentwicklung und Preisgestaltung bei neuen Diensten und Anwendungen,
- Einigung auf technische Standards,
- Anpassung der rechtlichen Rahmenbedingungen und
- Akzeptanz bei privaten Haushalten (Bundesregierung 1996, 53).

Das deutsche Info 2000 liegt inhaltlich auf der gleichen Linie wie die Aussagen der Europäischen Kommission zur Informationspolitik. Die deutsche Bundesregierung wie die Europäische Kommission setzen auf die indirekten Wirkungen der Informations- und Kommunikationstechnik und der Informationsinhalte auf den Arbeitsmarkt: Durch den innovativen Einsatz der Information verbessern die Unternehmen ihre Wettbewerbssituation - egal, auf welchen Märkten - und steigern damit ihren Arbeitskräftebedarf. Hinzu kommen die Arbeitsmarkteffekte der eigentlichen Informationsberufe.

Beschäftigungstrends im 20. Jahrhundert

Manuel Castells und Yuko Aoyama zeichnen Entwicklungstrends der Beschäftigung zwischen 1920 und 1990 nach (Castells/Aoyama 1994). In Anlehnung an Peter Hall (1988) unterscheiden sie zwischen "Güterberufen", Tätigkeiten, die irgendwelche materiellen Güter produzieren oder verteilen, und "Informationsberufen" in einem sehr weiten Sinne, der letztlich alle übrigen Berufe umfaßt. In allen G7-Ländern liegt der Quotient zwischen der Beschäftigung in den Informationsberufen und der Beschäftigung in den Güterberufen um 1920 bei 0,3 bis 0,4. Bis 1990 steigert sich der Umfang der Beschäftigung in den Informationsberufen auf 0,5 (Japan), 0,6 (Deutschland und Italien), 0,8 (Kanada, Frankreich und Großbritannien) bzw. 0,9 (USA), erreicht aber in keinem Land das Beschäftigungsvolumen der Güterberufe. Tabelle 1 zeigt die Zeitreihen im Überblick. "Für alle Länder außer Japan besteht ein Trend zu einem höheren Quotient der Informationsberufe" (Castells/Aoyama 1994, 14). Obgleich die Abgrenzung der Informationsberufe bei Castells und Aoyama höchst bedenklich ist (Informatiker gehören genauso dazu wie

Finanzbeamte oder Immobilienmakler), können wir doch einen eindeutigen Trend hin zur Informatisierung der Volkswirtschaften notieren.

Tabelle 1: Beschäftigung in Informationsberufen relativ zur Beschäftigung in Güterberufen

G7-Länder 1920-1990

	1920	1940	1970	1980	1990
Kanada	0,4 (1921)	0,4 (1941)	0,7 (1971)	0,7 (1981)	0,8 (1992)
Frankreich	0,3 (1921)	0,3 (1946)	0,5 (1968)	0,6	0,8 (1989)
Deutschland	0,3 (1925)	0,3 (1950)	0,4	k.A.	0,6 (1987)
Italien	0,3 (1921)	0,3 (1951)	0,3 (1961)	0,3 (1981)	0,6
Japan	0,3	0,3	0,4	0,4	0,5
UK	0,3 (1921)	0,3 (1941)	0,5	0,6	0,8
USA	0,4	0,5	0,6	0,7	0,9

Quelle: *Castells/Aoyama* 1994, 15 f.

Anm.: Aufgrund unterschiedlicher Primärquellen sind die einzelnen Daten nicht uneingeschränkt miteinander vergleichbar.
"Güterberufe": Beschäftigung im Bergbau, im Bauwesen, in der Industrie, im Verkehr, im gesamten Handel sowie in der Gastronomie
"Informationsberufe": alle anderen Berufe: Beschäftigung in der Kommunikation, im Finanz- und Versicherungswesen, im Immobiliengeschäft, im öffentlichen Dienst und bei allen weiteren Dienstleistern (Klassifikation in Anlehnung an Hall 1988)

In einer weiteren Zeitreihe führen Castells und Aoyama die Veränderungen der Beschäftigungsstrukturen im Industrie- und Dienstleistungssektor vor (Tabelle 2). In Kanada waren der Arbeitsmarkt der Industrie und der Arbeitsmarkt der Dienstleister 1921 nahezu gleich groß, 1990 ist die Beschäftigung im Dienstleistungssektor über dreimal so mächtig wie in der Industrie. In Deutschland dagegen lag der Quotient zwischen der Dienstleistungsbeschäftigung und der Industriebeschäftigung 1925 bei 0,7, um bis 1990 gerademal auf 1,4 anzusteigen.

Mittels dieser Zusatzinformationen ergibt sich ein weiterer interessanter Trend. In den USA und in Kanada verliert die Industrie zugunsten der Dienstleister massiv Arbeitsplätze; dort entwickelt sich eine informatisierte Dienstleistungsgesellschaft (Castells/Aoyama 1994, 26 f.). In Japan und in Deutschland verliert die Industrie vergleichsweise weniger

Arbeitsplätze; hier sehen wir einen Trend hin zur informatisierten Industriegesellschaft (ebd., 27).

Tabelle 2: Das Verhältnis zwischen Industrie- und Dienstleistungsbeschäftigung in den G7-Ländern

	1920	1970	1990
Kanada	1,3 (1921)	2,4 (1971)	3,3 (1992)
Frankreich	0,9 (1921)	1,3 (1968)	2,3 (1989)
Deutschland	0,7 (1925)	0,9	1,4 (1987)
Italien	0,8 (1921)	0,9 (1971)	2,1
Japan	1,2	1,4	1,8
UK	0,9 (1921)	1,0	2,4
USA	1,1	1,9	3,0 (1991)

Quelle: *Castells/Aoyama* 1994, 15 f.

Anm.: Aufgrund unterschiedlicher Primärquellen sind die einzelnen Daten nicht uneingeschränkt miteinander vergleichbar.

Schon vor über zehn Jahren betonte Lothar Scholz dies für die deutsche Volkswirtschaft. Für ihn ist die solide industrielle Basis der Volkswirtschaft entscheidend für deren Weg in die Informationsgesellschaft. "Die Entwicklung zu einer 'post-industriellen' Dienstleistungsgesellschaft führt nicht über eine 'Entindustrialisierung', sondern setzt im Gegenteil eine hochindustrialisierte Wirtschaft voraus" (Scholz 1985, 11).

Gibt es verläßliche Prognosen?

In einer schon etwas älteren Untersuchung von Prognos im Auftrag des Instituts für Arbeitsmarkt- und Berufsforschung wird eine Prognose der (west-)deutschen Arbeitslandschaft bis 2010 gewagt (Hofer/Weidig/Wolff 1989). Bedingt durch die kräftigen Zuwachsraten der Produktivität je Erwerbstätigen durch technologische Innovationen "ist mit einem weiteren deutlichen Rückgang des Arbeitskräftebedarfs im Verarbeitenden Gewerbe zu rechnen" (ebd., 90 f.). Je nach Szenario sinkt die Zahl der Erwerbstätigen in der Industrie zwischen 1987 und 2010 zwischen 0,6% und 1,0% pro Jahr. Durch den

Einsatz der elektronischen Datenverarbeitung im Handel werden starke Produktivitätseffekte erzielt, die zu einem Absinken des Arbeitskräftebedarfs zwischen 0,3% und 0,8% jährlich führen werden (ebd., 92). Für den Arbeitsmarkt der Telekommunikation rechnet Prognos entweder mit einem Anstieg der Zahl der Erwerbstätigen oder mit einem von 1987 vergleichbaren Stand (ebd., 93 f.).

Faßt man die Berufe zu groben Aggregaten zusammen, so werden Produktionsberufe drastisch Arbeitsplätze abbauen, auch in primären Dienstleistungstätigkeiten (Handel, Büro, allgemeine Dienste wie Reinigung, Bewirtung, Lagern und Transport) werden weniger Menschen Arbeit finden, bei den sekundären Dienstleistungen (Forschung und Entwicklung, Organisation und Management, Betreuen - Beraten - Lehren) soll dagegen der Arbeitsmarkt "kräftig expandieren" (ebd., 251).

Eine Untersuchung, in der das ifo Institut für Wirtschaftsforschung bereits 1991 im Auftrag der EG-Kommission mit Hilfe makroökonomischer Modelle die gesamtwirtschaftlichen Auswirkungen verschiedener Diffusionsgeschwindigkeiten der Informations- und Kommunikationstechniken in der Europäischen Gemeinschaft bis zum Jahr 2005 ermittelt hat, ergibt nur geringe Auswirkungen auf den Arbeitsmarkt. Fazit von Wolfgang Gerstenberger ist: Mehr Informations- und Kommunikationstechnik "bedeutet im wesentlichen mehr Produktivität, mehr Realeinkommen für private und öffentliche Haushalte sowie weniger Inflation. Der Arbeitsmarkt bleibt dabei mehr oder weniger unverändert" (Gerstenberger 1991, 14).

In einem neuen Gutachten des ifo Instituts im Auftrag des deutschen Bundesministeriums für Wirtschaft werden die quantitativen und qualitativen Auswirkungen der Informationsgesellschaft auf die Beschäftigung untersucht (Hofmann/Saul 1996a). Die Arbeit von Herbert Hofmann und Christoph Saul beschränkt sich auf eine kritische Würdigung bereits vorhandener Publikationen zu den Arbeitsmarkteffekten der Informationsgesellschaft, gibt dabei aber einen recht umfassenden Überblick über den gegenwärtigen Kenntnisstand.

Hofmann und Saul unterscheiden die direkten Beschäftigungseffekte der Informationsgesellschaft bei den Informationsberufen (Berufe der Informations- und Komunikationstechnik sowie Berufe der Informationsinhaltsbranchen, im Sprachgebrauch des ifo Instituts sog. "Urheberrechtsindustrien") sowie die indirekten Beschäftigungseffekte in anderen Wirtschaftszweigen.

Bei den direkten Beschäftigungseffekten sieht es für Deutschland im einzelnen folgendermaßen aus. In der Telekommunikation besteht bei den alten Monopolinstitutionen ein massiver Personalabbau, der allerdings zum (kleinen) Teil bei Wettbewerbern (Beispiel Mobiltelefon) aufgefangen wird. Personalabbau ist ebenfalls bei der Informationstechnik zu erwarten, genau wie bei der Unterhaltungselektronik. Gegebenenfalls ist dieser Zustand positiv zu verändern, wenn es deutschen Unternehmen gelingt, am globalen Marktwachstum zu partizipieren. Die Urheberrechtsindustrien haben stark positive Beschäftigungseffekte. Insbesondere die Medienwirtschaft besticht durch klares Personalwachstum. "In der durch Strukturwandel geprägten Medienwirtschaft (einschließlich der Wirtschaftswerbung) stieg die Beschäftigung im früheren Bundesgebiet zwischen 1980 und 1992 um durchschnittlich 2,7%. Eine Wachstumsrate, die deutlich höher lag als die Zuwächse des tertiären Sektors insgesamt (2,1%)" (ebd., 32). Die direkten Beschäftigungseffekte sind demnach zweigeteilt: bei den technisch orientierten Berufen gibt es eher einen Beschäftigungsabbau, bei den Berufen der Informationsinhalte eher einen Zuwachs.

Die indirekten Beschäftigungseffekte lassen sich derzeit wohl kaum genügend zuverlässig quantifizieren. Die Wirkungen auf den Arbeitsmarkt werden durch zwei Szenarien skizziert. Im Negativszenario werden in der Gesamtwirtschaft "die Möglichkeiten, die die I&K-Techniken bei der Flexibilisierung der Produktion, der globalen Ausrichtung von Beschaffungs- und Absatzstrategien, der Verkürzung von Innovationszyklen etc. bieten, nur zögerlich umgesetzt. Die technisch ermöglichten Produktivitätssteigerungen werden nicht durch Wachstum kompensiert, negative Beschäftigungseffekte überwiegen" (ebd., 132). Im Positivszenario beschleunigt sich die Diffusion von Informations- und Kommunikationstechniken. "In der Gesamtwirtschaft werden die technisch ermöglichten Produktivitätsfortschritte von organisatorischen Innovationen begleitet. Neue Produkt- und Dienstleistungsinnovationen sowie eine steigende internationale Wettbewerbsfähigkeit setzen zusätzliche Wachstumsimpulse. Negative Beschäftigungseffekte werden durch positive Effekte überkompensiert" (ebd., 133). Einem Orakelspruch kommt das Fazit von Hofmann und Saul gleich: "In allen Fällen zieht die Diffusion von Informations- und Kommunikationstechniken und -diensten, die Vernetzung sowie die Bereitstellung neuer Dienste erhebliche Folgen nach sich" (ebd., 132).

Etwas konkreter sieht Werner Dostal die "Folgen" des Einsatzes von Informations- und Kommunikationstechnik in Unternehmen. Für ihn ergibt sich ein positiver Zusammenhang zwischen dem Einsatz solcher Technik und der Beschäftigung. Beschäftigungsverluste treten nämlich vor allem dort auf, "wo Unternehmen und Branchen die technische Entwicklung verschlafen hatten, während innovative Unternehmen ... ihre Beschäftigung halten oder noch ausbauen konnten" (Dostal 1995, 531). Als Begründung gibt Dostal das Zusammenspiel von innovationsabhängigen Wachstumspotentialen und Kostenreduktion durch Rationalisierungen an. Kostenreduktion und Steigerung der Wettbewerbsfähigkeit gibt es gemäß Dostal auch durch neue, durch Informations- und Kommunikationstechnik erst ermöglichte Arbeitsformen, so das Schrumpfen der Betriebe hin zu kleinen, schlagkräftigen Einheiten, deren "Mitarbeiter" zum Teil zu Selbständigen werden oder wo Teile der Beschäftigten über Telearbeit mitwirken. Solche "virtuellen Unternehmen" agieren global und sichern sich somit die Vorteile der jeweiligen nationalen Arbeitsmärkte (aktuell ist das Beispiel der Softwareproduktion in Indien).

Dostals Überlegungen für die betriebliche Ebene könnten auch für die volkswirtschaftliche Ebene gelten: Eine Volkswirtschaft, die den Weg in die Informationsgesellschaft verschläft, wird Probleme auf ihrem Arbeitsmarkt bekommen. Betont sei, daß es nicht ausschließlich um die Installation neuer Techniken geht. Ein besseres oder billigeres Telefon alleine macht keine Informationsgesellschaft. Einhergehen muß der Technikeinsatz sowohl mit organisatorischen Innovationen als auch mit den richtigen Informationsinhalten, die mittels der neuen Technik be- und verarbeitet werden.

Neue Berufsfelder

Die Informationsgesellschaft ist - wir betonten dies bereits - auch eine Wissensgesellschaft. Viele Bereiche, vor allem in Industrie und Dienstleistung, sind - über die Produkt- und Prozeßinnovationen - direkt von den Ergebnissen der Grundlagenforschung, der technischen bzw. angewandten Forschung und der Entwicklung abhängig. Zur Beherrschung dieser sich immer weiter ausbreitenden wissenschaftlich-technisch-innovativen Bereiche ist qualifiziert ausgebildetes Personal dringend nötig.

Im vierten Kondratieff-Zyklus mit seiner Fixierung auf Massenproduktion (Erdölchemie, Auto, Automatisierung) ist besonders der Typ des Facharbeiters erforderlich. Entsprechend stiegen im vierten Kondratieff die Investitionen in das Humankapital vor allem bei der Berufsausbildung. Pro Lehrling (neun Jahre Schule und drei Jahre duales System) wurden in Deutschland 1975 (in konstanten Preisen von 1985) 94.017 DM ausgegeben, 1990 mit 140.880 DM rund 50% mehr; für Akademiker (vier Jahre Grundschule, neun Jahre Gymnasium, sechs Jahre Universität) fielen die Investitionen von 289.637 DM um über 17% auf 239.787 DM (Maier 1994, 69).

Im fünften Kondratieff verstärkt sich der Übergang von der Handarbeit zur Kopfarbeit. Hier liegt die Fixierung auf Wissen und erfordert entsprechend ausgebildetes Personal. Neben der Zuwendung zu einem qualitativ hochstehenden dualen System der Ausbildung erfordert die Wissensgesellschaft auch ein großes Akademikerpotential. Die Bildungsinvestitionen pro Akademiker, so fordert dies Harry Maier, "müssen gesteigert werden" (ebd., 70). Es geht im fünften Kondratieff primär um innovativ anwendbares Wissen, was für das Bildungssystem eine Stärkung besonders der Fachhochschulen bedeutet. Inhaltlich geht es auch um die Basisinnovation dieses Zyklus', die Information, Kommunikation und Telematik. "Dies ist der entscheidende Impuls für die inhaltliche Gestaltung des Bildungssystems und die Veränderungen im Beschäftigungssystem. Je länger die Bildungswege sind, um so wichtiger wird es, Schlüsselqualifikationen zu erwerben, die mit dem Hervorbringen, Sammeln, Verarbeiten und Nutzen von Informationen verbunden sind" (ebd. 96). Nach einer Schätzung von Andy Hines werden im Jahr 2010 wahrscheinlich 90% der Arbeitskräfte in irgendeiner Weise mit Informations- und Kommunikationstechniken am Arbeitsplatz konfrontiert sein (Hines 1994).

Tabelle 3: Berufe der Informationsgesellschaft - Teil 1

Informationsberufe		
Produzierende Berufe	***Informationsverarbeitende Berufe***	***Informationsbearbeitende Berufe***
Mikroelektronik-Bauteile Computerindustrie Büromaschinenherstellung (Mobil-)Telefonbau Unterhaltungselektronik Kabelindustrie Satellitenherstellung	Informatik (Software) Softwareberatung Telekommunikation	Forschung und Entwicklung Bibliothek Datenbankproduktion und -distribution Informationsvermittlung Verlagswesen Hörfunk, Fernsehen, Film Werbung, Informationswirtschaft

Quelle: *Stock* 1995, 27.

Beim Zusammentreffen von neuen Berufen der Informationsgesellschaft geschieht quasi ein "Quantensprung", der völlig neue Beschäftigungsstrukturen herbeiführen kann (Stock 1995a, 27). Gänzlich neue Berufe sind denkbar, etwa Organisatoren von Videokonferenzen oder Verwaltungsfachkräfte z.B. für Bürgerinformationssysteme. Da einschlägige informations-rechtliche Fragestellungen verstärkt aufkommen werden, könnte sich der Informationsjurist etablieren.

Positive Arbeitsmarktwirkungen der Informationsgesellschaft können - wie dies Hofmann und Saul zeigen - entweder direkt durch die Informationsberufe erfolgen oder indirekt durch Anwendungen der Techniken bzw. Inhalte der Informationsgesellschaft in anderen Wirtschaftsbereichen.

Kommen wir zunächst zu den Informationsberufen. Wir wollen diese spezifischen Berufe der Informationsgesellschaft zunächst grob in die zwei Gruppen der informationsverarbeitenden und der informationsbearbeitenden Tätigkeiten einteilen. Erstere manipulieren an Informationen, ohne primär die Informationsinhalte zu beachten, letztere bearbeiten die Informationsinhalte. Hinzu kommen als dritte Berufsgruppe alle produzierenden Tätigkeiten, die Informations- und Kommunikationsgeräte herstellen. Einige Beispiele für Informationsberufe sind in Tabelle 3 aufgelistet.

Indirekte positive Arbeitsplatzwirkungen der Informationsgesellschaft durch Anwendung der neuen Möglichkeiten bestehen in allen Wirtschaftssektoren, wie dies - wiederum an Beispielen - Tabelle 4 zeigt.

Tabelle 4: Berufe der Informationsgesellschaft - Teil 2

IuK anwendende Berufe		
Landwirtschaft	*Industrie*	*Dienstleistungssektor*
Agrarinformationssysteme auf dem Bauernhof	Meß-, Steuer- und Regeltechnik Medizintechnik Fertigung industrienahe Dienstleistungen	Freizeit Aus- und Weiterbildung Informationsrecht Home Shopping, Home Banking Verwaltungsinformation Verkehrsmanagement Tagungsorganisation Gesundheitswesen Medien Betriebsführung

Quellen: *Nefiodow* 1994, 17; *Stock* 1995, 27.

Die positiven Arbeitsplatzwirkungen können jeweils durchaus geringer ausfallen als die gleichzeitig verursachten negativen Wirkungen. So werden sicherlich einige wenige Arbeitsplätze im Bereich des Home Banking geschaffen, wir verlieren aber gleichzeitig eine große Menge an Arbeitsplätzen am Bankschalter. Oder ein anderes Beispiel: Optimale Informationsflüsse und damit optimale Betriebsführung in Unternehmen haben negative

Auswirkungen auf Berufe, die Informationen "zu Fuß" transportieren, also etwa das gesamte mittlere Management. Positive Wirkungen hat dies auf den Beruf des Informationswirtes. Diesen Beruf wollen wir - beispielhaft für ein völlig neues Tätigkeitsprofil - näher betrachten.

Ein Berufsfeld im Zentrum der Informationsgesellschaft ist das Wirtschaften mit der Ressource Information bzw. mit dem Wissen. Vorgeschlagen wurde für einen solchen Beruf die Bezeichnung "Knowledge Engineering". An der Fachhochschule Köln wird derzeit ein Modell eines solchen Berufs erarbeitet (Stock 1995d). Der geplante Studiengang, in den Planungspapieren "Informationswirtschaft" genannt, bereitet Studierende anwendungsbezogen auf alle diejenigen Aufgaben vor, die helfen, die Informationsgesellschaft zu kreieren und weiter auszubauen.

Es geht um richtig indiziertes Wirtschaften mit Informationen in allen gesellschaftlichen und privaten Bereichen. Einsatzgebiet für Informationswirte ist nicht nur die Privatwirtschaft, sondern auch die öffentliche Verwaltung, Forschungseinrichtungen sowie weitere gesellschaftliche Institutionen.

Die Arbeitsgebiete der Informationswirtschaft folgen der Wertschöpfungskette informationeller Tätigkeiten: der Erstellung elektronischer Informationen (Aufbau von Datenbanken, electronic publishing), der Distribution dieser Informationen (u.a. über Hostsysteme, CD-ROM, Multimedia-Produkte) bis hin zur gezielten Abfrage der Informationen bei konkreten Informationsbedürfnissen bzw. Entscheidungsvorbereitungen. Technische Aspekte (z.B. Informationsübertragung in Hochgeschwindigkeitsnetzen), organisatorische Aspekte (z.B. Analyse der Informationsflüsse in einem Unternehmen) und inhaltliche Aspekte der Information (z.B. Erschließen der Themen von Fachpublikationen) stehen in der Informationswirtschaft in unmittelbarem Zusammenhang.

Informationswirtschaft durchzieht aufgaben- und funktionsorientiert alle Produktions-, Administrations- und Marketingbereiche von Unternehmen und Institutionen. Es geht darum, den Informationsbedarf eines Betriebs zu erkennen, die betrieblichen Informationsabläufe zu planen und unter Einsatz geeigneter Hilfsmittel in Informationssystemen zu realisieren, betriebsinterne Informationen zu sammeln und aufzubereiten sowie externe Informationen zu beschaffen und in das betriebliche Informationssystem zu integrieren, und dies mit dem Ziel größtmöglicher Wirtschaftlichkeit. Hierbei ist auch von Bedeutung, Hardware-, Software- und Telematikprodukte analysieren und bewerten zu können.

Das Studium der Informationswirtschaft verbindet Elemente aus unterschiedlichen Disziplinen. Zu nennen sind als zentrale Fächer Informationswissenschaft, Informatik und Betriebswirtschaftslehre sowie Recht, Nachrichtentechnik, Design, Sprachwissenschaft und Wissenschaftstheorie.

Über welche Fähigkeiten sollen Studierende der Informationswirtschaft nach Abschluß des Studiums verfügen? Das Profil des Berufes läßt sich knapp umreißen mit folgenden Aspekten:

- Planung, Organisation und Betrieb von Informationsabläufen in Unternehmen (bzw. anderen Institutionen),
- Umgang mit Dokumenten und Fakten, von Text, Bild, Ton, Bewegtbild bzw. Multimedia, besonders in elektronischen Formen,
- Einbeziehung externer Informationsressourcen in innerbetriebliche Informationsabläufe, Gewinnung interner und externer Informationen sowie deren Bereitstellung an jedem Arbeitsplatz,
- Bewertung von Hardware-, Software- und Telematikprodukten,
- Beherrschen von Methoden zur Produktion, Speicherung, Distribution, zum Retrieval und Aufarbeiten aller Arten von Informationsinhalten,
- kommunikative Kompetenz (Analyse des Informationsbedarfs und der zielgruppenspezifischen Aufbereitung von Informationen).

Berufliche Einsatzmöglichkeiten bestehen:

- in der gesamten Wertschöpfungskette der Informationspraxis: bei Datenbankproduzenten, bei Online- bzw. Videotex-Hosts, bei CD-ROM-Verlagen, bei Informationsvermittlern,
- in der betrieblichen Information und Kommunikation bei Unternehmen aller Wirtschaftsbranchen, bei Kirchen, Verbänden, Parteien usw.
- in Informationszentren, Archiven und Bibliotheken,
- im Telekommunikationssektor, vor allem in Bereichen inhaltsorientierter Mehrwertdienste,
- als Informationsredakteur/in bei den Medien,

- in der Multimedia-Branche bei der Gestaltung von Informationsprodukten,
- in den Bereichen Übersetzung und Dolmetschen im Rahmen der computergestützten Übersetzung,
- als selbständige/r Informationswirt/in, u.a. als Consultant, als Produzent von Informationssystemen, in der Schulung mit Informationsdiensten, als Informationsvermittler.

Aussagen über die Gesamtzahl und die Entwicklung der zu erwartenden Arbeitsplätze können derzeit noch nicht getroffen werden.

Mehr Beschäftigung?
Fallstudien ausgewählter Berufsfelder

Bereits bestehende, "alte" Berufe der "Symbolanalytiker" und "Wissensarbeiter" im Jargon Rifkins (Rifkin 1996, 140) dürften - der Theorie nach - in der Informationsgesellschaft aufgewertet werden, da sie aktiv im Zentrum der Information und Kommunikation stehen. Als Beispiel der Gruppe der informationsverarbeitenden Berufe betrachten wir die Branche der Telekommunikation, als Beispiele für informationsbearbeitende Berufe Forscher und Entwickler, Medienfachleute sowie Bibliothekare. Sind bei diesen Berufen bereits Arbeitsmarktwirkungen der Informationsgesellschaft zu entdecken?

Telekommunikation. Tabelle 5 bringt ausführliche Zeitreihen zur Beschäftigung (Vollzeitstellen) in der Telekommunikation der G7-Länder zwischen 1980 und 1994, erstellt auf der Basis der Erhebungen der EU, der OECD und der International Telecommunications Union. In allen Ländern geht Hand in Hand mit der Deregulierung und Liberalisierung der Telekommunikation die Beschäftigung zurück. In den USA verliert die Branche bei einem Beschäftigungsabfall von 938.000 im Jahr 1980 auf 663.000 im Jahr 1994 rund ein Drittel der Arbeitsplätze. Deutschland nimmt eine Sonderstellung ein. Zunächst hinken wir, was die Liberalisierung angeht, gegenüber anderen Ländern um einige Jahre zurück. Zudem schaffte der Aufbau der Telekomunikationsinfrastruktur in den neuen Ländern für einige Jahre Arbeitsplätze. Als eine der wenigen Branchen verlor die Telekommunikation in den neuen Ländern gegenüber dem letzten Stand zu DDR-Zeiten keine Arbeitsplätze (Stock 1995b). Es bestehen aber auch in Deutschland in Zukunft wenig Chancen, dem allgemeinen negativen Trend zu entgehen.

Tabelle 6 zeigt einen der Gründe für den fortschreitenden Wegfall der Arbeitsplätze. Nach den Umsatzzahlen kann man durchaus behaupten, daß die Branche in Deutschland "boomt": Bei konstanten 1994er ECU stieg der Umsatz von 24,5 Mrd. ECU (1991) auf 34,6 Mrd. ECU (1994). Der Umsatz pro Mitarbeiter stieg im gleichen Zeitraum von 106.660 ECU auf 152.128 ECU pro Jahr und erreicht 1994 damit rund 150% des Standes von 1991. Die große Produktivität auf der Basis innovativer Techniken sowie die neuen Organisationsformen der Telekommunikationsunternehmen gewährleisten sowohl Umsatzsteigerungen als auch Arbeitsplatzverluste.

Tabelle 5: Beschäftigung in der Telekommunikation

G7-Länder 1980-1994

	1980	1985	1990	1994
Kanada	108.100	99.770	98.170	83.710 (1993)
Frankreich	156.400	166.790	155.810	152.600
Deutschland	195.000	212.360	230.000 (1991)	227.600
Italien	104.000	109.790	117.990	110.000
Japan	333.690	311.320	272.250	252.970 (1992)
UK	246.700	235.180	226.900	183.200 (1993)
USA	938.000	807.000	709.000	663.000 (1993)

Quelle: Communication Indicators 1995, 13.

Tabelle 6: Umsatz und Beschäftigung in der Telekommunikation

Deutschland 1991-1994

	1991	1992	1993	1994
Arbeitsplätze	230.000	232.600	233.600	227.600
Umsatz (Mrd. 1994 ECU)	24,519	28,104	31,115	34,624
Umsatz pro Mitarbeiter (1994 ECU)	106.660	120.827	133.198	152.128

Quelle: Communication Indicators 1995, 13, 16; eigene Berechnungen.

Anm.: Konstante ECU von 1994; 1 ECU = 1,92 DM.

Forschung und Entwicklung. Wenn die Informationsgesellschaft qua Innovationen auf wirtschaftlich anwendbares Wissen aufbaut, dann bildet die Berufsgruppe der Forscher und Entwickler einen zentralen Faktor dieser Gesellschaftsform. In Tabelle 7 betrachten wir den Wissenschaftlerarbeitsmarkt in (West-)Deutschland. Die Beschäftigung zeigt über die 80er Jahre hinweg einen Anstieg, der allerdings am Ende des Jahrzehnts seinen Höhepunkt erreicht hat. Der Beginn der 90er Jahre sieht im Bereich der Wirtschaft einen Abfall der Beschäftigungszahlen (für den Bereich der staatlichen Forschungsinstitute, der Hochschulen sowie der Non-Profit-Einrichtungen liegen mir keine aktuellen Zahlen vor). Die Wirtschaft beschäftigt rund doppelt soviele Wissenschaftler wie der öffentliche Bereich. Von einer wachsenden Relevanz der Wissenschaft, gemessen an der Manpower, kann bislang - sowohl in der Wirtschaft als auch im staatlichen Bereich - keine Rede sein.

Tabelle 7: Beschäftigung in Forschung und Entwicklung

Deutschland (alte Bundesländer), 1981-1993

	1981	1985	1987	1989	1991	1993
FuE	359.419	398.328	419.207	426.447	•	•
davon: **Wirtschaft**	242.544	275.080	295.332	296.510	287.197	283.500
Staat, PNP	116.875	123.248	123.875	129.937	•	•

Quelle: Wissenschaftsstatistik 1991, 14; Wissenschaftsstatistik 1994, 7.

Anm.: Vollzeitäquivalente; gesamtes FuE-Personal; PNP: Private Non-Profit

Medien. Das Deutsche Institut für Wirtschaftsforschung (DIW), Berlin, hat kürzlich eine Analyse der Beschäftigung in den Medienberufen in Deutschland vorgelegt (Seufert 1996). Wolfgang Seufert hält die vielfach behauptete Beschäftigungszunahme im Medien- und Kommunikationssektor für überschätzt - trotz "Multimedia". Seine Prognose auf der Basis von DIW-Modellrechnungen zeigt für den Arbeitsmarkt bei Massenmedien, Druckmedien bzw. elektronischen Medien einen Anstieg von 509.000 Beschäftigten im Jahr 1992 auf 517.000 im Jahr 2010. Damit haben wir zwar endlich eine Berufsgruppe gefunden, wo die Beschäftigungstendenz nach oben zeigt, gerade kräftig ist der vorausgesagte Anstieg jedoch nicht. Auch hier bremsen Produktivitätsfortschritte den Arbeitsmarkt. "Die Zahl der Erwerbstätigen in den Unternehmen, die Medien- und Kommunikationsgüter herstellen und vertreiben, wird bis 2010 vor allem aufgrund der Produktivitätsentwicklung in weit geringerem Umfang steigen als die inländische Nachfrage" (ebd., 172).

Tabelle 8: Beschäftigung in den Medien

Deutschland (bis 1988: alte Bundesländer), 1980-1992, Prognose 2000 und 2010

	1980	1984	1988	1992	2000	2010
Beschäftigte	385.000	362.000	415.000	509.000	520.000	517.000

Quelle: *Seufert* 1996, 167, 172.

Bibliothekswesen. Während die Wissenschaftler, Techniker und Entwickler Informationen kreieren, kommt den Archivaren, Bibliothekaren, Dokumentaren, Datenbankproduzenten, Datenbankanbietern und Information Brokern die Aufgabe zu, Informationen zu sammeln, zu erschließen, zu lagern und bei Bedarf bereitzustellen. Die zahlenmäßig stärkste Berufsgruppe in diesem Bereich sind die Bibliothekare. Durch ihre Aufgabe, Informationen zielgerichtet zu vermitteln, sind Bibliothekare in der Lage, bei der Abfolge Forschung - Entwicklung - Innovation die Informationsflüsse optimal zu gestalten. Damit wird dieser Berufsstand von einer Randlage ins Zentrum der Informationsgesellschaft gerückt (Stock 1995c) - zumindest in der Theorie der Wissensgesellschaft. Die Beschäftigungsentwicklung in den letzten Jahren läßt davon allerdings nocht nichts erkennen. Wir konstatieren zwischen 1991 und 1994 einen leichten Rückgang der Beschäftigtenzahlen, vor allem zu Ungunsten der öffentlichen Bibliotheken (Tabelle 9).

Dieser Rückgang dürfte mehrere Gründe haben. Erstens sehen vielen Gemeinden als Träger der öffentlichen Bibliotheken (und auch die Bibliothekare selber) deren Auftrag eher in sozialen Kategorien, also z.B. beim Lesetraining und der Betreuung der Kinder und sozialer Randgruppen. Für solche Aktivitäten gibt es allemal nur freiwillige Finanzleistungen; die in Zeiten knapper Kassen zurückgefahren werden. Die Gemeinden sehen offenbar noch nicht die Chancen, mit den Bibliotheken die enormen Anstrengungen der Informationsgesellschaft zu meistern. Insofern sägen sie derzeit an dem Ast, den sie später dringend brauchen. Zweitens sind die Bibliothekare kaum für die Aufgaben der professionellen Wissensvermittlung zur Innovationssteigerung von Unternehmen ausgebildet. Drittens sind die Bibliotheken derzeit in Strukturen des öffentlichen Dienstes eingebettet, die für erforderliche Neustrukturierungen unter betriebswirtschaftlichen Bedingungen hinderlich sind. Und viertens ist die technische Ausstattung heutiger Bibliotheken durchaus ausbaufähig.

Die letzten beiden Punkte stimmen mich für die künftige Beschäftigung skeptisch. Durch die noch zu erfolgende optimale technische Ausstattung der Bibliotheken und durch neue Arbeitsstrukturen ("weg vom öffentlichen Dienst") erhalten wir ein großes Potential an Produktivität. Durch die neuen Aufgaben - wenn sie denn erkannt werden - dürfte der Personalbedarf in Zukunft in etwa dem heutigen entsprechen.

Tabelle 9: Beschäftigung im Bibliothekswesen

Deutschland 1991-1994

	1991	1992	1993	1994
Bibliotheken	30.424	29.938	29.165	29.140
davon: **WB**	15.622	15.466	15.421	15.589
ÖB	14.802	14.472	13.744	13.551

Quelle: Deutsche Bibliotheksstatistik 1991-1994, Bd. D, 166.

Anm.: WB: Wissenschaftliche Bibliotheken
ÖB: Öffentliche Bibliotheken
Der angegebene Wert dürfte unterschätzt sein, da sich nicht alle Bibliotheken, insbesondere nicht alle Spezialbibliotheken, an der Bibliotheksstatistik beteiligen.

Fazit

Genaue Trends für die Arbeitsmarktwirkungen der Informationsberufe und für die indirekten Arbeitsmarktwirkungen der Anwendung der Informations- und Kommunikationstechnik sowie der Informationsinhalte können wir letztlich nicht liefern. Beruhigend ist möglicherweise, daß es für Rifkins Negativszenario auch keine exakten Stützungen gibt.

In Tabelle 10 versuchen wir die Beschäftigungswirkungen der einzelnen Berufsgruppen zu schätzen. Aufgelistet sind Berufe, die aus theoretischen Gründen in der Informationsgesellschaft Relevanz haben müßten.

Informationswissenschaftliche Theorie und derzeit feststellbare Praxis klaffen jedoch weit auseinander: Alle I&K-Technik produzierenden Berufe haben nach derzeitigem Prognosestand durch den hohen Produktivitätsgewinn negative Arbeitsmarktwirkungen. Bei den informationsverarbeitenden Berufen dürfte es ähnlich aussehen. Die informationsbearbeitenden Berufe sind schon eher Gewinner in der Informationsgesellschaft. Durch die Komponente der Wissensgesellschaft wird der Wissenschaftlerarbeitsmarkt kaum reduziert werden. Informationsvermittelnde Berufe wie z.B. Bibliothekare werden ihren Stellenwert im Arbeitsmarkt halten. Medienberufe sowie Berufe im Zentrum der Informationswirtschaft dürften leicht zulegen. Bei den indirekten Wirkungen der I&K auf die Gesamtwirtschaft verweisen wir auf die beiden Szenarien des ifo Instituts, ohne eine genauere Richtung angeben zu können.

Tabelle 10: Beschäftigungswirkungen der Informationsgesellschaft

Trendschätzung

	Beschäftigungstrend
A. Informationsberufe	
- Produzierende Berufe	–
- Informationsverarbeitende Berufe	–
-- Software	0 , –
-- Telekommunikation	–
- Informationsbearbeitende Berufe	+
-- Forschung und Entwicklung	0
-- Bibliothek	0
-- Medien	+
-- Informationswirtschaft (i.e.S.)	+
B. Indirekte Wirkungen	?
-- Szenario I	–
-- Szenario II	+

Skala: +: möglicher Beschäftigungsanstieg;
0: wahrscheinlich ausgeglichene Arbeitsmarktbilanz;
–: möglicher Beschäftigungsabfall.

Einhellige Meinung, dieses Bild drängt sich auf, scheint zu sein, daß die informatisierte Dienstleistungsgesellschaft (Beispiel: USA) oder die informatisierte Industriegesellschaft (Beispiel: Deutschland) Produktionsfortschritte verspricht. Für den Arbeitsmarkt sind alle Prognosen ausgesprochen vage. Insgesamt scheint aber das Risiko, alte (nicht-informatisierte) Strukturen der Industrie- bzw. Dienstleistungsgesellschaft aufrechtzuhalten, viel größer als das Risiko, sich massiv auf die Entwicklung der Informationsgesellschaft einzulassen.

Literaturverzeichnis

Ames, Paul (1995): The information society: jobs destroyer or employment El Dorado? - Associated Press Worldstream vom 23.2.1995

Baden, Christian; Kober, Thomas; Schmid, Alfons (1992): Technischer Wandel und Arbeitsmarktsegmentation: ein ausgewählter Literaturüberblick. - In: Mitteilungen aus der Arbeitsmarkt- und Berufsforschung 25 (1992), 61-72

Blanc, G. (1983): The Impact of Telecommunication on Employment. - Genf: International Telecommunications Union, 1983. - (Telecommunication for Development; 2)

Boes, Andreas; Baukrowitz, Andrea; Eckhardt, Bernd (1995): Herausforderung "Informationsgesellschaft": Die Aus- und Weiterbildung von IT-Fachkräften vor einer konzeptionellen Neuorientierung. - In: Mitteilungen aus der Arbeitsmarkt- und Berufsforschung 28 (1995), 239-251

Bonitz, Manfred (1996a): Wissenschaftliche Information und wissenschaftliches Verhalten. - Berlin: Zentralinstitut für Information und Dokumentation der Deutschen Demokratischen Republik, 1986. - (ZIID-Schriftenreihe)

Bonitz, Manfred (1986b): Holographie- und Tempoprinzip: Verhaltensprinzipien im System der wissenschaftlichen Kommunikation. - In: Informatik 33 (1986), 191-193

Bundesregierung (1996): Bericht der Bundesregierung. Info 2000 - Deutschlands Weg in die Informationsgesellschaft. -Bonn, 1996. - (Deutscher Bundestag, 13. Wahlperiode, Drucksache 13/4000 vom 7.3.1996)

Castells, Manuel; Aoyama, Yuko (1994): Paths towards the informational society. Employment structure in G-7 countries, 1920-90. - In: International Labour Review 133 (1994), 5-33

Communication Indicators (1995): Communication Indicators for Major Economies 1995 / Statistical Office of the European Communities; Organization for Economic Cooperation and Development; International Telecommunications Union. - Luxembourg: Office for Official Publications of the European Communities, 1995

Deutsche Bibliotheksstatistik. - Berlin: Deutsches Bibliotheksinstitut (jährlich)

Dostal, Werner (1987): Informationstechnik und Beschäftigung. - Nürnberg: Institut für Arbeitsmarkt- und Berufsforschung der Bundesanstalt für Arbeit, 1987. - (Literaturdokumentation zur Arbeitsmarkt- und Berufsforschung; 12)

Dostal, Werner (1993): Expertensysteme und Beschäftigung. Gibt es derzeit erkennbare Auswirkungen von Systemen künstlicher Intelligenz auf Beschäftigung und Berufe? In: Mitteilungen aus der Arbeitsmarkt- und Berufsforschung 26 (1993), 63-77

Dostal, Werner (1995): Die Informatisierung der Arbeitswelt - Multimedia, offene Arbeitsformen und Telearbeit. - In: Mitteilungen aus der Arbeitsmarkt- und Berufsforschung 28 (1995), 527-543

Economist (1995): Technology and unemployment. A world without jobs? - In: The Economist vom 11.2.1995, 21-24

Eijk, Th. van; Misdorp, P. (1991): Informatie-technologie en werkgelegenheid. - In: Economisch Statistische Berichten 76 (1991), Nr. 3817, 720-723

Engels, Wolfram; Barth, Hans J. (Hrsg.) (1990): Arbeit und Einkommensverteilung in der Informationsgesellschaft der Zukunft. - Heidelberg: v. Decker, 1990. - (Honnefer Protokolle; 5)

Freeman, Christopher; Soete, Luc L. (1994): Work for All or Mass Unemployment: Computerised Technical Change in the 21st Century. - London; New York: Pinter, 1994

Freeman, Christopher; Soete, Luc L.; Efendioglu, Umit (1995): Diffusion and the employment effects of information and communication technology. - In: International Labour Review 134 (1995), 587-603

Fröhlich, Dieter; Gill, Colin; Krieger, Hubert (1992): Quantitative Beschäftigungswirkungen neuer Informationstechnologien in Anwenderbetrieben der Europäischen Gemeinschaft. - In: Mitteilungen aus der Arbeitsmarkt- und Berufsforschung 25 (1992), 192-200

Fournier, Guy (1994): Informationstechnologien in Wirtschaft und Gesellschaft. - Berlin: Duncker & Humblot, 1994. - (Volkswirtschaftliche Schriften; 493)

Gerstenberger, Wolfgang (1991): Auswirkungen der Informations- und Kommunikationstechnik auf die zukünftige Beschäftigung in der Europäischen Gemeinschaft. - In: ifo Schnelldienst Nr. 30 (1991), 8-17

Hall, Peter (1988): Regions in the transition to the information economy. - In: Sternlieb, G.; Hughes, J.W. (Hrsg.): America's New Market Geography. Nation, Region and Metropolis. -New Brunswick; Rutgers: The State University of New Jersey. Center for Urban Policy Research, 1988

Hines, Andy (1994): Jobs and infotech: work in the information society. - In: The Futurist 28 (1994), Nr. 1, 9-13

Höfner, Klaus (1995): Computer, Kapital und Arbeit. - In: Papmehl, Andre; Wollert, Artur (Hrsg.): Wird Arbeit zum Luxus? - Heidelberg: Sauer, 1995, 47-90

Hofer, Peter; Weidig, Inge; Wolff, Heimfried (1989): Arbeitslandschaft bis 2010 nach Umfang und Tätigkeitsprofilen. - Nürnberg: Institut für Arbeitsmarkt- und Berufsforschung der Bundesanstalt für Arbeit, 1989. - (Beiträge zur Arbeitsmarkt- und Berufsforschung; 131.1 [Textband] und 131.2 [Anlageband])

Hofmann, Herbert; Saul, Christoph (1996a): Qualitative und quantitative Auswirkungen der Informationsgesellschaft auf die Beschäftigung. - München: ifo Institut für Wirtschaftsforschung, 1996. - (ifo Studien zur Strukturforschung; 23)

Hofmann, Herbert; Saul, Christoph (1996b): Qualitative und quantitative Auswirkungen der Informationsgesellschaft auf die Beschäftigung. - In: ifo Schnelldienst Nr. 10 (1996)

ifo Institut (1994): Arbeitslosigkeit und Beschäftigungspolitik. - In: ifo Schnelldienst Nr. 22 (1994), 6-15

Kalmbach, Peter (1992): The impact of new technologies on employment. - In: Clauser, Onorio; Kalmbach, Peter; Pegoretti, Giovanni (Hrsg.): Technological Innovation, Competitiveness, and Economic Growth. - Berlin: Duncker & Humblot, 1992. - (Volkswirtschaftliche Schriften; 427), 169 ff.

Kalmbach, Peter; Kurz, Heinz D. (1992): Chips und Jobs. Zu den Beschäftigungswirkungen des Einsatzes programmgesteuerter Arbeitsmittel. - Marburg: Metropolis, 1992

Kempe, Martin (1996): Nachwort. - In: Rifkin, Jeremy: Das Ende der Arbeit und ihre Zukunft. - Frankfurt; New York: Campus, [2]1996, 221-233

Kim, Dong-ju (1994): Expansion of the information workforce: innovation pull or automation push? - In: Technological Forecasting and Social Change 16 (1994), 51-58

Kommission der Europäischen Gemeinschaften (1993): Wachstum, Wettbewerbsfähigkeit, Beschäftigung. Herausforderungen der Gegenwart und Wege ins 21. Jahrhundert. Weißbuch / Kommission der Europäischen Gemeinschaften. - Luxemburg: Amt für amtliche Veröffentlichungen der Europäischen Gemeinschaften, 1993. - (Bulletin der Europäischen Gemeinschaften. Beilage; 6/93)

Kondratieff, Nikolai D. (1926): Die langen Wellen der Konjunktur. - In: Archiv für Sozialwissenschaft und Sozialpolitik 56 (1926), 573-609

Krell, Terence C.; Gale, Jeffrey (1993): Impact of information technology on societal productivity and employment. - In: Business and the Contemporary World 5 (1993), Nr. 4, 119-127

Kubicek, Herbert (1986): Der Mythos der Informationsgesellschaft: von der Illusion, durch Techniken der Telekommunikation Beschäftigung und neue Freiheiten zu sichern. - In: Gewerkschaftliche Monatshefte 37 (1986), 344-360

Lomberg, Stefan; Neukirchen-Fuesers, Frank; Webers, Hans-Harald (1992): Mikroelektronik und Arbeitsmarkt. Eine empirische Untersuchung über Arbeitskräfte- und Qualifikationsbedarf im technischen und strukturellen Wandel am Beispiel der Wirtschaftsregion Duisburg. - Hamburg: S+W Steuer- und Wirtschaftsverl., 1992. - (Duisburger volkswirtschaftliche Schriften; 14)

Lutz, Christian (1984): Keine Arbeitslosigkeit mehr in den neunziger Jahren? Szenarienüberlegungen zur Entwicklung der Informationsgesellschaft. - In: Neue Zürcher Zeitung Nr. 237 vom 12.10.1984, 15

Maier, Harry (1994): Bildungsökonomie. - Stuttgart: Schäffer-Poeschel, 1994

Messerig-Funk, Birgit (1991): Neue Technologien und Personalanpassungen in regionalen Arbeitsmärkten. - Frankfurt: Lang, 1991. - (Europäische Hochschulschriften; 1180)

Nefiodow, Leo N. (1991): Der fünfte Kondratieff. Strategien zum Strukturwandel in Wirtschaft und Gesellschaft. - Frankfurt: Frankfurter Allgemeine; Wiesbaden: Gabler, 1991

Nefiodow, Leo A. (1994): Informationsgesellschaft: Arbeitsplatzvernichtung oder Arbeitsplatzgewinne? - In: ifo Schnelldienst Nr. 12 (1994), 11-19

Northcott, Jim (1993): La micro-electronique, menace pour l'emploi? - In: Futuribles 175 (1993), 3-20

OECD (1994): The OECD Jobs Study: Facts, Analysis, Strategies; Unemployment in the OECD Area, 1950-1995 / Organisation for Economic Cooperation and Development. - Paris: OECD, 1994

Rat der Europäischen Union (1995): Entschließung des Rats vom 27. November 1995 zu den industriellen Aspekten, die sich für die Europäische Union aus der Errichtung der Informationsgesellschaft ergeben. - In: Amtsblatt der Europäischen Gemeinschaften Nr. C 341 vom 19.12.1995, 5-7

Rifkin, Jeremy (1996): Das Ende der Arbeit und ihre Zukunft. - Frankfurt; New York: Campus, 1996

Scholz, Lothar (1885): Auf dem Weg in die "Informationsgesellschaft"? - In: ifo Schnelldienst Nr. 20 (1985), 7-13

Scholz, Lothar (1996): Paradigmenwechsel zu einem innovativen Wirtschaftswachstum. - In: ifo Dresden berichtet Nr. 1 (1996), 21-34

Schumpeter, Joseph A. (1961): Konjunkturzyklen. Eine theoretische, historische und statistische Analyse des kapitalistischen Prozesses. - Göttingen: Vandenhoek & Ruprecht, 1961.

Seemann, Klaus (1987): Zur Problematik der Abschätzung von Arbeitsmarktwirkungen neuer Technologien in der Informationsgesellschaft. - In: Archiv für das Post- und Fernmeldewesen 39 (1987), 213-227

Seufert, Wolfgang (1996): Multimedia: Beschäftigungszunahme im Medien- und Kommunikationssektor vielfach überschätzt. - In: DIW-Wochenbericht Nr. 10 (1996), 165-172

Stock, Wolfgang G. (1995a): Europas Weg in die Informationsgesellschaft, ifo Schnelldienst Nr. 6 (1995), 15-28

Stock, Wolfgang G. (1995b): Neue Bundesländer und Informationsgesellschaft - Wettbewerbsvorteile durch alte Stärken? - ifo Dresden berichtet Nr. 2 (1995), 16-20

Stock, Wolfgang G. (1995c): Der Ort der Bibliotheken und Informationszentren in der Informationsgesellschaft. In: Wolfram Neubauer (Hrsg.): Deutscher Dokumentartag 1995. Zukunft durch Informationen. - Frankfurt: Deutsche Gesellschaft für Dokumentation, 1995. - (DGD-Schrift [DOK-8] 2/95), 305-332

Stock, Wolfgang G. (1995d): Informationsmangel trotz Überfluß. Informationsgesellschaft verlangt neue Berufe und Berufsbilder. - Insider / FH Köln Nr. 4 (1995), 19-22

Stock, Wolfgang G. (1996): Die Informationspolitik der Europäischen Union. In: ABI-Technik 16 (1996), 111-132

Verespej, Michael A. (1995): A workforce revolution? - In: Industry Week 244 (1995), Nr. 15, 21-27

Wissenschaftsstatistik (1991): Forschung und Entwicklung in der Wirtschaft 1989 / SV Wissenschaftsstatistik. - Essen, 1991

Wissenschaftsstatistik (1994): Forschung und Entwicklung in der Wirtschaft 1991 / SV Wissenschaftsstatistik. - Essen, 1994

Wolff, Heimfrid (1987): Verlierer und Gewinner der Informationsgesellschaft. - Basel: Prognos, 1987. - (Diskussionspapier / Prognos, Europäisches Zentrum für Angewandte Wirtschaftsforschung; 87/5)

Die digitale Dienstleistungsgesellschaft

von
Peter Willi Prieß

Dieser Vortrag beschreibt den Wandel, der durch die Umstellung der analogen auf eine digitale Informationstechnik initiiert wird und die volkswirtschaftlichen Auswirkungen, die sich aus dem Umgang mit der digital verfügbaren Information ergeben.

- Eine Definition des Begriffes "Digitale Information" ist zuerst technisch.

Gemeint sind computerlesbare, binäre Zeichen und Graphiken, die sich mit Lichtgeschwindigkeit durch lokale Netzwerke, via Satelliten und durch WANs[1] übertragen lassen.

Erweiterte Definitionen bauen alle auf der technischen Definition auf und beschreiben die digitalen Informationen aus unterschiedlichen Sichtweisen:

- Die digitale Information als *Produktionsfaktor* hat bereits vor vielen Jahren die Produktionsprozesse revolutioniert. Ohne den Einsatz von Computer Aided Design (CAD), das Konstruieren am Bildschirm, und ohne CIM (Computer Aided Manufacturing), also das computergestützte Fertigen, wären heute zum Beispiel kein Flug-

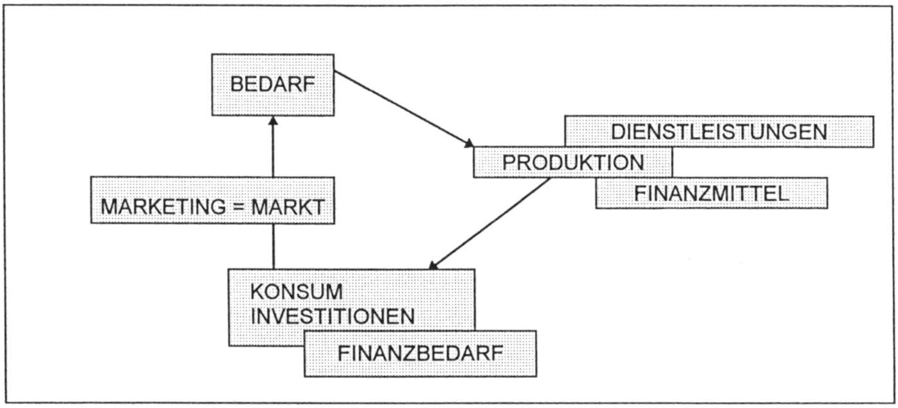

1 WAN: Wide Area Networks.

zeug, kein Automobil und kein Satellit zu bauen. Digitale Information schließt die letzten Lücken analoger Unterbrechungen und erschließt damit eine neue Runde der Rationalisierung, der Produktivitätssteigerung, und bereitet den Weg zum Wegfall humaner Tätigkeiten. Die möglichen Steigerungsraten sind enorm. Beim Automobilbau sind durch den Druck eines weltweiten Wettbewerbs die Zeitzyklen bis an die Schmerzgrenzen verkürzt worden. Von der - zielgruppengenauen - Konstruktion bis zur Auslieferung eines neuen Automobils vergehen nur noch Monate. Die Produktivität steigert sich durch diese digitalen Möglichkeiten und Einflüsse stetig, ein Ende ist nicht in Sicht. Die durch die Produktion mittels Entgelte verteilten Finanzen stellen die wesentlichen Grundlagen des Konsums der Haushalte dar. Wird dieser Kreislauf gestört oder sogar unterbrochen, lassen sich daraus empfindliche Veränderungen des Mittelflusses einer Volkswirtschaft ableiten. Der Konsum wird durch eine verringerte Finanzkraft reduziert, die Investition reagiert mit zeitlichem Verzug. Die Produktionsgesellschaft verliert an Attraktivität. Dies gilt insbesondere für lokale Produktionsstandorte und Absatzmärkte. Europäische Betrachtungen und Absichten stehen im Wettbewerb mit amerikanischer Denk- und Produktionsweise, mit der produktiven Aggression der "Tigerländer" und den finanzkonsolidierten fernöstlichen Marktstrategien. Kulturelle Vielfalt und historisches Erbe gelten nicht viel in digitalen Welten. Denn: Digitale Information unterstützt globale Strategien. Die Auswirkungen: Nur noch weltweite Synergien erlauben die Entwicklung globaler Technologien. Der Finanzbedarf orientiert sich an den Märkten und damit an den Marktzugangskosten. Lokale Absichten mutieren zu milde belächelten Versuchen, die alten Zeiten und Methoden zu beschwören. Die digitalen Realitäten haben die analogen Denker längst überholt.

- Information als *Steuerungsinstrument* bestimmt bereits wesentliche Teile unseres Lebens. Digitale Informationen steuern komplexe Kraftwerke ebenso wie Verkehrsleitsysteme oder die moderne Apparatemedizin. Der Kreislauf optimaler Nahrungsmittelproduktion und logistisch ausgefeilter Versorgung wird von digitaler Information bestimmt. Ein Beispiel: Auf die Stunde genau können Pestizide in optimalen Dosierungen auf die Felder verteilt werden. Die Steuerung durch Wettersatelliten, die zusammen mit empirisch ermittelten Werten die Stunde des Ausschlüpfens von Schädlingen vorhersagen. Die Beispiele lassen sich beliebig erweitern. Durch digitale Informationen gesteuerte Prozesse finden sich heute in (fast) allen Lebensbereichen. Die Abhängigkeit von der steuernden und regelnden digitalen Information ist nahezu umfassend. Ein Zurück zu analoger Beschaulichkeit ist unmöglich geworden.

- Information als *Ware* ist ohne die Nutzung der digitalen Technik kaum noch vorstellbar. Nie wurde die Menschheit schneller und umfassender informiert. Nie zuvor wurden uns Schlachten und Katastrophen, Leid und Glück, das Gute und das Böse so umfassend weltumspannend präsentiert. Die Nachricht ist digital, angereichert um das digitale Bild. Das gute alte Olympia ist digital. Auf Tausendstel Sekunden genau wird

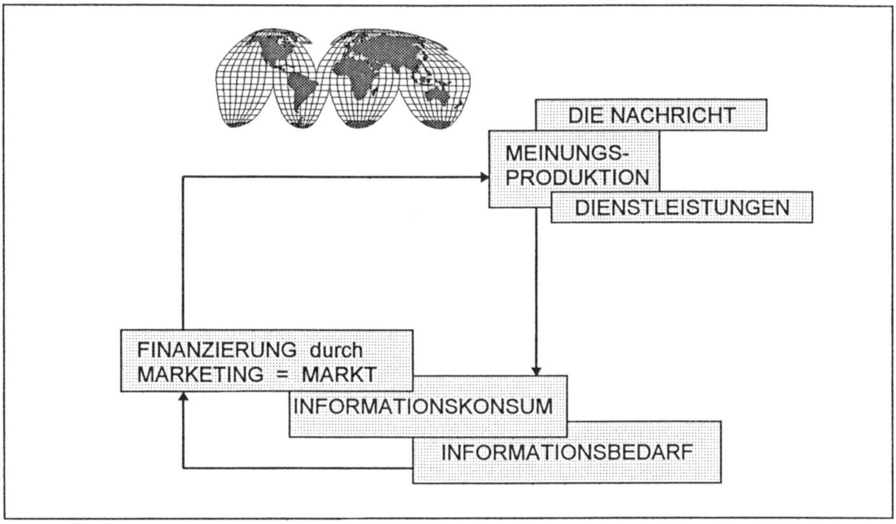

gemessen und verglichen. Die Ergebnisse sind zeitgleich weltweit verfügbar. Digital versorgt kann der Weltbürger die Spiele besser verfolgen als der analog angereiste. Die Ware Information ist der strategische Schlüssel zu dem Zugang zum Konsumenten. Information wird als Grundstoff verwendet, um Marketing zu präsentieren. Soziologie und Psychologie nähren die Verfahren zur subtilen Beeinflussung marktstrategischer, konsumoptimierter Zielgruppen. Eine feine Welt ist das, die sich da selber austrickst. Die Profis der Nachrichten- und Meinungsszene spielen ein neues Spiel. Wie rette ich den Wald vor dem Kahlschlag und bleibe trotzdem am Markt. Wie nutze ich den Kreislauf aus Informationskonsum und Informationsproduktion, finanziert durch den Markt und das Marketing? Wie stelle ich mich optimal auf neue Konsumgewohnheiten und -trends ein, ohne dabei meine traditionellen Verhaltensweisen ändern zu müssen? Wie bewahre ich mein individuelles Meinungsprofil? Die Versuche, Online zu gehen mit Nachricht und Meinung, apellieren an eine neue Spezies von Informationsverbrauchern. Ein Versuch, der sich aller Voraussicht nach erst mit dem nächsten Generationenwechsel als Erfolg oder Mißerfolg erweisen wird.

- Information als gesammeltes *Wissen* anzusehen, scheint die zur Zeit interessanteste Variante der Beschäftigung mit den Wirkungen digitaler Information darzustellen. Wir unterscheiden katalogisiertes Wissen und das Wissen um Prozesse. Expertensysteme, künstliche Intelligenz oder digital-neuronale Abbildungen humaner Fähigkeiten haben sich heimlich entwickelt und stellen heute ernstzunehmende Fähigkeiten zur Verfügung. Das kumulierte Wissen bietet die größten Potentiale, um Heerscharen von Arbeitnehmern ihre bezahlte Beschäftigung zu nehmen.

Im folgenden möchte ich ein Modell zukünftiger Informationsbasen abstrahieren und die Wirkungen einer digitalen Dienstleistungsgesellschaft an einigen Beispielen branchenbezogener Betrachtungen extrapolieren. Zuerst aber machen wir uns mit den Vorteilsargumenten digitaler Informationssysteme vertraut.

Die drei Vorteile digitaler Informationssysteme

Erstens: Digitale Information läßt sich in beliebigen Mengen speichern und verfügbar halten. Zweitens: Sie läßt sich mehr oder weniger intelligent in Datenbanksystemen beschreiben oder umschreiben. Und drittens: Sie läßt sich - auf diese Weise gespeichert und beschrieben - schnell und vor allem umfassend und jederzeit und überall suchen und finden.

Ein mögliches Szenario

Gehen wir davon aus, daß theoretisch das gesamte Wissen dieser Welt digital gespeichert werden könnte. Bücher werden durch Scanner digitalisiert, Bibliotheken werden Inhalte von (Volltext-)Datenbanken. Nachrichten und Meinungen sind zeitgleich mit den gedruckten Ausgaben digital verfügbar. Das Wissen um Prozesse und Zusammenhänge wird in Expertensystemen vorgehalten. Zweidimensionale Bilder und Kunstwerke sind als digitale Kopien gespeichert. Dreidimensionale Kunstwerke sind digital ebenfalls dreidimensional abgebildet. Damit stünden - ebenfalls theoretisch - die wesentlichen Information allen digital Anfragenden zur Verfügung. Setzen wir weiter voraus, die Informationen wären inhaltlich erschlossen und somit zum Finden bereit. Setzen wir ebenfalls voraus, daß allen Nachfragewilligen der Zugang zu allen Information offen steht.

Beschäftigen wir uns mit den Auswirkungen und fragen: Was wäre dann?

Zur Beantwortung dieser Frage simplifizieren wir ein wenig. In der Lehre von der Betriebswirtschaft hat man sich (schon immer) das Leben durch einschränkende Bedingungen etwas leichter gemacht als in anderen geistigen Disziplinen. Dort gibt es den hilfreichen "Homo oeconomicus". Dieser Mensch verhält sich im theoretisch-ökonomischen Sinne immer richtig, wenn es zum Beispiel darum geht, optimal einzukaufen, sein Geld gewinnbringend anzulegen oder ein Unternehmen zum wirtschaftlichen Erfolg zu führen. Gäbe es in der uns interessierenden Lehre von den digitalen Informationen den "Homo informaticus", so wüßte dieser Mensch alles, indem er wüßte, wo und vor allem wie er suchen sollte. Theoretisieren wir weiter und bringen einen "Homo informaticus" mit einer inhaltlich erschlossenen und theoretisch vollständigen Wissensbasis zusammen, die Auswirkungen wären interessant und fatal zugleich.

Einige mögliche Wirkungen

- Ein "Homo informaticus" wäre nur noch in geringem Maße innovativ. Plant er etwa eine Entwicklung, wird er sich zuerst davon überzeugen wollen, ob diese Entwicklung nicht bereits durch andere entwickelt wurde. Innovative, grundlegende technische Erfindungen wurden früher in geographisch getrennten Wirtschaftsräumen teilweise zeitgleich durchgeführt. Wettbewerb war die Folge. Diese Zeiten sind dann vorbei, wenn Wissen transparent wird. Entwicklungsteams sind dann hauptsächlich damit beschäftigt herauszufinden, ob nicht schon ein Team vor ihnen das anstehende Problem gelöst hat. Patente werden schon heute präventiv angemeldet. Sie dienen zukünftig immer mehr strategischen Erwägungen. Die digitale Welt läßt es nicht mehr zu, daß sich Unternehmen auf Entwicklungen ausruhen können. Die Zeitzyklen für Veränderungen werden immer kürzer. Die Aufwendungen für neue Produkte und Verfahren werden für die Unternehmen zunehmend unbezahlbar. Die Konzentrationsprozesse erlauben es bevorzugt den multinational operierenden Unternehmen, ihre Entwicklungen, ihre Fertigung und die Organisation geographisch so zu plazieren, daß der finanzielle Nutzen insgesamt optimiert wird. Ein umfassendes Informationsnetz macht diese Optimierungen erst möglich. In der logischen Konsequenz müssen daher kleine oder mittlere Unternehmen in naher Zukunft auf die Produkte und Märkte ausweichen, die globalwirtschaftlich nicht interessant sind.

- Die älteren Semester unter uns werden sich daran erinnern, daß es einer kleinen Revolution gleichkam, als im Mathematikunterricht der Rechenschieber erlaubt wurde. Dies denkwürdige Eingeständnis, daß Mathematik mit dem Rechnen nichts zu tun hat, ist für Schüler mehr als 30 Jahre her. Seitdem ist der Rechenschieber vom Taschenrechner und unlängst vom Kleincomputer abgelöst worden. Viele der mathematischen Grundfertigkeiten wurden seitdem verlernt und werden auf höherer Ebene durch Rechner ersetzt. Diese im Prinzip harmlose Veränderung des Lernverhaltens läßt sich fortsetzen und endet mit der Forderung, die Inhalte aller Bibliotheken dieser Welt digital vorzuhalten. Durch die Änderung des Lernverhaltens - und in der Konsequenz auch des Lernangebotes - lassen sich fatale Wirkungen auf das Know-how einer Volkswirtschaft ableiten. Die jüngsten Diskussionen über die universitäre Qualität der Ausbildung sind die Spitze des digitalen Eisberges.

- Der Umgang mit Geld hat für die meisten von uns mit dem monatlichen Salär zu tun. Eventuell mit einigen Wertpapieren oder Aktien. Die Möglichkeiten eines digitalen Zahlungsverkehrs wird den Verbrauchern von den Marketingstrategen der Geldhäuser als die neue Freiheit im Umgang mit Zeit und Geld verkauft: 24 Stunden lang Zugriff auf alle Finanzdienstleistungen und immer eine nette Stimme gegenüber. Diese Freiheit ist ebenso unrealistisch wie die Vorstellung, daß Ihnen Sekunden vor dem Reiseantritt am Flughafen die abgelaufene Kreditkarte von einem Sympathieträger erneuert wird. Nationale Parameter volkswirtschaftlicher Steuerungsgrößen wie Zinsen, Geldmenge, Wachstumsrate, Neuverschuldung und Arbeitslosenquote werden weltweit digital transparent. Die Feedbackprozesse politischer und globalwirtschaftlicher Ereignisse und Entscheidungen auf die Finanzströme dieser Welt sind heute alle bereits digital gesteuert. Es gilt, die Kosten und die Risiken der Teilnahme an diesem weltweiten Spiel mit dem Geld zu begrenzen.

- In den 50er Jahren kam die Welt in die Wohnzimmer. Keine andere Technik hat das Freizeit- und Informationsverhalten des Homo sapiens innerhalb kurzer Zeit so verändert wie das Fernsehen. Die Umstellung auf das digitale Fernsehen hat gerade begonnen. Es wird den Umgang mit Information und das Freizeitverhalten nochmals einschneidend ändern. Der digitale Fernseher ist zukünftig nicht nur das Fenster zur Welt, sondern auch das Fenster zu den digitalen Informationen und Diensten. Nicht nur die Videotheken werden zur Jahrtausendwende dank Pay-TV verschwunden sein, sondern mit ihnen auch eine Vielzahl von Reisebüros und Bankfilialen. Das Einkaufen am Bildschirm wird zur Normalität, das digitale Ausfüllen des Lottoscheines kurz vor der Ziehung erhöht den Nervenkitzel.

Wer partizipiert nun wirklich von der neuen Informationstechnik? Diese Frage ist sicher opportun aber nicht leicht und nicht gern zu beantworten. Niemand weiß es so genau, und der Trend treibt die Entwicklung. Einige partizipieren überproportional, wenige sind sich im vernetzten Sinne der Auswirkungen bewußt. Die Politiker sind kaum noch in der Lage zu begreifen, was um sie herum vorgeht. Analoge Denker sind als Entscheider nicht in jedem Falle schädlich. Nur einige digitale Experten sollten schon dabeisein.

Der Wandel von der analogen zur digitalen Informationsgesellschaft ist bereits in vollem Gange. Er vollzieht er sich mit einer Geschwindigkeit, die inzwischen sogar den Professionellen zum Nachdenken Anlaß gibt.

Fassen wir zusammen

In einer digitalen Welt mit global vernetzten Informationsknoten, mit Wissensbasen und in Echtzeit verfügbaren Prozeßinformationen wird die Produktion von Konsum- und Investitionsgütern immer weiter rationalisiert. Die heimische Investitionsgüterindustrie gerät unter den Druck der Tigerländer. Die Spezialitäten der europäischen Produzenten sind bei einem wachsenden Bewußtsein von "Quality enough" im Sinne einer Preis-/Leistungsabwägung weniger gefragt. Der Standort Europa ist als Quell intelligent substituierender Innovation inzwischen denkbar ungeeignet. Zu fett und zu tief hängen die Trauben inzwischen an den sozial gestützten Bäumen.

Für die Konsumgüterindustrie hat schon vor vielen Jahren eine andere Zeitrechnung begonnen. Der Konzentrationsprozeß konvergiert hier gegen eine Aufgabe aus der Logistik: Wie verteile ich mit geringsten Kosten just-in-time meine Waren unter Berücksichtigung von Qualität, Quantität und Preis? Omnipräsentes Marketing steuert mehr oder weniger erfolgreich den (Massen-)Bedarf.

Die gute alte Dienstleistung ist als Ausweg aus der Produktionsmisere im Sinne einer beschäftigungsstiftenden Alternative denkbar ungeeignet. Die Dienstleistung wird digital und verdrängt den analogen Vorgänger meist ersatzlos. Eine prosperierende digitale Dienstleistungsgesellschaft ist in sich ein Widerspruch. Digitale Dienstleistung ist operatorarm im Angebot. Der Empfänger oder Konsument der digital angebotenen Leistungen macht die Arbeit überwiegend selbst. Er bucht seine Reise am Bildschirm, er setzt digitale Kreuze auf den Lottoschein, er erledigt seine Bankgeschäfte 24 Stunden am Tag, er lernt vom Bildschirm, er kauft die Sonderangebote via digitaler Set-Top-Box, er liest die neuesten Nachrichten nicht mehr auf Papier. Eine digitale Dienstleistungsgesellschaft ist arm dran mit ihren Home-Offices, ihren total konsumorientierten Leistungen, mit dem digitalen Erleben.

Wie sehen normierte Konsumenten die unerbittlich auf sie zukommende digitale Dienstleistungsrealität? Sind sie kritisch? Sind sie wehrhaft? Sind sie bewußt? Sind sie besorgt?

Eine wenig tröstliche Analogie

Seit zur letzten Jahrhundertwende der Nutzen von Erdöl und Erdgas entdeckt wurde, werden die Vorräte ohne Sinn und Verstand ausgebeutet. Sie haben zwar einen wirtschaftlichen Wohlstand ermöglicht, zerstören aber nachweislich den ökologischen Lebensraum in teilweise irreversibler Manier. Darüber hinaus haben die fossilen Energien nur in vergleichsweise wenigen Regionen dieser Erde den Wohlstand gemehrt.

Der Umgang mit der digitalen Information gestaltet sich ähnlich hemmungslos wie der mit den fossilen Energien. Es gibt kein Konzept im Umgang mit digitaler Information. Es gibt den (analogen) Gedanken vom wirtschaftlichen Wachstum, der jedes Mittel rechtfertigt. Die politischen und wirtschaftlichen Fehlentscheidungen sind sichtbar. Ihre Auswirkungen sind extrapolierbar. Trotzdem oder gerade deshalb werden die digitalen Informationstechniken ihren Siegeszug antreten. Sie werden Hunderttausende von Arbeitsplätzen kosten. Sie werden soziale Unruhen anstiften. Sie werden zu einer Verschärfung des sozialen, kulturellen und wirtschaftlichen Gefälles in den technisierten Gesellschaften führen. Sie werden letztendlich einer Zweiklassengesellschaft zuarbeiten. Die eine Klasse versteht die Technik hinreichend und die Methode zur Nutzbarmachung notwendig. Diese Synchronisation zwischen Technikchance und Technikverstehen mißlingt den meisten Teilnehmern am Verteilungsprozeß jedoch. Daraus entsteht die andere Klasse. Sie konsumiert und will und muß um des sozialen Friedens willen finanziert werden. Dies führt in letzter Konsequenz zu einer Gesellschaftsform, in der es um eine neue Form der Verteilung des Erwirtschafteten geht und in der Arbeit nicht mehr allein dem Erwerb von Geld dient.

Eine mehr tröstliche Analogie

Es gibt den realen "Homo oeconomicus" nicht. Viele Glücksritter finanzieller Transaktionen sind der Anzahl der Parameter des Gleichungssystems der Welt des schnellen Geldes nicht gewachsen. Sie kaufen dort ein, wo es nett ist. Sie vergleichen nur begrenzt die

Preise und sie kaufen sich Dinge nicht nur nach Nützlichkeitserwägungen. Der Homo sapiens verhält sich nicht immer ökonomisch. Und es gibt sogar einige, die eine gewisse Lernfähigkeit im Umgang mit freien Gütern erkannt haben wollen. Dies soll uns Anlaß zur Hoffnung sein. Sowenig wie es den Homo oeconomicus gibt, gibt es den Homo informaticus. Viele Menschen boykottieren den digitalen Ansatz. Viele kommen schlichtweg auch nicht damit klar und manchmal drängt sich der Gedanke auf, dies sei der wahre Grund für den Boykott. Der Mensch ist ein im mathematischen Sinne stetiges Wesen und in analogen Denkstrukturen sozialisiert. Diese nur langsam zu ändernden Eigenschaften halten ihn (noch) davon ab, sich wie ein digitaler Lemming zu verhalten. Solange wir es noch als Entspannung verstehen, unsere Dichter und Meinungsbildner analog vom Papier zu konsumieren, schadet dies zwar dem Baumbestand, aber ohne Schaden ist in diesem Zusammenhang kaum etwas.

Aber: Die globalen Trends sind kaum mehr zu beeinflussen. Digitale Netzwerke und Satellitensysteme umspannen die Erde. Hoffen wir auf einen verantwortlichen Umgang mit den Möglichkeiten. Und hoffen wir auf die Erkenntnis der Verantwortlichen, das die totale digitale Dienstleistungsgesellschaft kein erstrebenswertes Ziel sein kann.

Innovationsstimulierung der deutschen Wirtschaft durch wissenschaftlich-technische Information
INSTI 01.01.1995-31.12.2000

von
Thomas Einsporn

1 Einführung

Patente haben eine enorme Bedeutung als Gradmesser der Innovationsfähigkeit und damit der Wettbewerbsfähigkeit von Unternehmen und ganzen Volkswirtschaften. 85 Prozent der weltweiten Nachfrage nach Patentschutz stammt aus den drei großen Wirtschaftsblöcken USA, Japan und Europa. Sie hat sich jedoch in diesen drei Blöcken unterschiedlich entwickelt.

Derzeit ist die deutsche Industrie mit Patenten auf dem Gebiet der traditionellen Technologien noch abgesichert. Auf den Gebieten der High-Tech-Technologien wird die Position Deutschlands zunehmend schwächer. Japanische Firmen haben in den vergangenen Jahren mehrere tausend Patente auf dem Gebiet der Supraleittechnik angemeldet. Deutsche Unternehmen bzw. Forschungsinstitute hingegen nur ein paar Dutzend.

1980 war die Anzahl der Patentanmeldungen aller drei Wirtschaftblöcke noch etwa gleich; seitdem hat sich das Verhältnis zugunsten der Japaner und der USA verschoben.

Betrachtet man die Zahl der Erstanmeldungen pro 1 Mio. Einwohner, wird die unterschiedliche Anmeldetätigkeit sehr deutlich. Japan liegt mit 2.665 Anmeldungen pro 1 Mio. Einwohner klar an der Spitze, gefolgt von den USA mit 388 Anmeldungen. Europa (EPO-Staaten) bildet mit durchschnittlich 245 Anmeldungen das Ende.

Der Appell des Deutschen Patentamtes, Patentrechte stärker zu beachten, zielt insbesondere auf Klein- und Mittelbetriebe (KMU), da

- bei KMU ein enormes Innovationspotential vorhanden ist, das sich kaum in Patentanmeldungen niederschlägt,
- gerade KMU durch Unkenntnis des Patentwesens oft empfindliche Verluste erleiden.

Ca. 24 Milliarden DM werden jährlich in der BRD an Forschungs- und Entwicklungsmitteln vergeudet, weil der dokumentierte und öffentlich zugängliche Stand der Technik nicht ausreichend berücksichtigt wird, d.h. in den Unternehmen wird "munter drauflosentwickelt", obwohl eine Problemlösung anderweitig längst gefunden wurde.[1]

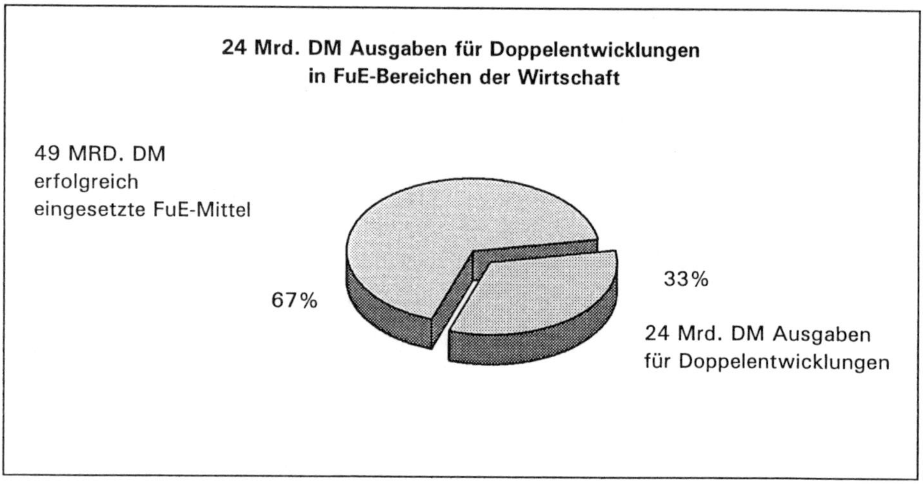

KMU fühlen sich nicht nur mit der Ermittlung des aktuellen Standes der Technik oft überfordert, sondern stehen dem Patentschutz auch sehr skeptisch gegenüber:

- Die Kosten für Patente werden in vielen Fällen als eine unsichere und nicht rentable Investition betrachtet.

- Das Patent gibt keine Verwertungsgarantie.

- Jährliche Aufrechterhaltungskosten sind keine Garantie für die Abschreckung von Imitationskonkurrenz.

- Viele KMU vertrauen eher auf ihr Know-how oder ein agressives Marketing.[2]

In kleinen Betrieben entfallen in zwei Drittel der Fälle mehr als 5 Prozent des Jahresumsatzes auf Forschung und Entwicklung. Ein Betrieb kann somit in ernste Schwierigkeiten

---

1 *Deutsches Patentamt München*, 1993.
2 Vgl. Schriftenreihe des *Europäischen Patentamtes*, Vol. 3, 1994.

kommen, wenn nach mehrjährigen Entwicklungsanstrengungen entdeckt wird, daß das Ergebnis längst bekannt und patentiert ist.

Auch mit anderen Unannehmlichkeiten ist zu rechnen:

Wer es versäumt, ein patentierbares Forschungsergebnis zu schützen, darf sich nicht wundern, wenn die Konkurrenz die gleiche Entwicklung durchführt, zum Patent anmeldet und dann Lizenzzahlungen verlangt.

Die folgenden statistischen Aussagen des Europäischen Patentamtes stützen die These:

- vom gesamten Potential der Unternehmen, die als Nutzer des Patentsystems in Frage kommen, gehören mehr als 2/3 zu der Kategorie der Nichtanmelder;

- sowohl Anmelder als auch Nichtanmelder haben während der letzten drei Jahre etwa die Hälfte ihrer Produkte/Verfahren entweder neu eingeführt, erheblich verändert oder verbessert.

Die Feststellung trifft auf alle Unternehmen zu, unabhängig von ihrer Grösse.[3]

Sich vor oben genannten Überraschungen zu schützen, ist weder besonders kompliziert noch unerschwinglich teuer.

Hilfestellungen zur Ermittlung des aktuellen Standes der Technik bieten Interessierten z.B. Patentschriftenauslegestellen, Patentinformationszentren, Erfinderzentren, Informationsvermittlungsstellen, Technologie-Transferstellen u.a.

Wer sich die Kompetenz erwirbt, kann sich auch direkt durch die Einrichtung eines Recherchearbeitsplatzes die nationale und internationale Patentinformation vom eigenen Arbeitsplatz aus zugänglich machen.

2 INSTI-Hauptphase 01.01.1995-31.12.2000

Aus den Ergebnissen der Vorphase ergaben sich zwei inhaltliche Schwerpunkte für die INSTI-Hauptphase:

---

3 Vgl. Schriftenreihe des *Europäischen Patentamtes*, Vol. 3, 1994.

- Eine Steigerung der Nutzung von Patent- und wissenschaftlich-technischer Information (INTI) aus Datenbanken soll bestehende Ideenressourcen stärker als bisher in die Umsetzung neuer Produkte miteinbeziehen (WTI-Förderung).

- Ein erfinder- und innovationsfreundlicheres Klima in der BRD soll die Innovationstätigkeit als wesentliche Grundlage für die Sicherung der Wettbewerbsfähigkeit verstärken (Erfinderförderung).

Bei vielen Unternehmen, insbesondere bei kleinen und mittelständischen, ist die systematische Nutzung der nationalen und internationalen Patentliteratur, von Patentdatenbanken, wissenschaftlich-technischen Datenbanken und anderen Informationsquellen weitgehend unbekannt oder erfolgt nur sporadisch aufgrund von Einzelinitiativen.

Des weiteren ist die Bereitschaft der Unternehmen, eigene Mitarbeiter durch geeignete Weiterbildungsmaßnahmen stärker mit den Möglichkeiten der Nutzung von Datenbanken vertraut zu machen, nur wenig ausgeprägt.

Im Rahmen von INSTI soll daher erreicht werden, daß der Nutzen von Patent- und wissenschaftlich-technischer Information durch systematische Öffentlichkeitsarbeit und Weiterbildungsangebote stärker als bisher verdeutlicht wird.

2.1 Das japanische Modell / Hatsumei Kyokai

Es ist beabsichtigt, ein flächendeckendes und umfassendes Innovationssystem nach japanischem Vorbild mit ca. 40 Institutionen in der BRD aufzubauen.

Das japanische System der Innovationsstimulierung - Hatsumei Kyokai - vertritt derzeit die Interessen von rund 14.000 Mitgliedern. Zu den Arbeitsfeldern gehören:

- ***Erfinderförderung***
  - Preise,
  - Ehrungen auf lokaler und nationaler Ebene,
  - Kinder-, Schüler-, Lehrer- und Ausbilderwettbewerbe,
  - Technologietransferwettbewerbe,
  - Erfinderclubs von Schülern,
  - Weltausstellung von Erfindungen junger Leute.

- ***Verbreitung des Patentwesens***
  - Bibliotheken,
  - Erfinderberatungen, Beratung bei der Patentanmeldung durch Patentanwälte,
  - lokale Verbreitung von Patentinformation (Kopierdienste, Übersetzungsdienste, Patentinformationsvermittlung u.a.).

- ***Analysen und Forschung*** (technische Evaluierung)

- ***Internationale Kooperation***

- ***Förderung von lokalen Aktivitäten***

Dieses System der Innovationsstimulierung wird durch mehr als 480 hauptamtliche Mitarbeiter erbracht, die in der Hauptverwaltung in Tokio und in 47 Außenstellen tätig sind.

Eine weitere aktive Unterstützung erfolgt durch zahlreiche Sponsoren sowie durch einen erwirtschafteten Jahresetat von 320 Mio. DM.

In Japan wird die Bedeutung der Arbeit von Hatsumei Kyokai für die wirtschaftliche und technologische Entwicklung des Landes allgemein anerkannt. Nicht zuletzt basiert der Erfolg dieses Systems auch darauf, daß der Präsident von Hatsumei Kyokai stets eine Persönlichkeit aus dem kaiserlichen Hause ist.

Das japanische Modell belegt eindrucksvoll eine deutliche Wechselwirkung zwischen der Nutzung von Information einerseits und der Schaffung neuer Erfindungen bzw. Produkte andererseits.

2.2 Zur Situation in Deutschland

Das z.Zt. in Deutschland bestehende System wird durch eine Vielzahl von privatwirtschaftlichen und staatlichen Einrichtungen auf regionaler und überregionaler Ebene getragen. Die einzelnen Einrichtungen nehmen dabei in der Regel nur Teilaufgaben wahr.

Zudem findet eine wechselseitige Wahrnehmung und gegenseitige Unterstützung der Einrichtung weitgehend nicht statt.

Damit ist das bestehende System für Außenstehende bzw. an Leistungen Interessierte in weiten Teilen intransparent und nur schwer nutzbar.

2.3 Grundsätze der INSTI-Förderung

□ Mit Hilfe von Fördermitteln sollen **bestehende Einrichtungen** und deren Leistungsangebote aktiviert und weiterentwickelt werden.

Die Anzahl der INSTI-Beteiligten ist auf vierzig beschränkt: Sie werden neben fachlichen Gesichtpunkten nach folgenden Merkmalen ausgewählt:

1. Priorität: **Privatwirtschaftliche Institutionen**
(z.B. Patentanwälte, Informationsvermittler, Unternehmensberater)

2. Priorität: **Öffentlich oder privatwirtschaftlich geförderte Institutionen**
(z.B. Patentinformationszentren, Erfinderberatungsstellen)

3. Priorität: **Wirtschaftsvereinigungen**
(z.B. Verbände und Kammern)

□ Ein möglichst engmaschiges **Netzwerk** bestehender Einrichtungen soll eingerichtet werden.

- Eine **flächendeckende** Vernetzung wird angestrebt.

- Die beteiligten Einrichtungen werden durch **Standardfördermaßnahmen** unterstützt.

Nicht gefördert werden:

- Gründung und Aufbau zusätzlicher Einrichtungen,
- Schöpferische Erfindungsprozesse,
- Staatliche Dauerförderung,
- Dienst- und Beratungsdienstleistungen,
- Politische, steuerliche und gesetzliche Rahmenbedingungen,
- Entwicklung und Vermarktung neuer Produkte und Dienstleistungen.

2.4 Angebote der INSTI-Partner

Um die Prozesse der Innnovationsstimmulierung umfassend zu unterstützen, müssen folgende Leistungen durch jeden einzelnen INSTI-Beteiligten erbracht werden:

□ Beteiligung an der **Innovationsbörse**

Ausgehend von einer schnellen Umsetzung und Vermarktung von Erfindungen und innovativen Ideen soll ein System geschaffen werden, das durch leichte Handhabbarkeit die Zusammenführung von Technologie- und **Forschungsideen** einerseits und Technologie- und **Forschungsbedarf** andererseits wirksam unterstützt.

Die INSTI-Beteiligten sind verpflichtet, den Aufbau und die Nutzung der Innovationsbörse durch Zulieferung von Forschungsangeboten und -bedarf sowie durch die Beteiligung an regelmäßigen Erfahrungsaustauschtreffen zu forcieren.

Somit bietet die Innnovationsbörse die Grundlage für ein attraktives Leistungsangebot der INSTI-Beteiligten.

□ Offensives Angebot von **Patentrecherchen** und Literaturbeschaffung

Die Nutzung von Patentinformation erfordert spezielle **Kenntnisse und Fertigkeiten**, z.B. Kenntnisse im Patentwesen (Anmeldeverfahren, Patentrecht, Struktur der Internationalen Patentklassifikation), Fertigkeiten in Bezug auf die **Durchführung von Recherchen** in nationalen und internationalen Patentdatenbanken.

In der Industrie sind nur wenige Mitarbeiter in der Lage, selbständig in Patentdatenbanken zu recherchieren. Entsprechend niedrig ist die Zahl der Schulungsanbieter zu diesem Thema.

Eine Förderung der Teilnahme an Aus- und Fortbildungsangeboten zur Nutzung von Patent- und wissenschaftlich-technischer Information wird auf die INSTI-Beteiligten beschränkt.

Das heißt, externe Teilnehmer an Patent/WTI-Schulungen (Unternehmen, Einzelerfinder, Patentanwälte usw.) müssen die entstehenden Kosten in voller Höhe selbst übernehmen.

□ Organisation von Veranstaltungen zum **Innovationstraining (Erfinderschulungen)**

Im Rahmen des INSTI-Vorprojektes wurden z.T. erhebliche Defizite in Bezug auf den Kenntnisstand in Sachen gewerblicher Rechtsschutz, methodische Aspekte des Erfindungsprozesses, Kreativitätstechniken, Nutzung von Datenbanken festgestellt.

Ein umfassendes, **neu zu entwickelndes Gesamtschulungskonzept** zum Thema Erfinderschulung könnte diese Situation wesentlich verbessern.

Im Rahmen von INSTI werden die Beteiligten dazu verpflichtet, Erfinderschulungen zu organisieren. Das heißt, sie können externe Referenten anfordern oder die Durchführung gemeinsam mit geeigneten Weiterbildungsträgern vornehmen.

Die wichtigsten Zielgruppen der Erfinderschulungen sind die Erfinder aus Unternehmen und Hochschulen, Patentinformationszentren, Mitarbeiter aus Verbänden und Kammerorganisationen.

Die Schulungskurse werden in folgenden Formen angeboten:

- **Öffentlich**, so daß jeder Interessierte gegen Entgelt daran teilnehmen kann,

- **unternehmensintern**, so daß nur Angehörige einer Firma teilnehmen können.

□ Organisation von **Erfinderclubs**

Erfahrungen aus Japan zeigen, daß Erfinderclubs wichtige Elemente einer leistungsfähigen Innovationsinfrastruktur sein können und wesentlich zu **einem erfinderfreundlicherem Klima** beitragen. Das in der Bundesrepublik Deutschland bestehende Defizit auf diesem Gebiet ist bereits erkannt.

Im Rahmen von INSTI wird die **Organisation von Erfinderclubs** durch die INSTI-Beteiligten gefördert. Die Erfinderclubs sollen dabei z. B. in Zusammenarbeit mit ortsansässigen Unternehmen, Sponsoren und Hochschuldozenten organisiert werden und vorwiegend "nach Feierabend" stattfinden.

□ Beteiligung am **INSTI-Netzwerk**

Durch die Schaffung eines Netzwerkes ist beabsichtigt, den Bekanntheitsheitsgrad, die Zugänglichkeit und die Nutzung der bestehenden Angebote zu verbessern.

Zu diesem Zweck wird das bisher im wesentlichen durch eine lose Verbindung der beteiligten Organisationen gekennzeichnete System zu einem leistungsfähigen, **flächendeckenden Netzwerk** weiterentwickelt, wobei der Begriff Netzwerk nicht vorrangig als rein technische Verbindung verstanden wird.

Das INSTI-Netzwerk soll vielmehr den interessierten Einrichtungen eine Möglichkeit bieten, sich mit minimalem technischen Aufwand in ein Informations- und Kommunikationsinstrument (Mailbox) zu integrieren, um so die angebotenen Informationsdienste, Kommunikationsdienste und die E-mail-Dienste zu nutzen.

Entscheidend in diesem Zusammenhang ist, daß die bereits bestehenden und funktionierenden Kontakte und Verfahren der Informationsbeschaffung, der Beratung usw. (Industrie- und Handelskammer, Verbände usw.) für die Interessenten grundsätzlich erhalten bleiben.

Die INSTI-Beteiligten sollten daher möglichst frühzeitig beginnen, Verbindungen zu den Anbietern ihrer Region auf- bzw. auszubauen. Über entsprechende Vereinbarungen könnten auf diesem Weg dichte und wirksame Kooperationsnetze entstehen. Das entstehende Netzwerk wird als **"Netz der kurzen Wege"** aufgebaut.

Vorrangig soll das INSTI-Netzwerk dazu dienen, die INSTI-Beteiligten miteinander zu verknüpfen, die ein möglichst umfassendes Leistungsangebot zur Unterstützung von Innovationsprozessen bereitstellen. Interessierten Unternehmen kann somit das insgesamt zugängliche Leistungsspektrum **"aus einer Hand"**, das heißt, über einen INSTI-Beteiligten bzw. dessen Kooperationspartner, angeboten werden.

In Bezug auf nicht direkt zugängliche Leistungen übernimmt der INSTI-Beteiligte die Rolle eines Vermittlers zwischen Anfrager und jeweils geeignetem Anbieter.

3 Das INSTI-Netzwerk

Geplant ist hierbei, ein Netzwerk mit 40 in ganz Deutschland verstreuten Anlaufstellen aufzubauen - 30 solcher Stellen bestehen bereits.

Die Partner, die sich am INSTI-Netzwerk beteiligen, sind Einrichtungen von hoher fachlicher Kompetenz (s. Grafik). Hierbei handelt es sich zu einem großen Teil um privat-

Das INSTI-Netzwerk

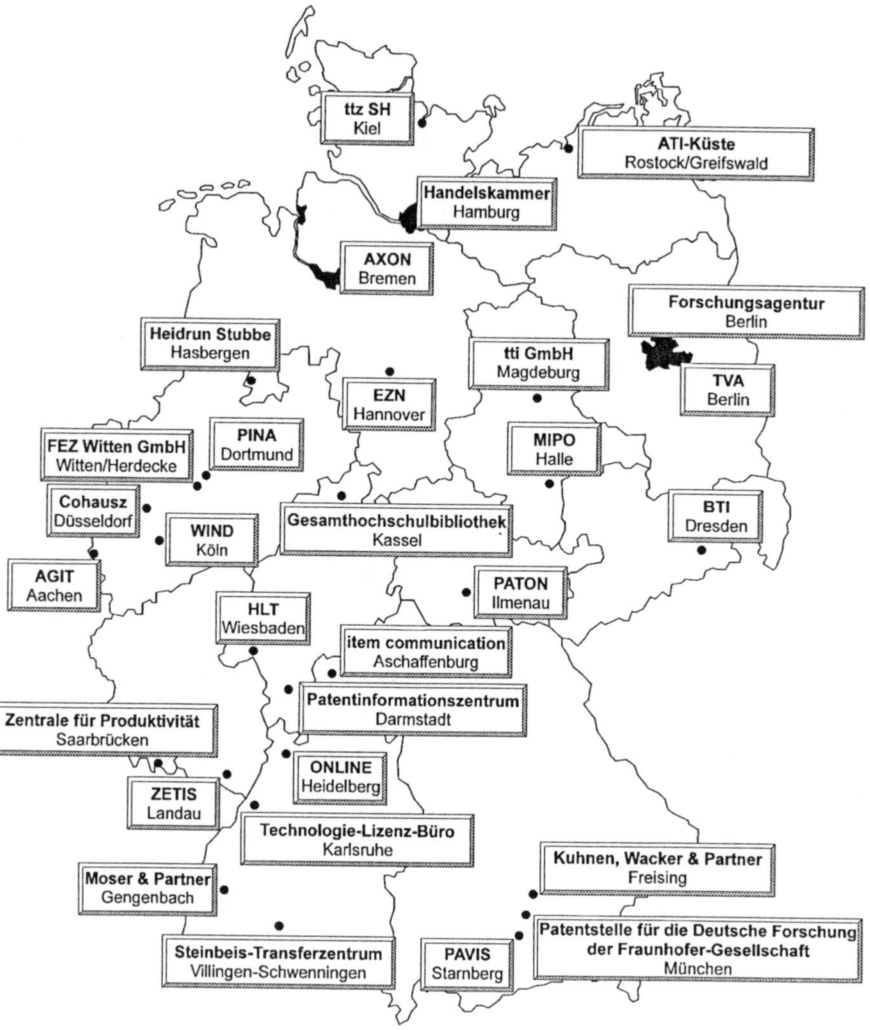

wirtschaftlich organisierte Einrichtungen (wie z.B. Patentanwälte, Unternehmensberater, Informationsvermittler, sowie auch Patentinformationszentren, Erfinderförderzentren und Vertretungen der Patentanwaltschaft).

Das Verbundprojekt kommt gut voran. Die bisher 30 Teilnehmer sind bereits elektronisch untereinander vernetzt, die Inhalte werden abgestimmt und die Öffentlichkeitsarbeit ist gestartet.

4 Sonderfördermaßnahmen

Neben der vorangehend skizzierten Förderung sind weitere Projekte im Rahmen von INSTI vorgesehen. Diese Projekte, die im wesentlichen organisationsübergreifend angelegt werden sollen, zielen insbesondere darauf ab, die Innovationsinfrastruktur in Deutschland zu verbessern.

□ Innovationsbörse

Unter einer Innovationsbörse wird ein leistungsfähiges, leicht handhabbares Instrument verstanden, das die Zusammenführung von Forschungsideen und -ergebnissen einerseits und Innovationsbedarf andererseits wirksam unterstützt.

Des weiteren soll das Börsensystem einheitliche Informationen über ansprechbereite Experten und verfügbare Laboreinrichtungen in Hochschulen und Forschungseinrichtungen für FuE-Arbeiten von KMU, Handwerksbetrieben und freien Erfindern enthalten.

Wichtige Zielgruppen für die Innovationsbörse sind:

- innovative Unternehmen,
- Forschungseinrichtungen,
- Hochschulinstitute,
- Verbandsorganisationen und weitere Interessensgemeinschaften der Wirtschaft,
- Medienunternehmen,
- Beratungsunternehmen,
- weitere Multiplikatoren und Vermittler.

Das Konzept wurde bei der INSTI-Eröffnungsveranstaltung am 30./31. März 1995 zur Diskussion gestellt. Im Anschluß an eine Präsentation der jeweiligen Börsenbetreiber votierte die Mehrheit der INSTI-Beteiligten für eine Erweiterung der privaten Börsendatenbank BUSINESS.

□ **Innovationstrainingskonzepte (Erfinderschulung)**

Wie bereits ausgeführt, bestehen in FuE-Abteilungen, Forschungseinrichtungen, Hochschulen, aber auch in den Patentinformationszentren, Kammern und Verbandsorganisationen z.T. erhebliche Defizite in Bezug auf den Kenntnisstand in Sachen gewerblicher Rechtsschutz, methodische Aspekte des Erfindungsprozesses, Kreativitätstechniken und der Nutzung von Datenbanken.

Qualifikationen auf diesen Gebieten sind jedoch erforderlich, um eine Steigerung der Anzahl von Erfindungen und Patentanmeldungen erwirken zu können.

Diese Situation soll durch ein zu entwickelndes Gesamtkonzept verbessert werden, das vorhandene Elemente berücksichtigt, wie z.B. durch Schulungskurse des Deutschen Patentamtes, der Patentanwaltskammer und der Informationsanbieter. Der Aufbau wird modular sein, um sicherzustellen, daß Schulungsangebote für die Zielgruppen (Erfinder, Unternehmen, Erfinderberater) nach den jeweiligen Bedürfnissen individuell zusammengestellt werden können.

□ **Verstärkte *In*tegration des *Pat*entwesens in die ingenieur-wissenschaftliche Hochschulausbildung (INPAT)**

Durch das Projekt sollen die Kenntnisse der ingenieur-wissenschaftlichen Studenten im Gewerblichen Rechtsschutz und die Nutzung von Patentdatenbanken verbessert werden, um sie auf ihre zukünftige Tätigkeit in Wirtschaft und Wissenschaft optimal vorzubereiten.
Die Teilnehmer des projektes (Hoch- und Fachhochschule) verpflichten sich zur Einrichtung eines Lehrauftrages:

Grundzüge des Gewerblichen Rechtsschutzes einschließlich der Nutzung von Patentdatenbanken als Wahlpflichtfach.

Außerdem verpflichtet sich der Fachbereich, eine/n Informationsbeauftragte/n auszubilden.

Innovationsstiftung Hamburg
- Stiftung des öffentlichen Rechts -

von
Werner Zucker

Die Innovationsstiftung Hamburg legt besonderen Wert auf die Teilnahme der mittelständischen Wirtschaft am Förderprogramm. Welchen Einfluß kleine und mittelgroße Unternehmen (KMU) auf Wachstum und Beschäftigung haben, wird im EU-Weißbuch "Wachstum, Wettbewerbsfähigkeit und Beschäftigung" deutlich.

KMUs sind Motor innovativer Prozesse. Großunternehmen, die stark arbeitsteilig organisiert sind, können auf innovative Entwicklungen nur schwer reagieren. Ihre Organisation ist ein Abbild ihrer Produkte. Neuartige Produkte würden zu einer Veränderung der Organisation führen müssen. In solchen Unternehmen können aber die optimierten Prozesse nicht ständig geändert werden, weil darunter die Wettbewerbsfähigkeit leiden würde. Das ist bei KMUs in der Regel nicht der Fall, weil einerseits die Anzahl der verschiedenartigen Produkte geringer ist, und andererseits die Produkte selten den breiten Konsumermarkt adressieren.

Innovative Produktideen durchlaufen in Großunternehmen Vorbereitungs- und Marketingprozesse, die oft schon vom zeitlichen Ablauf zum organisierten Ideenselbstmord führen.

Die Erkenntnis, daß "U-Boot-Projekte" in Großunternehmen eine Innovations-Quelle darstellen, nützt nicht viel, denn man kann solche Projekte eben nicht zum Unternehmens-Konzept machen - sie würden ihren "U-Boot-Charakter" verlieren.

KMUs dagegen betreiben "experimental Marketing": einfach "machen" ist der schnellere und preiswertere Weg zum prototypischen Produkt.

Damit tragen die KMUs aber ein höheres Risiko in der Volkswirtschaft als Großunternehmen. Weil unsere wirtschaftliche Entwicklung aber angewiesen ist auf dieses KMU-Tempo und die Unbekümmertheit, mit der neue Ideen vorangetrieben werden, will die Stiftung KMUs ermuntern, dieses Tempo und diese Unbekümmertheit beizubehalten. Sie bietet daher an, einen Teil des erhöhten Risikos zu übernehmen. Sie will weiterhin Firmengründungen mit innovativen Produktideen stimulieren. Die Unterstützung kann dabei den zu stimulierenden Aufgaben weitestgehend angepaßt werden.

So kann die Stiftung Darlehen vergeben, "verlorene" Zuschüsse zahlen oder am Produkt-Erfolg orientierte rückzahlbare Beteiligungen anbieten.

Die Stiftungsgründer sind sich aber auch bewußt, daß die beste Förderung durch Auftragseingänge erzielt wird. Hierzu kann sie durch Förderung der Vernetzung der regionalen Wirtschaft, gepaart mit dem kooperativen Willen der KMUs, ebenfalls beitragen.

Das Innovationstempo der KMUs bedingt die Vernachlässigung von systematischem Marketing. Die Stiftung will deshalb auch auf diesem Sektor durch begleitende Veranstaltungen das Know-how im Innovations-Marketing für KMUs entwickeln.

Die Großunternehmen in Hamburg sind vergleichbar mit den Tankern, Container-Riesen und Stückgut-Frachtern und damit unverzichtbar, die KMUs jedoch sind die Schlepper und die Lotsenboote, die diese Riesen in eine neue Richtung und in Fahrt bringen und damit ebenfalls unverzichtbar. Die Stiftung will dieses Kooperationskonzept unterstützen und weiterentwickeln.

Die Vortragenden und Moderatoren des Workshops

Dr. Carsten Becker
Geschäftsführer GIB - Gesellschaft für Innovationsforschung und Beratung mbH, Berlin.

Dr. Willi Bredemeier
Leiter des Institute of Information Economics und verantwortlicher Redakteur von PASSWORD, dem deutschen Newsletter für elektronische Informationsbeschaffung.

Dipl. Ing. Thomas Einsporn
Referent für anwendungsorientierte Informationstechnologien im Institut der deutschen Wirtschaft, Köln. Projektleiter des Modellversuchs "Informationsbeschaffung aus Datenbanken für Klein- und Mittelbetriebe (MIKUM)", Projektmanager des Verbundprojektes "Innovationsstimulierung der deutschen Wirtschaft durch wissenschaftlich - technische Information (INSTI)".

Dr. Sabine Graumann
Bereichsleitung des Profit-Centers IuD (unter anderem Produktion und Herstellung der Online-Datenbank "FAKT", Erstellung von CD-ROM Datenbanken und Marktforschung im Bereich elektronischer Informationsdienste). Vizepräsidentin der Deutschen Gesellschaft für Dokumentation (DGD).

Dr. Hans-Hagen Härtel
Leiter der Abteilung "Wirtschaftsordnung und Wirtschaftsstruktur" im HWWA, Hamburg.

Herbert Kircher
Geschäftsführer der IBM Deutschland Entwicklung GmbH, Böblingen.

Gerhard J. Mantwill
Dipl.- Volkswirt, Leiter der Abteilung "Beratung und Information" im HWWA, Hamburg, Vizepräsident der Deutschen Gesellschaft für Dokumentation (DGD).

Prof. Dr. Wilhelm Pfähler
Geschäftsführender Direktor des Instituts für Allokation und Wettbewerb und Inhaber des Lehrstuhls für Wirtschaftspolitik an der Universität Hamburg.

Prof. Dr. Arnold Picot
Inhaber des Lehrstuhls für Betriebswirtschaftslehre am Institut für Organisation der Ludwig-Maximilians-Universität, München.

Dr. Peter Willi Prieß
Geschäftsführer der RATIO GmbH, Hamburg.

Prof. Dr. Hans-Eckart Scharrer
Vizepräsident des HWWA-Institut für Wirtschaftsforschung-Hamburg und Leiter der Forschungsabteilung Wirtschafts- und Finanzbeziehungen zwischen Industrieländern.

Dr. Burkhard Schwenker
Partner bei Roland Berger & Partner International Management Consultants, Hamburg.

Prof. Dr. Wolfgang Stock
Professor für Informationswissenschaft und Wissenschaftstheorie an der Fachhochschule Köln.

Hubert-Günter Striefler
Dipl.- Volkswirt, Leiter des Informationszentrums im HWWA, Hamburg.

Werner Zucker
Geschäftsführer des Mikroelektronik Anwendungszentrums Hamburg GmbH (MAZ), Geschäftsführender Vorstand der Innovationsstiftung Hamburg.